DIE PIONIERE

DER WILDE WESTEN

DIE PIONIERE

Von Huston Horn

und der Redaktion der

TIME-LIFE Bücher

TIME-LIFE BOOKS B.V.

DER WILDE WESTEN

Chefredakteur: George Constable
Redaktionsstab des Bandes *Die Pioniere:*
Stellvertretende Chefredakteurin: Joan Mebane
Bildredaktion: Myra Mangan
Textredaktion: Bryce Walker
Designer: Herbert H. Quarmby
Vertragsautoren: Lee Greene, David Lawton, Philip Payne, Suzanne Seixas, Jill Spiller, Peter Wood
Dokumentation: Loretta Britten, Marilyn Daley, Catherine Ireys, Mary Leverty, Nancy Miller, Mary Kay Moran, Gail Nussbaum, Jane Sugden, Madeleine Walker, Janet Zich
Assistentin des Designers: Anne B. Landry

Redaktionsleitung der deutschen Ausgabe:
Hans-Heinrich Wellmann
Textredaktion: Jürgen Hofmann

Aus dem Englischen übertragen
von Wiebke Schmaltz

DER AUTOR: Huston Horn begann 1951 mit dem Schreiben als Reporter der Zeitung seines Heimatorts, des *Tennessean* von Nashville, zog dann nach New York und trat 1957 in die Redaktion von *Sports Illustrated* ein. Neun Jahre später wandte er sich dem Studium der Theologie zu, verfaßte aber während dieser Zeit weiterhin Zeitschriftenartikel als freier Mitarbeiter. *Die Pioniere* schrieb er während eines Urlaubs von seiner Gemeinde in Pasadena, Kalifornien, in dem er auf den Spuren der wichtigsten Westrouten der Wagenkolonnen des 19. Jahrhunderts über 11 000 Kilometer zurücklegte.

DER EINBAND: Pioniere lauschen einem Führer, der den vor ihnen liegenden Weg beschreibt (aus William Ranneys Gemälde aus dem Jahre 1853, *Advice on the Prairie).* Ihr Ausdruck bewußter Entschlossenheit war für die meisten charakteristisch, die über die Plains, Wüsten und Berge nach Westen zogen. Viele Gesichter spiegeln auch die auf der langen Reise durchgemachten Strapazen wider, wie das der Mormonen-Pionierin Lucy Smith und ihres Kindes auf dem Frontispiz-Photo, die im Jahre 1851 nach Utah emigrierten.

Folgende Abteilungen und Mitarbeiter von Time Inc. haben wertvolle Beiträge geleistet: Redaktion: Norman Airey; Bibliothek: Benjamin Lightman; Bildarchiv: Doris O'Neil; Photolabor: George Karas; TIME-LIFE News Service: Murray J. Gart; Korrespondenten: Jane Estes (Seattle), Martha Green (San Francisco), Sue Wymelenberg (Boston).

Third German Printing 1982.

ISBN 9-06-182-520-2

TIME LIFE
BÜCHER

VÖLKER DER WILDNIS
DIE GESCHICHTE DER LUFTFAHRT
DIE SEEFAHRER
DER ZWEITE WELTKRIEG
DIE KUNST DES KOCHENS
DER WILDE WESTEN
HANDBUCH DER GARTENKUNDE
MENSCHLICHES VERHALTEN
DIE GROSSEN STÄDTE
DIE HOHE SCHULE DER HANDARBEIT
DIE WILDNISSE DER WELT
DIE FRÜHZEIT DES MENSCHEN
DIE PHOTOGRAPHIE
DIE WELT DER KUNST
INTERNATIONALE SPEISEKARTE
ZEITALTER DER MENSCHHEIT
WUNDER DER WISSENSCHAFT
WUNDER DER NATUR
JUGENDBÜCHER
DAS GROSSE BUCH DES YACHTSPORTS
DAS GROSSE BUCH DER PHOTOGRAPHIE
LIFE IM KRIEG
LIFE IM KINO
DIE BESTEN PHOTOS AUS LIFE

INHALT

1 | Auf der Suche nach einer neuen Heimat

Der Exodus begann 1841, als ein Strom von Männern, Frauen und Kindern die Stadt Independence in Missouri verließ. Sie strebten nach Westen, marschierten neben den Planwagen her, die ihre Habseligkeiten trugen, und legten 3200 Kilometer bis zur Küste des Pazifik zurück. Die meisten von ihnen waren in Amerika geboren. Sie suchten eine Heimat und waren entschlossen, das fruchtbare irdische Paradies zu finden, von dem Missionare und Mountain Men geschworen hatten, es existiere auf der anderen Seite des Kontinents.

Sie waren nicht reich: Viele versuchten, wirtschaftlicher Not zu entrinnen. Aber ganz unvermögend waren sie auch nicht: Es kostete zwischen 700 und 1500 Dollar, eine Familie für die Reise auszurüsten. Sie waren unwissend und nahmen es mit der Wildnis auf, weil sie ihre Risiken nicht kannten – ihre drohenden Berge und erbarmungslosen Wüsten, ihre zerstörerischen Brände und ihre zuweilen räuberischen Indianer. Aber sie begegneten den Gefahren mit Mut, und die meisten von ihnen schlugen sich durch und wurden die neuen Siedler des Westens.

Die Bilder von ihrem Treck auf dieser und den folgenden Seiten sind eher idealisierte als realistische Darstellungen. Aber sie vermitteln den Geist des großartigen Wagnisses, der diesen großen Zug nach Westen charakterisierte.

Auf Samuel Colmans friedlichem Gemälde überquert eine Wagenkolonne den Medicine Bow River in Wyoming.

Den schönsten Augenblick des Tages auf dem Pioniertreck hält Benjamin Reinharts Szene von 1867 fest: Eine Wagenkolonne macht halt für die Nacht; die Männer versorgen die Tiere, während die Frauen das Abendessen kochen. Aber Reinhart irrte, als er schwere Conestoga-Planwagen darstellte – viel leichtere Wagen wurden für die lange Reise nach Westen benutzt.

Von Flammen bedroht, schwingt ein Emigrant eine Fackel, um in Panik geratene Pferde abzuschrecken. Brände wie der auf diesem Gemälde von William Ranney aus dem Jahre 1848 dargestellte wurden manchmal von Indianerbanden gelegt, um das Vieh der Pioniere in die Flucht zu treiben und später einzufangen.

Auf diesem Ölgemälde von Charles Wimar aus dem Jahre 1856 schießen Emigranten auf ihre indianischen Angreifer. Obwohl bei Wimar, der selbst mit einer Wagenkolonne unterwegs war und als Junge in St. Louis Indianer kennenlernte, die Details stimmen, ist die Episode als solche unwahrscheinlich: Zu jener Zeit wagten Indianerstämme kaum Frontalangriffe auf eine Wagenkolonne.

Die ruhige Majestät der Prärie ist in dieser Studie von William Ranney (*Die Pioniere*, 1850) eingefangen. In Wirklichkeit jedoch zogen mindestens vier Ochsen den Wagen, und die Leute, die man darin sieht, wären wahrscheinlich zu Fuß gegangen: Die Wagenladungen wurden möglichst leicht gehalten, um die wertvollen Zugtiere auf dem langen Treck zu schonen.

CROSSING THE PLAINS.

EMIGRANT TRAIN PASSING WIND RIVER MOUNTAINS.

SIOUX INDIANS.

INDIANS CHASING BUFFALOES, SCOTT'S BLUFFS.

CALIFORNIA INDIANS.

COURT HOUSE ROCK.

FIRST NIGHT ON THE PLAINS.

MOUTH OF ASH HOLLOW.

CHIMNEY ROCK.

DEVIL'S GATE.

LARAMIE PEAK.

SCENE ON THE DESERT.

CASTLE ROCK.

DRIVING STOCK ACROSS THE PLAINS.

Landhunger eines ruhelosen Volkes

Es war an einem Dienstagnachmittag in der zweiten Junihälfte des Jahres 1845. Seit vier Uhr morgens auf den Beinen und seit sieben Uhr unterwegs, waren amerikanische Pionierfamilien mit ihrer Wagenkolonne, teils auf dem Weg ins Oregongebiet, teils nach Kalifornien, den ganzen Tag am lauwarmen North Platte River entlang durch das Indianergebiet westlich von Nebraska nach Westen gezogen. Einige dieser Emigranten – so nannte man im 19. Jahrhundert die Pioniere, die den Kontinent überquerten – ritten gesattelte Pferde, aber die meisten wanderten mühsam zu Fuß am Flußufer entlang. Sowohl Reiter wie Fußgänger trieben mit Geduld und Liebe die verstreute Herde von Milchkühen und die zusätzlichen Ochsen und Maultiere an, die hinter den 41 Planwagen hertrotteten.

Nur die Kranken, einige Frauen und die kleinsten Kinder durften im Wagen fahren. Sonst war einfach für niemanden mehr Platz. Die Wagen waren schon allzu hoch beladen mit Mehl, Schiffszwieback und Bohnen, Speckseiten, Trockenfrüchten und Kaffee, Zucker, Salz und Essig, Pflügen, Äxten und Bocksägen, Schaukelstühlen und Nachttöpfen, Zinngeschirr, gußeisernen Bratpfannen und Röstblechen, groben halbwollenen Kleidungsstücken und Wildlederhemden, Federbetten und Flickendecken, Wasserfäßchen und Buttertrögen sowie Geigen und Büchern.

Fast schon zwei Monate lang waren die Emigranten von dem Städtchen Independence in Missouri aus über die Great Plains langsam westwärts gezogen und näherten sich nun den ersten niedrigen Ausläufern der Rocky Mountains. Hier stieg die Nachmittagstemperatur auf über 27° C an. Der etwa eineinhalb Kilometer lange Zug von Wagen, Tieren und Menschen bewegte sich mühsam über geschwärztes Hochland mit abgebranntem Präriegras. Jeder Fußtritt wirbelte eine Wolke von Aschenstaub auf, der in den Nüstern der Ochsen hängenblieb.

Um 1853 waren die Landmarken und Ereignisse auf dem Weg nach Westen, die auf dieser Seite einer kalifornischen Wochenschrift zusammengestellt sind, unauslöschlich in das Gedächtnis von etwa 180 000 Pionieren eingegraben.

Ein tiefes Husten erschütterte die von der Reise erschöpften Körper der Tiere, als sie sich mit gesenkten Köpfen gegen die rasselnden Ketten und Hickory-Joche stemmten. Die Fuhrleute, die schwer an ihrer Seite schritten, halb verhüllt von den Staubwolken, trieben sie fluchend an und knallten mit den Peitschen. Über all diesem Getöse meldete sich mit Gequietsche eine schlecht gefettete Achse. Im Inneren eines Wagens schaukelte etwas, schlingerte und kippte mit Splittern und Krachen um, und ein kleines Kind erwachte mit Jammergeschrei. Hinten im Zug rammte ein zehnjähriger Junge aus Langerweile einen dicken Stock in eines der sich langsam drehenden Räder, um zu sehen, was passieren würde. Eine hölzerne Speiche zersplitterte.

So ein Tag mit all seinen ermüdenden Frustrationen unterschied sich nicht wesentlich von allen anderen Tagen eines Pionierzuges. Aber für die Pioniere dieses Zuges, an die 150 Männer, Frauen und Kinder, die vor sieben Wochen Independence, etwa 1000 Kilometer entfernt, verlassen hatten, würde dieser Tag anders enden als die vorhergehenden. Gegen Sonnenuntergang, gerade über der Horizontlinie der sanft hügeligen Prärie, erhob sich eine Landmarke, auf die die Pioniere nun seit fast zwei Monaten gewartet hatten: die Türmchen und Palisaden der Schutzwälle von Fort Laramie. Dieses war die erste Siedlung von Weißen, die die Reisenden seit ihrem Abschied von Missouri sahen. Sie alle, Kinder wie Erwachsene, waren verschmiert von Schmutz und Schweiß, und die Erwachsenen beschlossen einmütig, den nächsten Tag der Reinigung und Ruhe auf den grünen Wiesen auf der Ostseite des Forts zu widmen.

Trotz seines Namens war Fort Laramie, am östlichen Rand des späteren Staates Wyoming gelegen, keine militärische Anlage. Die Armee der Vereinigten Staaten sollte es zwar eines Tages aufkaufen und dort Soldaten stationieren, aber 1845 war es einfach die Handelsniederlassung von Pelzjägern, umgeben von einer 4,50 Meter hohen Mauer und 1000 Kilometern nordamerikanischer Wildnis. Fort Laramies einzige Verbindung zur Zivilisation war die Wagenspur, die die 41 Planwagen und die 150 Pioniere an diesem Nachmittag über den Horizont geführt hatte.

Die asiatische Cholera erfaßte die Städte im Osten in den frühen 1830er Jahren und inspirierte Flugblätter wie das hier gezeigte. Emigranten trugen die Geißel mit sich; die Cholera tötete mehr Pioniere als alle anderen Krankheiten zusammengenommen.

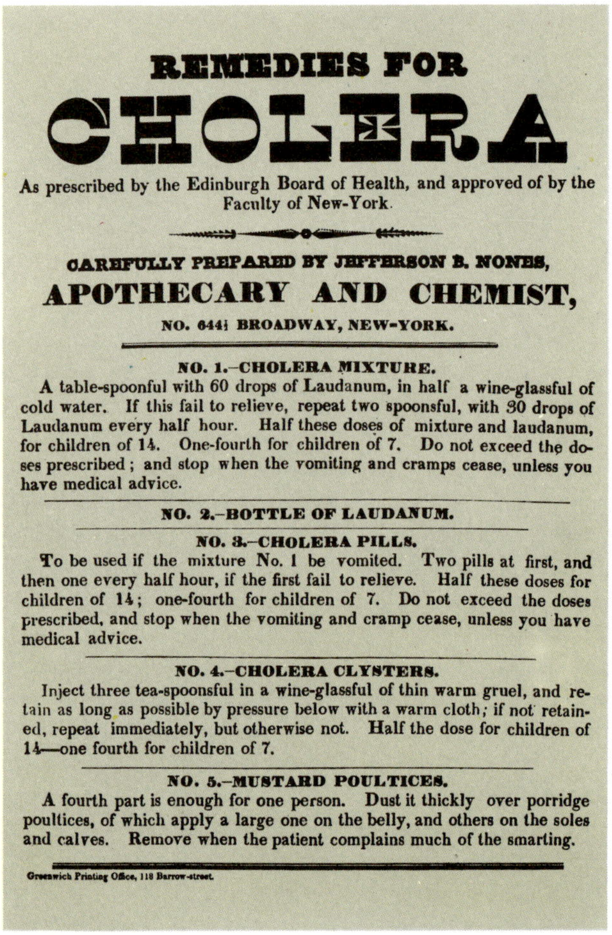

REMEDIES FOR

CHOLERA

As prescribed by the Edinburgh Board of Health, and approved of by the Faculty of New-York.

CAREFULLY PREPARED BY JEFFERSON B. NONES,

APOTHECARY AND CHEMIST,

NO. 644½ BROADWAY, NEW-YORK.

NO. 1.–CHOLERA MIXTURE.

A table-spoonful with 60 drops of Laudanum, in half a wine-glassful of cold water. If this fail to relieve, repeat two spoonsful, with 30 drops of Laudanum every half hour. Half these doses of mixture and laudanum, for children of 14. One-fourth for children of 7. Do not exceed the doses prescribed; and stop when the vomiting and cramps cease, unless you have medical advice.

NO. 2.–BOTTLE OF LAUDANUM.

NO. 3.–CHOLERA PILLS.

To be used if the mixture No. 1 be vomited. Two pills at first, and then one every half hour, if the first fail to relieve. Half these doses for children of 14; one-fourth for children of 7. Do not exceed the doses prescribed, and stop when the vomiting and cramp cease, unless you have medical advice.

NO. 4.–CHOLERA CLYSTERS.

Inject three tea-spoonsful in a wine-glassful of thin warm gruel, and retain as long as possible by pressure below with a warm cloth; if not retained, repeat immediately, but otherwise not. Half the dose for children of 14—one fourth for children of 7.

NO. 5.–MUSTARD POULTICES.

A fourth part is enough for one person. Dust it thickly over porridge poultices, of which apply a large one on the belly, and others on the soles and calves. Remove when the patient complains much of the smarting.

Greenwich Printing Office, 118 Barrow-street.

Diese Route war der Oregon Trail, der schon Pelzjäger und andere Abenteurer in die Rocky Mountains und einige halbgebildete Missionare zu den unerlösten Indianern des Oregongebiets gebracht hatte. Jetzt kam auf dem Oregon Trail mit den Träumen und Besitztümern dieser und Tausender ähnlicher Pioniere Amerika selbst zur unbesiedelten Pazifikküste. Noch war es aber kein breiter Highway quer über den Kontinent, sondern einfach ein Paar paralleler Wagenspuren, die die Planwagen in das Gras der Prärie gedrückt hatten, in Felsen und Geröll der Bergpässe und den Sand der Wüsten im Westen. Zudem waren es unterbrochene Fahrrinnen: Wenn sie an ein Flußufer kamen, hörten sie auf und begannen auf der anderen Seite wieder, wobei sie es dem Reisenden selbst überließen, den Anschluß zu finden.

Als Oregon im Jahre 1846 offiziell Teil der Vereinigten Staaten wurde, bildeten die 3200 beschwerlichen Kilometer des Oregon Trail zusammen den längsten Überlandweg der Republik – und zweifellos den strapazenreichsten. „War man erst unterwegs", erinnerte sich ein Pionier, „war das einzige Problem, anzukommen. Wir haben nicht viel an die ungeborenen Generationen gedacht, die von unserer Unternehmungslust profitieren würden. Es war einfach ein tollkühnes Unternehmen."

1845, als diese 41 Wagen Independence verließen, bildete der Missouri den westlichen Rand der formal konstituierten Vereinigten Staaten. Kalifornien erschien auf der Landkarte als eine nördliche Provinz Mexikos, und es gab bereits eine zwar kleine, aber blühende Gemeinde spanischsprechender Viehzüchter. Das Oregongebiet war eine riesige Wildnis, die sich nördlich von Kalifornien die ganze Pazifikküste entlang bis hinauf nach Alaska erstreckte und vom Pazifischen Ozean im Westen bis zu einer östlichen Grenze, die entlang der Wasserscheide, der Continental Divide, in den Rocky Mountains verlief und damit die heutigen Staaten Oregon, Washington, Teile von Kanada, Montana, Idaho und Wyoming umfaßte. Niemand wußte genau, wem dieses Land wirklich gehörte. Sowohl die Vereinigten Staaten als auch Großbritannien erhoben Anspruch darauf; beide Staaten hatten 1818 einen ungewöhnlichen Vertrag unterzeichnet, der „gemeinsame Besetzung" vorsah.

So waren die Überlandpioniere de facto Emigranten. Sie verließen ihr eigenes Land für ein im Grunde fremdes – und ein unzivilisiertes dazu –, um dort das Feld zu bestellen und Häuser zu bauen. Später, nachdem diese westlichen Gebiete offiziell Teil der Vereinigten Staaten geworden waren, kam ein anderer Ausdruck für amerikanische Pioniere in Gebrauch: die *sodbusters.* So nannte man die Leute, die begannen, sich auf den Prärien und Plains von Kansas, Nebraska, Colorado, Wyoming, Montana und den Dakotas anzusiedeln – zu allem entschlossene Farmer, die keine Mühe scheuten und manchmal den Boden mit der Axt aufhackten, um ihr Korn zu säen.

Unter den Emigranten, die an diesem Dienstag, dem 24. Juni 1845 in Fort Laramie ankamen, war auch ein gebildeter, hagerer Mann namens Joel Palmer, ein „vernünftiger Bauer", wie er sich selbst bezeichnete, aus Laurel, Indiana. Palmer, ein öffentlich engagierter Mann, war von seinen Nachbarn im Jahr davor nach Indianapolis in die Regierung von Indiana geschickt worden. Aber Palmer lockten fernere Horizonte, und nun war er hier, auf dem Weg nach Oregon, wo es keine großen Städte und keine staatliche gesetzgebende Körperschaft irgendeiner Art gab. Er wollte sich selbst ein Bild machen, sagte er, „um mich selbst zu überzeugen, ob Oregon genügend Vorteile bieten konnte, um es zu meinem zukünftigen Wohnsitz zu machen".

Vor 69 Tagen hatte er sich „wirklich traurigen Herzens" von Frau und Kindern verabschiedet und wurde so einer der insgesamt 5000 Westemigranten auf der Oregonroute in

Ein zeitgenössischer Karikaturist zeichnete Szenen der Verzweiflung und des Chaos im Sog der Wirtschaftskrise von 1837. Zehntausenden von verzweifelten und völlig verarmten Menschen aus dem Osten winkte der Westen als Land der Hoffnung.

diesem Sommer. Auswandern nach Westen, zum Pazifik, war zu dieser Zeit noch ein so neuer Gedanke – die ersten Pionierwagen waren erst vier Jahre zuvor den Trail entlanggerumpelt –, daß nicht viele in der Auswandererwelle von 1845 präzise Vorstellungen davon hatten, wohin es eigentlich ging oder was genau sie zu finden hofften. Aber wahrscheinlich waren die meisten von ihnen vom gleichen unerschütterlichen Optimismus erfüllt wie Joel Palmer: „Ich war überzeugt, daß es richtig war“, sagte er. „Ich erhoffte das Beste und drängte vorwärts.“

Wegen seiner Begabung für Menschenführung war Palmer von den erwachsenen Mitgliedern seiner Wagenkolonne in demokratischer Abstimmung zum Captain gewählt worden. Als solcher hatte er die Vollmacht, verschiedene das Gemeinschaftsleben der Kolonne betreffende Entscheidungen zu fällen, und so hatte er seine Zustimmung zu einer kurzen Fahrtunterbrechung in Fort Laramie gegeben. Ihren Aufenthalt dort verbrachten Palmer und die anderen mit Briefschreiben nach Hause, sie wuschen ihre Socken und ihr Unterzeug, flickten Wagen und Zaumzeug, beschlugen ihre Pferde und Ochsen und trieben Handel im Fort, wo man in dieser Woche Mehl für 15 Dollar den Zentner verkaufte und ein Dollar nur zwei Tassen Zucker oder zwei Tassen Kaffeebohnen wert war.

Nachdem sie sich herausgeputzt hatten und ihre Stimmung sich seit Dienstag merklich gehoben hatte, beschlossen Palmer und seine Begleiter, es mit einem gewagten Stück Grenzdiplomatie zu versuchen. Der nächste Abschnitt ihrer Reise würde sie durch Indianergebiet führen; so arrangierten die Pioniere für den Mittwochnachmittag ein Festmahl zu Ehren von etwa 100 Oglala-Sioux-Indianern, die in dieser Gegend lebten und zu diesem Zeitpunkt in der Nähe des Forts an den Ufern des Laramie River lagerten. Jede Pionierfamilie hatte sich bereit erklärt, zwei Schüsseln mit Gerichten für das Festessen beizusteuern.

Als die Indianer angekommen waren, setzten sie sich in zwei konzentrischen Halbkreisen auf den Boden. Die Pioniere bildeten einen einzelnen Halbkreis ihnen gegenüber.

Zeitschriftenartikel, die den amerikanischen Westen priesen – wie der rechts abgebildete von einem französischen Bergbauingenieur –, wurden in ganz Europa begierig gelesen und trieben Wellen hoffnungsvoller Emigranten über den Atlantik.

Der Häuptling der Sioux – niemand verstand seinen Namen – eröffnete die Zeremonie mit einer kunstlosen, aber vorsichtigen Rede, und ein weißer Händler übersetzte den Pionieren seine Worte. „Dieses Land gehört dem roten Mann", sagte der Häuptling, „aber seine weißen Brüder ziehen hindurch, schießen das Wild und verscheuchen es. So verliert der Indianer alles, wovon er abhängt, um Frauen und Kinder zu versorgen. Die Kinder des roten Mannes schreien nach Nahrung, aber es gibt keine Nahrung." Der Häuptling beschloß seine Rede mit der Bitte um Gewehre, Blei und Pulver. Nur mit diesen Waffen, so sagte er, könnten die Indianer die wilden Tiere töten, die jetzt zu unruhig und unberechenbar geworden seien, um mit Pfeil und Bogen erlegt zu werden. Joel Palmer antwortete in gleicher Art. „Da mir die Rolle des weißen Häuptlings zufiel", erinnerte er sich später in seinem Tagebuch, „sagte ich meinen roten Brüdern, wir seien auf der Durchreise zu den großen Wassern im Westen. Unser großer Vater besitze ein weites Land dort, und wir wollten es besiedeln. Deshalb hätten wir unsere Frauen und kleinen Kinder mitgebracht. Wir seien gezwungen, durch das Land des roten Mannes zu ziehen, aber wir kämen als Freunde, nicht als Feinde."

Bedauerlicherweise, fuhr Palmer dann fort, seien die Männer in Hosenträgern und die häubchentragenden Frauen, die hier neben ihm säßen, keine Händler. Sie seien alle Bauern auf dem Weg, „Land zu pflügen und zu bebauen". Das Pulver und die Kugeln, die sie besäßen, seien kaum ausreichend für ihren eigenen Bedarf, und sie hätten keine zu verkaufen oder zu verschenken.

Dann nötigte Palmer die versammelten Indianer, bei den Gerichten, die wie ein Picknick auf Bisondecken vor ihnen ausgebreitet waren, zuzugreifen: Fleisch, Kuchen, Reisbrei, Brot und Kaffee. Die Indianer aßen mit den Fingern. Sie verstanden nur allzu gut, daß mit weiteren Reden nichts zu gewinnen sei. Der nicht aufzuhaltende amerikanische weiße Mann war wieder unterwegs, und der widerstrebende amerikanische Indianer mußte sich wieder anhören, daß er sich mit Ausreden und einigen Händen voll Nahrungsmitteln zufriedengeben müsse. Als die Oglala-Sioux sich erhoben, um sich zu verabschieden, sammelten sie mürrisch die Speisereste ein und nahmen sie mit.

Als Joel Palmer die Sioux so mit ihren unerfüllten Wünschen wieder zu ihren Zelten abziehen sah, die diese Nacht noch bei Fort Laramie standen, war er in der Tat Zeuge einer zwar kleinen, aber zutiefst symbolischen Szene im Drama der amerikanischen Expansion, das nun schon seit 200 Jahren spielte – seit nämlich die ersten weißen Siedler das Land bei Plymouth betreten hatten. Seitdem war die Grenze, die der weiße Siedler mit sich westwärts trug wie den Schmutz an seinen Stiefeln, von der Atlantikküste aus in einer Art pulsierendem Rhythmus vorgerückt – mal zögernd, mal zügig. Jedesmal, wenn diese Grenze sich tiefer landeinwärts vorschob, hatten die dort lebenden Eingeborenen nur die Wahl, entweder freiwillig Platz zu machen oder aber gewaltsam verdrängt zu werden. Die Indianer – und die Wildnis selbst – wichen einem neuen Menschenschlag, der die riesigen leeren Räume Nordamerikas besiedeln und schließlich auch beherrschen sollte.

Die ursprüngliche Grenze der Kolonialzeit lag östlich der Appalachen. Dann begannen in den Fußspuren von Daniel Boone *(S. 27)* einige wagemutige Familien die besiedelten Kolonien zu verlassen, um die wilden Berge zu überqueren. Sie waren die ersten Emigranten und bevölkerten das Tal des Ohio, das südliche Mississippigebiet und den alten Nordwesten von Illinois, Indiana und Michigan. Schließlich stieß die Grenze an den breiten, kaffeebraunen Missouri.

Hier saßen die Pioniere fürs erste fest. Jenseits des Flusses erstreckten sich etwa 1000 Kilometer weit bis zu den Rocky Mountains die durchweg unfruchtbaren, öden Great Plains und hinter ihnen die Bastion der Rocky Mountains. Dies war das Land des *Louisiana Purchase,* das Land, das Thomas Jefferson 1803 Napoleon unbesehen für nur 15 Millionen Dollar abgekauft hatte. In den Augen des Frontiersman hatte Napoleon bei diesem Handel das bessere Geschäft gemacht. Es gab fast keine Bäume für Häuser und Zäune und kaum Wasser, um irgend etwas anzubauen. Die abschreckende Landschaft lag im Sommer unter brütender Hitze, im Winter fror der Boden steinhart, und das Büffelgras, das darauf wuchs, beugte sich unter einem Wind, der niemals aufzuhören schien. Niemand aus dem bewaldeten Osten hatte jemals eine so unglaublich ungastliche Gegend gesehen.

Die Geographiebücher der Kinder bezeichneten dieses Gebiet als die Große Amerikanische Wüste. Außerdem hatten die Vereinigten Staaten das Land zu Indianergebiet erklärt (wofür war es sonst zu gebrauchen?), wo offiziell nur die Eingeborenen ihre Wildherden jagten – abgesehen von einigen Pelzhändlern und tollkühnen Missionaren. Viele redliche Amerikaner fanden, so solle es auch bleiben. Zebulon Pike zum Beispiel, ein Kundschafter der US-Armee, weithin berühmt für seine Entdeckung von Pikes Peak, hatte dieses Gebiet 1806 bereist und sorgsam in Augenschein genommen. Und er kam zu dem Schluß, daß die Great Plains in ihrer abweisenden Natur in weiser Absicht von einer gnädigen Vorsehung geschaffen worden waren, „um das amerikanische Volk vor Zerstreuung in alle Winde und vor der Zerstörung zu bewahren". Es schien, als sei die amerikanische Expansion nach einem Drittel des Weges über den Kontinent bereits endgültig zum Stillstand gekommen.

Le bouvier des grandes plaines et son attelage. — Dessin de Janet Lange d'après des croquis originaux.

LE FAR-WEST AMÉRICAIN,

PAR M. L. SIMONIN.

1867. — TEXTE ET DESSINS INÉDITS.

GO AHEAD!

I

DE PARIS AU MISSOURI.

Arrivée à Brest. — Utilité des années bissextiles. — Petit et grand bateau. — Les officiers du *Saint-Laurent*. — Beau temps en mer. — La *Ville Impériale*. — Un hôtel de marbre. — La discipline des caravansérails américains. — Mes compagnons de voyage. — Craintes au départ. — Un homme scalpé vivant. — En avant! — L'Hudson et le Niagara. — Un coin du Canada. — Détroit, le Michigan, Chicago. — Les *railroads* américains. — Voitures-dortoirs, wagons-palais et salons d'état. — Les merveilles de la *Reine des Prairies*. — De Chicago à Council-Bluff et Omaha.

Le 13 septembre 1867, un vendredi, à huit heures du soir, mauvaise date, mauvais jour et vilaine heure, je quittai Paris pour me rendre à Brest. Le chemin de fer de l'Ouest, qui unit la prosaïque gare de Montparnasse à la poétique Cornouaille bretonne, me porta à Brest sain et sauf, le lendemain. Je ne prétends pas que le train fût rapide, car on le transforma, suivant l'usage, en train omnibus à partir de Rennes, au grand désespoir des voyageurs transatlantiques; mais nous arrivâmes, après un sommeil modéré, sans encombre, et c'était là le principal.

On dit qu'il pleut toujours à Brest, en d'autres termes qu'il y tombe de l'eau trois cent soixante-cinq jours par an. Cela fait désirer, dans cette partie de la Bretagne, les années bissextiles, celles de trois cent soixante-six jours, qui malheureusement n'arrivent que tous les quatre ans. Il pleuvait donc le jour de notre arrivée, et nous n'avions pas lieu d'en être satisfaits, car nous devions, sur un petit steamer, nous rendre à bord du navire français le *Saint-Laurent*, trop grand, sinon trop fier pour venir nous prendre à quai.

Le *Saint-Laurent*, un des meilleurs marcheurs de la flotte française transatlantique, est commandé par le capitaine de Bocandé, un loup de mer, qui aime son

BRITISCHE BESITZUNGEN
TERRITORIUM OREGON
FREIES TERRITORIUM
TERRITORIUM MINNESOTA
IOWA
TERRITORIUM UTAH
KALIFORNIEN
TERRITORIUM NEW MEXICO
TEXAS
MEXIKO
ROCKY MOUNTAINS
Astoria
Fort Vancouver
Portland
Oregon City
Salem
Fort Umpqua
BARLOW ROAD
The Dalles
MT. HOOD
Fort Walla Walla
BLUE MTNS.
John Day R.
Deschutes R.
Willamette R.
Umpqua R.
CASCADE RANGE
Columbia R.
Malheur R.
Fort Boise
Snake R.
Fort Hall
SODA SPRINGS
SOUTH PASS
ICE SLOUGH
INDEPENDENCE ROCK
Sweetwater R.
N. Platte R.
LARAMIE MTNS.
Fort Laramie
SUBLETTE CUTOFF
Fort Bridger
WASATCHGEBIRGE
Great Salt Lake
HASTINGS CUTOFF
Salt Lake City
Utah-See
Green R.
Humboldt R.
Sacramento R.
DONNER PASS
Sutters Fort (Sacramento)
Lake Tahoe
CARSON PASS
San Francisco
San Jose
San Joaquin R.
SIERRA NEVADA
SCOTTS BLUFF
CHIMNEY ROCK
COURT HOUSE ROCK
ASH HOLLOW
Platte R.
Council Bluffs
Missouri
Fort Kearny
Little Blue R.
Big Blue R.
ALCOVE SPRINGS
St. Joseph
Independence
Fort Leavenworth
Westport
Kansas R.
Council Grove
Fort Dodge
S. Platte R.
Rio Grande
Sante Fe
Colorado
MOUNTAIN MEADOWS
Los Angeles
San Diego
Gila R.
LANDMARKEN UND LAGER
OREGON TRAIL
SANTE FE TRAIL
MORMONEN-TRAIL
GILA RIVER TRAIL
CALIFORNIA TRAIL
OLD SPANISH TRAIL

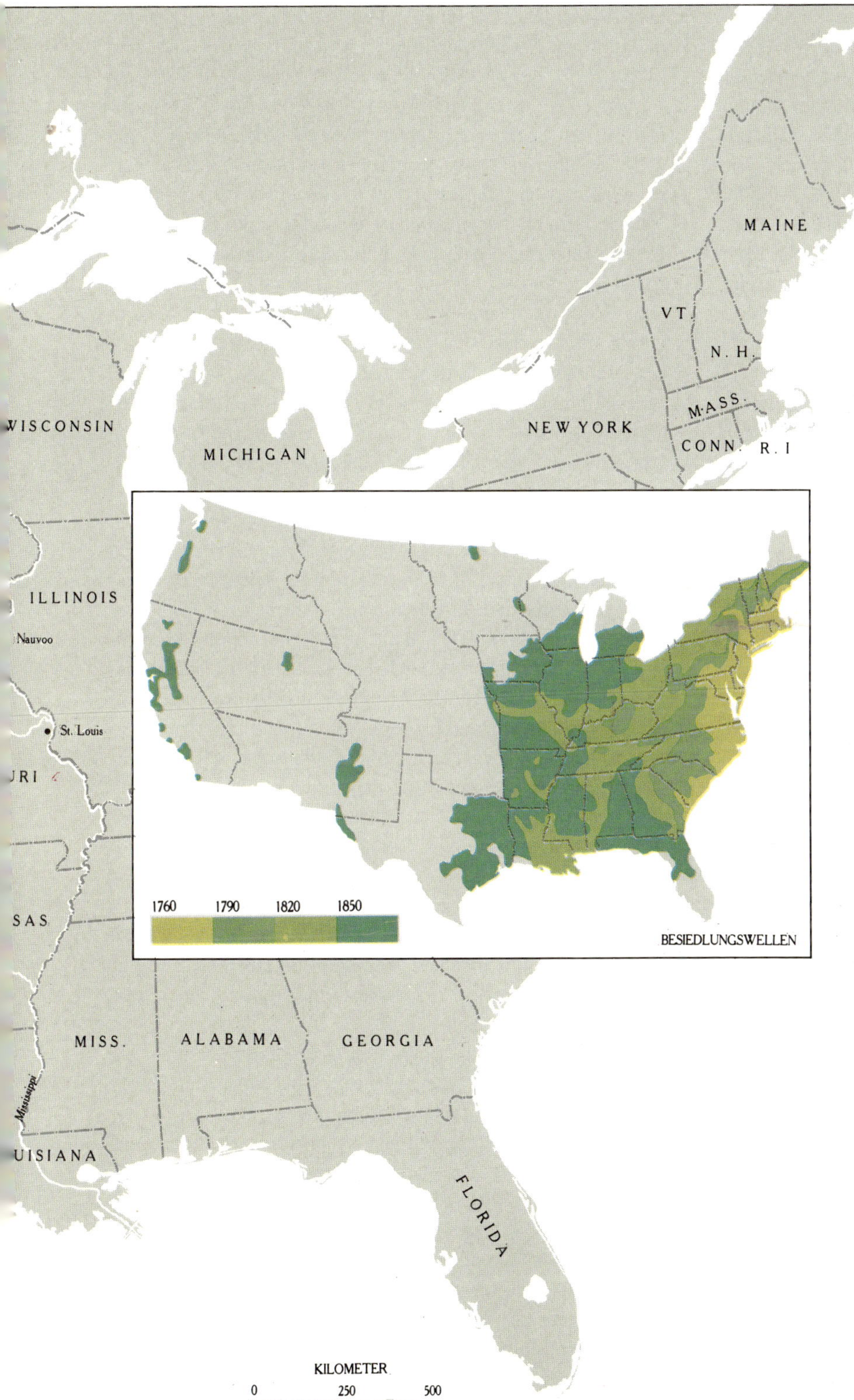

Die Trails nach Westen

Mitte des 19. Jahrhunderts hatten die Emigranten die Wahl zwischen verschiedenen Trails, die zu neuen Siedlungsgebieten im Westen führten. Alle Trails verliefen durch große offene Gebiete, die einen Vorgeschmack von der Ellenbogenfreiheit gaben, die einen Pionier am Ziel der Reise erwartete. Um 1850 galt nach diversen aufeinanderfolgenden Besiedlungswellen (*kleine Karte*) der größte Teil der Vereinigten Staaten östlich des Missouri bereits als besiedeltes Land – das heißt zwei oder mehr Personen pro Quadratmeile. Von einigen Enklaven abgesehen, war das übrige Land leer – in Erwartung derer, die genug Mut und Energie aufbrachten, sich dorthin durchzuschlagen.

Die Hauptroute nach Westen war der Oregon Trail, der in Independence in Missouri seinen Anfang nahm und im Nordwesten endete. Eine Abzweigung, der California Trail, erklomm die Sierra und endete in Sacramento. Eine andere Route, von den Mormonen benutzt, führte zum Salt-Lake-Tal. Die Hauptarterie nach Südwesten war der Santa Fe Trail, der sich in zwei nach Kalifornien führende Routen gabelte, in den Gila River Trail und den Old Spanish Trail.

Auf dem Höhepunkt der Emigration im Jahre 1850 zogen an die 55 000 Pioniere mit ihren Wagenkolonnen westwärts.

Aber kein Stück Prärie, wie unwirtlich auch immer, konnte den amerikanischen Drang nach Westen im 19. Jahrhundert hemmen – das Verlangen des Amerikaners nach größeren Chancen und mehr Raum. Irgendwie schien der Westen immer etwas Besonderes zu versprechen: schwärzeren Boden, blaueren Himmel, eine rosigere Zukunft. Das war in ganz erheblichem Maße ein emotionaler Drang, dieser zwanghafte Zug nach Westen, ein Juckreiz im Gehirn, eine Unruhe in den Füßen – man nahm die Herausforderung neuen, noch nie besiedelten Landes an. Henry David Thoreau empfand dies in den Wäldern Neuenglands, wo er, im Kreis laufend, fühlte, wie seine Verwirrung sich zu Einsicht wandelte.

„Nach Osten", sagte er, „gehe ich nur gezwungen, aber nach Westen gehe ich freiwillig – so ist die vorherrschende Meinung meiner Landsleute." Eine Pionierfrau kritzelte an einem Wintertag im Red-River-Tal in Dakota denselben Gedanken in ihr Tagebuch:

Als Gott den Menschen schuf,
schien er es für das beste zu halten,
ihn im Osten zu erschaffen
und dann nach Westen ziehen zu lassen.

Im Volksmund kursierte der Ausspruch: „Wenn die Hölle im Westen läge, würden die Amerikaner den Himmel durchqueren, um dort hinzugelangen."

Niemand konnte mit Sicherheit sagen, warum das so war, aber ein Pionier versuchte es im Jahre 1846 – nicht ohne Erfolg. Er hieß James Clyman und hatte als Pelzjäger in den Bergen gelebt, bevor er als Führer für die Wagenkolonnen der Emigranten zu arbeiten begann: „Menschen aller Altersstufen und Glaubensrichtungen sieht man diese lange, eintönige und sogar gefährliche Reise unternehmen", schrieb er in seinem Tagebuch, „für irgendein unbekanntes Ziel, das nicht einmal die Glücklichsten je erreichen können. Und warum? Weil der menschliche Geist nicht zu befriedigen ist, nie zur Ruhe kommt, immer nach Neuem strebt."

Und so begann der ständig in Spannung lebende amerikanische Frontiersman, nachdem er die Barriere der Plains und Berge betrachtet und wenig Anziehendes in dieser windigen, wasserarmen Gegend gefunden hatte, die fernen Horizonte des pazifischen Westens kritisch ins Auge zu fassen. Das lockende Bild dieses Landes mit seinen hohen Bäumen und tiefen Tälern, deren fruchtbare Erde unter verläßlichen Regenfällen und Sonnenschein lag, stand ihm fortan ständig vor Augen und forderte ihn auf, den breiten Missouri zu überqueren.

Mit der Zeit wurde der Drang, in dieses lächelnde Land zu gelangen, fast unwiderstehlich. Von Maine bis Missouri hörten Männer und Frauen immer wieder die erstaunlichsten Behauptungen, die über dieses Land entlang der südlichen Küste des Pazifik verbreitet wurden. Schon 1782 hatte ein englischer Autor namens William Frederick Martyn Kalifornien als ein Land beschrieben, in dem „jeden Morgen eine große Menge Tau fällt. Auf den Rosenblättern kristallisiert er, wird hart wie Manna und ist so süß wie weißer Zucker". Neuere Berichte schienen kaum weniger wunderbar. Pelzjäger, Abenteurer, seefahrende Kaufleute, die mit der dortigen spanischen Kolonie Handel trieben, erzählten Unglaubliches über Kaliforniens immer sonniges Klima. Nie schien jemand krank zu werden. Ein alter Trapper, befragt, ob der Schüttelfrost im Sacramento-Tal sehr lästig sei, antwortete, „daß nur ein einziger Mensch in Kalifornien sich jemals erkältet hat, und das hat so sehr das allgemeine Erstaunen erregt, daß die Menschen 30 Kilometer weit zu ihm strömten, um sein Schütteln zu sehen".

Nicht weniger fabelhaft klangen die Geschichten, die über Oregon kursierten, wo um 1836 einige Trapper, Händler und Missionare begonnen hatten, das üppige, holzreiche Willamette-Tal zu besiedeln. Oregon sei „das Schlaraffenland der Pioniere", erzählte einer der Fürsprecher dieser Gegend einer Emigrantengruppe bei ihrem Aufbruch im Jahre 1843, „wo die runden, fetten Schweine schon gebraten herumlaufen, und Messer und Gabel stecken ihnen im Rücken, so daß man sich nur noch eine Scheibe abzuschneiden braucht, sobald man Hunger verspürt".

Etwas vorsichtiger, aber ebenso enthusiastisch war ein Bostoner namens Hall Jackson Kelley, der davon träumte, unter den riesigen Nadelbäumen des westlichen Oregon eine neuenglische Stadt zu erbauen. „Verbessert und verschönert" durch den weißen Mann, so schrieb er, würde Oregon „zum herrlichsten und am heftigsten beneideten Land auf Erden". Die lebhafte Fürsprache schloß er mit einer sehr anschaulichen Passage:

„Die Fruchtbarkeit Oregons ist nicht zu übertreffen – sei es an Weizen, Hafer, Roggen, Gerste, Buchweizen, Erbsen, Bohnen, Kartoffeln, Rüben, Kohl, Zwiebeln, Pastinaken, Karotten, Roten Beten, Rosinen, Stachelbeeren, Erdbeeren, Äpfeln, Pfirsichen, Birnen oder *dicken, gesunden Babys."*

Kein Wunder also, daß die Wagenkolonnen nach Westen aufbrachen. Es störte niemanden, daß diese Gebiete ganz oder teilweise unter fremder Oberhoheit standen. Sowohl Kalifornien wie Oregon schienen ausdrücklich für die amerikanische Besetzung und Besiedlung geschaffen, und die Amerikaner fühlten eine Art Zuversicht – in Wirklichkeit Arroganz –, daß Amerika diese Gebiete bekommen würde. Sicher würden sowohl Mexiko wie auch Großbritannien bald zugeben, daß all dieses Land durch göttliches Recht den

Mit 22 treckte der englische Bergmann John Minto als Hilfsmann der Familie Morrison nach Oregon. Dort siedelte er, heiratete die Tochter der Morrisons und zeugte acht Kinder, von denen eins hier mit seinen Eltern zu sehen ist.

Vereinigten Staaten gehörte – durch schicksalhafte Offenbarung, wie Präsident James Polk es ausgedrückt hätte.

Und so nahm die Entwicklung schließlich ihren Lauf, was in beträchtlichem Maße der visionären Beharrlichkeit der Emigranten zu verdanken ist. Ihr Vorstoß gegen den Pazifik begann im Frühjahr 1841, als eine Gruppe von 69 wagemutigen Leuten aus Missouri zur Pazifikküste aufbrach, unter der Führung eines Farmers aus Missouri namens John Bartleson und eines Lehrers aus Ohio namens John Bidwell. Im Jahr darauf folgten 200 Pioniere nach Westen. Weitere 1000 zogen 1843 über den Trail, gefolgt von 4000 im Jahre 1844 und den 5000 des Jahres, in dem auch Joel Palmer loszog. Zu diesem Zeitpunkt hatte die magnetische Anziehungskraft des Westens schon über den Atlantik auf Europa übergegriffen, und stämmige englische Kleinpächter, deutsches Landvolk, irische Kartoffelzüchter und skandinavische Milchbauern schlossen sich den Wagenkolonnen an.

Als man 1848 in Kalifornien Gold entdeckte, schnellte die Zahl der Emigranten auf dem Oregon Trail – der fremden wie der einheimischen – plötzlich hoch: 1849 auf 30000, 1850 auf 55000. 1850 war der Höhepunkt des Emigrantenflusses auf dem Trail. Die Soldaten von Fort Laramie, das im Jahr zuvor zum offiziellen US-Armeeposten geworden war, registrierten sorgfältig alle durchziehenden Wagen, Menschen und alles Vieh, und die Zählung von 1850 ergab 7472 Maultiere, 30 616 Ochsen, 22 742 Pferde, 8998 Wagen und 5270 Kühe. Aber die Wagenkolonnen nahmen kein Ende, bis im Jahre 1869, als die erste transkontinentale Eisenbahnlinie fertiggestellt wurde, nicht weniger als 350000 Emigranten den Trail entlanggerollt und -gewandert waren. Im Vorüberfahren schnitten die Räder ihrer Wagen Scharten in den Kontinent, die noch eineinviertel Jahrhundert später sichtbar sein sollten.

Neben allem mystischen Drang nach Westen oder dem „Ruf des Schicksals" veranlaßten auch ganz harte Realitäten die Amerikaner in den mittleren Jahrzehnten des 19. Jahrhunderts, ihre Zelte abzubrechen und den Osten der Vereinigten Staaten zu verlassen. Einige Abolitionisten fanden die Sklaverei aus humanitären Gründen so abschrekkend, daß sie in neue Gebiete zogen, wo sie keine Spuren dieser schändlichen Praxis finden würden. Viele andere Leute argumentierten aus rein wirtschaftlichen Gründen gegen die Sklaverei, die den typischen Kleinbauern in ökonomischen Nachteil versetzte. Ein Mann, der keine Sklaven hatte, konnte einfach nicht so billig und leicht anbauen wie ein Sklavenbesitzer. So hatte er die Wahl, kaputtzugehen oder wegzuziehen.

Zudem erlitt die Nation 1837 ihre erste große Wirtschaftskrise, eine Folge leichtsinniger Geld- und Bankpolitik und fieberhafter Spekulationen mit öffentlichem Grund und Boden während der Regierungszeit Andrew Jacksons. Am 10. Mai 1837, nur 67 Tage nach dem Rücktritt Jacksons von seinem Amt, schlossen die größten New Yorker Banken ihre Tore, und in der daraufhin ausbrechenden Panik folgten weitere Banken im ganzen Land ihrem Beispiel. Die Nation war in Depression gehüllt wie in den Rauch eines großen Präriefeuers: Die Preise für landwirtschaftliche Erzeugnisse schlitterten abwärts, Farmüberschüsse verstopften die Warenmärkte, und die Farmer verschuldeten sich mit Hypotheken. So luden sie alle bewegliche Habe auf Wagen und brachen auf in das freie Land am Pazifik.

Auch Epidemien trieben Leute nach Westen, da Legende wie Vernunft glauben ließen, die Luft sei dort reiner. Im Osten starben mehr Menschen an Krankheiten wie Typhus, Ruhr, Tuberkulose, Scharlach und Malaria als aus anderen Ursachen. Das Gelbfieber dezimierte die Bevölkerung von New Orleans und der nordwärts am Mississippi gelegenen Siedlungen in einer Weise, daß die Sterblichkeitsziffer dieser Gegend nahezu ein Jahrhundert lang die Geburtenrate überstieg. Und in den 1830er Jahren hatte eine Choleraepidemie, aus Asien kommend, Europa heimgesucht, gelangte auf

Passagierschiffen über den Atlantik, befiel die Ostküste und verbreitete sich ins Landesinnere. Die Krankheit wütete fast zwei Jahrzehnte lang und forderte allein im Jahre 1850 nicht weniger als 30 000 Opfer.

Einige Emigranten drängten wegen religiöser Verfolgung auf den Oregon Trail. Die Mormonen – Mitglieder der Kirche Jesu Christi der Heiligen der Letzten Tage – wurden 1846 von mißgünstigen Nachbarn aus ihrer Heimatstadt Nauvoo in Illinois vertrieben und machten sich auf die Wanderung zum Salt-Lake-Tal in Utah.

Schließlich sollte ein noch weit größerer Konflikt – der amerikanische Bürgerkrieg – eine weitere große Pionierwelle nach Westen rollen lassen. Die Kriegsnachwirkungen ließen Tausende nach einer Fluchtmöglichkeit aus ihrer zerstörten Heimat suchen. Für all diese Menschen war das Wort Westen, wie für die ersten amerikanischen Siedler, ein Synonym für Gesundheit, Wohlstand und Glück. Und obwohl die meisten Pioniere das Ende des Trails gänzlich mittellos, ohne Besitz und Geld erreichten, war die erfolgreiche Erholung normalerweise nur eine Frage der Zeit. „Die Mehrheit", sagte ein Mann, der im Jahre 1846 selbst den Kontinent überquert hatte, „waren einfache, ehrliche, kräftige, intelligente, zupackende und tugendhafte Leute. Sie waren", so sagte er, „denen weit überlegen, die normalerweise neues Gebiet besiedeln."

Als jemand, der mit all diesen gewinnenden Attributen ausgestattet war, schien John Minto den Prototyp des Pioniers zu verkörpern. John war gutaussehend, aufrichtig und ohne Laster. Er kam aus Newcastle in England, und 1844 arbeitete er in einer Zeche in Pennsylvania: 14 seiner 22 Jahre hatte er in England und in Amerika als Bergmann gearbeitet, und jetzt hatte er es satt, in den schwarzen Schächten zu wühlen. Seine Mine in Pittsburgh wurde anläßlich eines Streiks in jenem Winter geschlossen – ein paradoxer Glücksfall für ihn. Der Markt war kohlengesättigt, die Löhne so niedrig, daß ein Bergmann kaum seinen Lebensunterhalt damit bestreiten konnte. John Minto, erfüllt von James Fenimore Coopers Erzählungen über das Frontier-Leben (er hatte „Die Pioniere" 1840 auf seiner Überfahrt von Liverpool nach Amerika gelesen), fuhr an Deck eines Raddampfers den Ohio hinab und gelangte bis St. Louis. Dort kaufte er sich ein Gewehr, einige Angelhaken und „ein Beil, das auf einen Tomahawk antworten konnte".

So ausgestattet, schlug er sich schließlich weiter bis Weston durch, eine der geschäftigen Städte am Missouri, wo Emigranten, die nach Oregon wollten, sich verproviantierten, bevor sie gemeinsam auf den Trail zogen. In Weston hörte John Minto ermutigende Reden: Ein Kerl von seiner Kraft und Willensstärke, sagte man ihm, sollte wohl keinerlei Schwierigkeiten haben, bei einer Familie, die nach Westen wollte, einen Job als Fuhrmann zu finden. Minto erinnerte sich: „Ich warf meine Mütze in die Luft und rief: ‚Leute, hier ist der Kerl, der entweder bis Oregon kommt oder auf einer Sandbank stirbt.'"

Zu jener Zeit hatte das Mississippi-Tal seine eigenen ökonomischen Sorgen, nicht geringere als Pennsylvania; die Preise für landwirtschaftliche Erzeugnisse waren so tief gefallen, daß Mississippidampfer manchmal Speck als Brennstoff benutzten. Ein Farmer aus Missouri, der beschlossen hatte, der Depression den Rücken zu kehren, war Wilson Morrison, und er hielt zufällig gerade Ausschau nach einem Hilfsmann, der ihn nach Westen bringen könnte. John Minto bekam den Job; später in Oregon bekam er auch die Tochter Farmer Morrisons zur Braut. Sie fiel John gleich an seinem ersten Arbeitstag auf: „. . . ein Mädchen von 12 oder 13 Jahren, das Wasser holen wollte von einer nahen Quelle." Augenblicklich, sagte Minto, kamen ihm die Zeilen einer englischen Ballade in den Sinn:

Der Farmerjunge wuchs auf zum Mann,
und der gute alte Farmer starb
und hinterließ dem Burschen seinen Hof
mit der Tochter als Braut.

„Und dann", so Minto, „sagte ich mir: ‚Da, Johnny Minto, da geht deine zukünftige Frau.'"

Am Abend vor ihrer aller Abreise aus Missouri kam ein Freund von Farmer Morrison an dessen Frontier-Blockhütte vorbei. Er sagte, eine Reise nach Oregon sei der reinste Wahnsinn, „eine unnötige Suche nach Mühen und Gefahren". Morrison solle ihm doch erklären, was ihn zu diesem Schritt veranlasse. John Minto berichtet, sein neuer Chef habe auf der Stelle eine sehr bewegende kleine Rede gehalten, die jedermanns beste Gründe, sich dem Zug anzuschließen, einmal aufzählte:

„Also", begann Morrison, „ich bin der Meinung, die Vereinigten Staaten haben das größte Recht auf dieses Land, und ich werde helfen, dieses Recht wahrzunehmen. Weiter glaube ich, daß es dort wirklich viele Indianer gibt, die zivilisiert werden müssen; und obwohl ich kein Missionar bin, bin ich bereit, auch dazu mein Teil beizutragen. Außerdem: Ich bin hier nicht zufrieden. Weniges von dem, was wir anbauen, lohnt überhaupt den Transport auf den Markt – etwas Hanf und ein bißchen Tabak." Schließlich sprach er direkt über das Sklavenproblem. „Wenn ein Mann sich keine Nigger hält – und das will ich nicht –, hat er keine Chancengleichheit. Da hast du Dick Owens, meinen Nachbarn: er hat ein paar Leute fürs Feld und ein paar Nigger fürs Haus. Sie bauen alles an und stellen alles her, was

Daniel Boone: Das Idealbild eines Pioniers

Als Daniel Boone am Ende seines 86. Lebensjahres friedlich im Bett starb – das war am 26. September 1820 in Missouri im vornehmen Farmhaus seines Sohnes Nathan –, war der Emigrantenstrom auf dem Oregon Trail noch eine Generation entfernt. Aber Boone war schon das Idealbild eines Pioniers. Er war weder der physische Riese (1,74 Meter) noch das naive Naturkind, das die Legende später aus ihm gemacht hat.

Daniel Boone war ein intelligenter Mann mit Familiensinn, der 57 Jahre lang eine gute Ehe führte. Er pflegte Freundschaften mit Indianern, liebte die Geselligkeit mehr als das Alleinsein, und als er seiner Frau sagte, es sei wohl an der Zeit, weiterzuziehen, da sich ein neuer Nachbar etwa 70 Meilen von ihnen entfernt angesiedelt hatte, scherzte er nur. Er liebte den Wald, aber dieser war für ihn auch ein Ort einträglicher Beschäftigung: Dort jagte er Rehböcke, deren Felle ihm harte Dollars einbrachten.

Boone, aus Pennsylvania gebürtig, war eines von 11 Kindern einer Quaker-Familie, die nach North Carolina zog. Dort ließ Boone sich im Alter von 40 Jahren zur Mitarbeit an einem Projekt anwerben, das Kentucky für Siedler öffnen und es zur 14. Kolonie machen sollte. Er arrangierte einen Kaufvertrag, bei dem die Cherokee acht Millionen Hektar für 10 000 Pfund Gegenwert an Waren an Boones Arbeitgeber, die Transsylvania Company, verkauften. Es ging alles Rechtens zu – die Indianer hatten einen Anwalt, einen Dolmetscher und den vernünftigen Rat ihrer Squaws. Der Handel wurde abgeschlossen. Dann führte Boone eine Gruppe von Tennessee durch den Cumberland Gap, ließ die Wilderness Road bauen und gründete eine Stadt – Boonesboro – und eine Regierung. Als er in die Gesetzgebende Versammlung gewählt wurde, brachte er am ersten Tag der ersten Sitzung ein Gesetz zum Schutz des Wildes gegen rücksichtsloses Abschlachten und ein zweites zur „Verbesserung der Pferdezucht" ein. Für seine Arbeit erhielt er 800 Hektar Land; aber nach der Revolution – in der sich Boone als Milizkommandant hervortat und beträchtliche Berühmtheit erlangte – wurde das Projekt der Transsylvania Company für ungesetzlich erklärt, und Boone verlor sein Land.

Unverzagt steckte er weitere Claims ab – und verlor sie wieder, weil er in seiner ungeduldigen Art versäumte, sie registrieren zu lassen. Er ließ den Mut nicht sinken und nahm eine Einladung aus Missouri an, das sich zu damaliger Zeit in spanischem Besitz befand, sich dort anzusiedeln und weitere Siedler mitzubringen. Die Spanier gaben ihm 3400 Hektar und machten ihn zum Richter. Aber der *Louisiana Purchase,* der auch Missouri einschloß, nahm ihm – nicht aber seinen Kindern – wiederum alles Land. Alt und besitzlos, ging Boone noch fröhlich auf die Jagd und auf Pelztierfang, als seine Hand schon längst nicht mehr sicher war.

Die Biberfellmütze, die Daniel Boone hier in der Hand hält, hat er in Wirklichkeit nie getragen.

Für sein Gemälde *Abschied von der alten Heimat* wählte der Maler James Wilkins, der im Jahre 1849 den Oregon Trail entlangreiste, eine offensichtlich gutbürgerliche Familie, um zu zeigen, daß Pioniere aus allen Bevölkerungsschichten kamen.

die Familie und sie selbst an Nahrung und Kleidung brauchen, und außerdem noch etwas Hanf und Tabak. Wenn die Marktpreise gut sind, wird Dick verkaufen – wenn nicht, kann er sich über Wasser halten, während ich zum Verkauf von allem, was ich erzeuge, gezwungen bin, damit wir überhaupt auskommen. Ich gehe nach Oregon, wo es keine Sklaven gibt und wo wir alle gleiche Startchancen haben."

Später am Abend sang John Minto die Familie in Schlaf:

Willst du mit Mädchen spazierengehen,
so geh auf die Heide von Balquihidder,
wo die Blaubeeren wachsen
auf den schönen Hügeln des Hochlands . . .

Dann, als alle Lieder gesungen waren, machten sich Anfang Mai auch John Minto, sein standhafter Arbeitgeber und seine zukünftige Braut auf, um sich dem Heer anderer Emigranten anzuschließen, die in den drei folgenden Dekaden in ihren Wagen westwärts zu den grünen und ertragreichen Landstrichen des pazifischen Far West rollten. Wie die große Mehrheit dieser Pioniere schlugen auch Morrison und Minto die am besten bekannte und am stärksten befahrene Überlandroute ein. Man nannte sie den Oregon Trail *(Karte S. 22–23)*, obwohl sie auch nach Kalifornien führte. An einem Punkt auf etwa halber Strecke, im östlichen Teil des riesigen Oregongebietes, gabelte sich der Trail; ein Teil führte südwärts nach Kalifornien, der andere lockte weiter nach Oregon. In beiden Richtungen war über den größten Teil der Strecke der Trail schon gut markiert, denn schon eine ganze Generation von Trappern hatte ihn benutzt, die an den Hängen der Rockies und jenseits der Berge Fallen in den Biberflüssen stellten.

Von seinem Ausgangspunkt in Independence in Missouri wand sich der Oregon Trail nach Westen über die Grassteppen von Kansas und dann nach Norden, nach Nebraska. Von dort aus verlief er leicht nordwestlich, dem Lauf des schlammreichen Platte River folgend, stieg unmerklich an durch die Prärien von Nebraska und weiter auf die trockenen, trostlos öden High Plains.

An Fort Laramie vorbei, durch das Gebiet, das eines Tages der Staat Wyoming sein würde, kletterte der Trail allmählich durch eine mit Beifußgestrüpp und Grasbüscheln bedeckte wellige Landschaft auf die schneebedeckten Ketten der Rocky Mountains zu. Er überquerte die Continental Divide an einer wenig einladenden Stelle, die South Pass genannt wurde, einem winddurchfegten Hochland zwischen den Bergen. Dieser breite, flache Korridor durch die Rockies war im Jahre 1812 von einem Bibertrapper namens Robert Stuart entdeckt worden, der für den Pelzmagnaten John Jacob Astor gearbeitet hatte. Während der lärmenden

1820er und 1830er Jahre hatten bärtige Gebirgler – Mountain Men – den Paß benutzt, um Vorräte zu einem Treffpunkt zu befördern, an dem sich die Trapper versammelten, die in einem der Täler westlich der Wasserscheide Felle verkauften; sie erzählten hier Geschichten und tranken unverdünnten Whiskey. Jetzt, in den mittleren Jahrzehnten, bot der allmähliche Anstieg des South Pass den Emigranten die einzige passierbare Wagenroute nördlich von Mexiko über die Wasserscheide und machte so den Oregon Trail überhaupt erst möglich.

Wenn man den South Pass hinter sich hatte, verlief der Trail weiter durch die dürren und unfruchtbaren östlichen Regionen des Oregongebietes, eine viel zu unwirtliche und rauhe Gegend, als daß sie einen Anreiz für die Siedler geboten hätte. Dann ging es bergab durch eine zunehmend hügelige Landschaft auf die freundlichere Pazifikküste zu. Nicht weit von der Grenze des heutigen Idaho teilte sich der Trail in zwei Hauptarme (dazu kam ein Labyrinth von Abkürzungen und Seitenstrecken). Im Nordwesten lagen natürlich die fruchtbaren Täler West-Oregons, in die man kam, wenn man auf dem Trail den Abhang des Kontinents hinabgestiegen war, dem gewundenen Lauf des Snake River folgend; dieser durchschnitt eine Anzahl schwer zu überwindender Bergketten, bevor er sich mit dem Columbia vereinte. Dieses war die Route, die schon früher die Pelzjäger benutzt hatten, wenn sie in die Wälder Oregons gingen, und auch John Minto und Wilson Morrison, die acht gefährliche, mühsame Monate lang unterwegs waren, folgten ihr. Erst am 30. Dezember 1844 erreichten sie das Willamette-Tal in Oregon. Die letzten 320 Kilometer waren sie auf einem Floß den Columbia hinabgetrieben, durch Stürme und Schneetreiben und über Stromschnellen, die John Minto in seinem Tagebuch als die schlimmsten Gefahren der ganzen Reise beschrieb.

Die Alternative, die sich den Emigranten an der großen Gabelung des Trails bot, war die Route, die der berühmteste aller Mountain Men, Joe Walker, 1833 markiert hatte. Walkers sicherer Pfadfinderinstinkt hatte ihn auf den direktesten gangbaren Weg nach Kalifornien geleitet: nördlich vom Great Salt Lake und am brackigen Humboldt River entlang durch die Alkalisteppen der Nevadawüste und dann über die 3900-Meter-Gipfel der Sierra Nevada in die inneren Täler auf der anderen Seite. Walker überquerte die Berge bei Yosemite, in einem der großartigsten, aber schwierigsten Gebiete des ganzen Westens. Ein Jahrzehnt später, 1844, entdeckte ein anderer berühmter Mountain Man, Kit Carson, einen leichteren Übergang etwas nördlich des Lake Tahoe – und dies wurde schließlich für die Wagenkolonnen eine Standardroute über die Berge.

Andere Pioniere auf dem Weg nach Far West versuchten, auf anderen Wegen ins Gelobte Land zu gelangen. Einer war der alte Santa Fe Trail, der ebenfalls in Independence seinen Ausgang nahm. Der Santa Fe Trail war 1821 als Handelsweg zwischen den Vereinigten Staaten und Mexiko eröffnet worden. Eine Karawane von Frachtwagen, hoch beladen mit Waren aus den Fabriken des Ostens, machte sich jedes Jahr auf den 1280-Kilometer-Treck durch das heutige Kansas und New Mexico zur alten Provinzhauptstadt Santa Fe. Um ihre Fracht zu schützen und sich selbst einigermaßen gegen die Präriestürme abzuschirmen, statteten die Santa-Fe-Fahrer ihre Wagen mit Leinwandbedachungen aus, die über Holzrahmen gezogen wurden. Aus der Ferne sahen diese behäbigen Fahrzeuge wie Prärieschiffe aus. So nannte man sie scherzhaft „Prärieschoner“, und dieser Spitzname wurde – wie auch der Planwagen selbst – zum Symbol der gesamten Pionierbewegung.

Fast ein Jahrzehnt lang ging der Trail nur bis Santa Fe. Aber in den 1830er Jahren dehnten die Händler ihre Tätigkeit bis nach Kalifornien hinein aus und verlängerten so den Trail, dessen Fortsetzungen nun bis nach San Diego und Los Angeles reichten. Diese Verlängerungen, als Gila River Trail bzw. Old Spanish Trail bekannt, wurden nach dem Goldrausch stark benutzt, als spätere Siedler sich im südlichen Kalifornien und in Arizona niederließen.

Wenn er das Geld und den Magen dafür hatte, stand dem Emigranten, der an die Pazifikküste wollte, noch eine andere, aufregende Alternative offen. Er konnte ganz von den Überlandrouten absehen und sich eine Fahrkarte für ein Segelschiff kaufen, das von New York oder Boston aus die sechsmonatige, über 20000 Kilometer lange Seereise um Kap Hoorn herum machte. (Wenn er es sehr eilig hatte und das Gelbfieber nicht fürchtete, konnte der Seereisende auch noch drei Monate einsparen, indem er die Abkürzung über den Isthmus von Panama nahm.)

Genau wie die Überlandwege waren auch die Seewege nach Kalifornien und Oregon schon viele Jahre zuvor durch den Handel eröffnet worden. Schon bevor die ersten Bibertrapper Oregon erreichten und Astors Pelzhandelsgesellschaft 1812 die erste amerikanische Niederlassung in Oregon – Astoria – gründete, betrieben Yankee-Seekapitäne einen blühenden Seeotterpelz-Handel mit den Indianerstämmen des Nordwestens. So viele Neuengländer landeten an Oregons Küste, daß noch Jahre später die Indianer alle Weißen „Bostoner“ nannten.

Yankee-Reeder, die mit mexikanischen Viehzüchtern einen schwunghaften und unglaublich lukrativen Handel mit Häuten und Rindertalg betrieben, hatten Amerika auch auf die Häfen und grünenden Viehfarmen Kaliforniens aufmerk-

Yankee-Unternehmen in Spanisch-Kalifornien

Das Ende der weiten Reise hieß für den Pionier gewöhnlich unbesiedelte Wildnis, wie das wenig erforschte Oregongebiet. Aber in Kalifornien trafen die ersten Emigranten aus dem Osten auf eine blühende Ausländerkolonie. Ihr gehörten viele Amerikaner an, die es wie Jacob Leese – rechts auf dem Photo mit seiner Familie – seit Beginn des 19. Jahrhunderts nach Kalifornien gezogen hatte.

Die damals gültigen mexikanischen Gesetze machten es Fremden schwer, ins Land zu kommen und dort zu leben, aber die mexikanischen Bürger drückten normalerweise ein Auge zu. Sie waren ausgehungert nach Kontakten mit der Außenwelt und begrüßten Neuankömmlinge – selbst Joseph Chapman, der zur Besatzung eines Piratenschiffes gehörte, das 1818 während eines Überfalls auf Monterey aufgebracht wurde. Chapman heiratete die Tochter seines Bezwingers und betätigte sich im Schiffbau.

Andere Matrosen beschrieben in Briefen nach Hause das viehreiche, handelshungrige Land der Verheißung, und wendige Bostoner Kaufleute schickten Scharen von Briggs mit weißen Segeln, um Ladungen von Rindleder aufzunehmen. Einige gewiefte Seeleute blieben als Agenten dort und bereicherten ihre Firmen wie sich selbst als Händler und als Herrscher über riesige Ranches.

In den späten 1820er Jahren begann eine zweite Emigrantenwelle von der Landseite heranzurollen. Drahtige, ledergekleidete Pelzjäger kamen über die verschneiten Pässe der Sierra und ließen sich als Zimmerleute, Maurer, Faßbinder, Silberschmiede, Seifensieder, Schiffbauer, Müller und Weinhändler nieder. Unter diesen ungebundenen Burschen war auch Jacob Leese.

Stolz lassen sich die Leeses – noch in ihrer guten Zeit – 1849 mit ihren Kindern porträtieren.

Leese, ein Büroangestellter aus Ohio, der Trapper geworden war, überquerte die Sierra im Winter 1833; auf dieser schrecklichen Reise aß er seinen treuen Jagdhund, um sich selbst vor dem Verhungern zu bewahren. Innerhalb von drei Jahren wurde er als Kaufmann in Yerba Buena bekannt – später in San Francisco umbenannt – und wurde Eigentümer des größten Hauses am Ort, für das er einen Warenwert von 440 Dollar zahlte.

In diesem weiträumigen Gebäude organisierte er 1836 die erste 4.-Juli-Feier der Stadt – mit einer originellen Gästemischung aus etwa 60 Amerikanern, Briten und Mexikanern. Unter den Gästen war auch der mexikanische General Mariano Guadalupe Vallejo, dessen hübsche Schwester Rosalia Leese den Kopf verdrehte. Solche Romanzen waren nicht ungewöhnlich. Eine Frau mit guten Beziehungen konnte überaus hilfreich im Umgang mit der Obrigkeit sein; und außerdem waren die dunkeläugigen Señoritas betörend exotisch.

Einige hatten Launen, von denen sie nicht abzubringen waren. Vallejo hatte einem Iren namens Timothy Murphy, der sich mühsam als Otterjäger durchschlug, zusammen mit Rosalias Hand eine große Ranch übereignet. Aber die geistreiche und scharfzüngige Rosalia ließ Murphy sitzen (obwohl er die Ranch behielt) und heiratete statt dessen Leese. 1838 wurde als erstes von sieben Kindern ihre Tochter Rosalia geboren.

Eine Zeitlang machte Leese Gewinn mit so unterschiedlichen Unternehmen wie Viehtransporten nach Oregon und einer Handelsreise nach China. Dann verließ ihn sein Glück. Wie viele Pioniere verlor er schließlich alles Land, das er erworben hatte, an die Scharen von *squatters*, die während des Goldrausches von 1849 nach Kalifornien strömten. Er starb verarmt im Alter von 82 Jahren.

Überreiche Schätze, gepaart mit moderner Industrie und hervorragenden Kommunikationsmitteln, erwarteten – nach dem phantasievollen Stich von 1857

sam gemacht. Seit den 1820er Jahren – und das ganze nächste Vierteljahrhundert hindurch – kamen amerikanische Handelsschiffe zu Hunderten angesegelt: ihre Ladung bestand, wie ein Beobachter anschaulich beschrieb, aus „Schätzen aller Art: Tee, Kaffee, Zucker, Steingut, Zinngeschirr, Messern, Stiefeln und Schuhen aus Lynn, Kattun und anderen Baumwollstoffen aus Lowell, Woll- und Seidenstoffen, Halstüchern, Schmuck und Kämmen für die Damen – aus Möbeln und allem, was man sich sonst noch vorstellen kann, von chinesischem Feuerwerk bis zu englischen Wagenrädern". Der Verfasser ist Richard Henry Dana jr., der die Schiffsreise 1834 als Decksmatrose machte und dieses Erlebnis in einem Buch beschrieb (*Two Years before the Mast*), das weite Verbreitung fand und die Neugierde der Amerikaner auf Kalifornien und den dringenden Wunsch, es selbst zu sehen, noch verstärkte. Auf der Rückreise transportierten die Schiffe große Bündel steifer Kuhhäute für die Schuhfabriken von Lynn und große Ledersäcke voll Rindertalg, der zur Kerzenherstellung benutzt wurde. Ständige Vertretungen am Ort wurden nötig, um die Geschäfte mit den Viehzüchtern abzuwickeln, und einige dieser Handelsbeauftragten benutzten ihren Gewinn, um sich selbst eine Ranch zu kaufen – und wurden so Kaliforniens erste amerikanische Siedler.

Bis zum Beginn des Goldrausches jedoch nahmen nur wenige Auswanderer den Seeweg nach Westen, und trotz des plötzlichen Ansteigens der Seepassagen unmittelbar nach dem Goldfund bei Sutter's Mill erreichte die Gesamtzahl der

aus dem hemmungslos Propaganda treibenden *Wide West,* einer Wochenschrift aus San Francisco – den unerschrockenen Emigranten in Kalifornien.

Seereisenden doch niemals die vielen Tausende, die den Oregon Trail entlangzogen. Neben dem hohen Preis für die Passage (etwa 300 Dollar pro Kopf) waren die Kajüten entsetzlich überfüllt, und die Ernährung an Bord war fürchterlich. Der einzige Vorteil der Seereise war, daß man sie während des nördlichen Winters machen konnte, was den Passagieren einen beträchtlichen Vorsprung gegenüber den Überlandreisenden verschaffte, die bis zum Tauwetter im Frühling warten mußten.

Aber nach den Tagebüchern der Schiffspassagiere zu urteilen, wurden solche Vorteile wieder aufgehoben durch die Unbequemlichkeiten und vor allem durch die erdrückende Langeweile einer halbjährigen Odyssee um Kap Hoorn. Ein alter Mann erzählte, wie er seine Zeit verbrachte. „Heute", schrieb er in sein Tagebuch, „habe ich meinen großen Kasten aufgemacht und alles, was darin war, auf meiner Koje ausgebreitet, wobei ich jeden Gegenstand sorgfältig betrachtete; dann habe ich alles wieder eingepackt. Ein Mann kam unter Deck und sah mir dabei zu, worauf er selbst seinen Koffer auspackte. Wir waren uns darüber einig, daß es eine sinnlose Beschäftigung war, aber die Zeit verging auf angenehme Art."

Niemand weiß, wie viele Pioniere die Seereise auf sich genommen haben – vielleicht 100 000, eingeschlossen die, die die Abkürzung über Panama nahmen. Aber dreimal so viele taten es dem umsichtigen Edwin Bryant nach. Als diese Emigranten in das Küstengebiet strömten, mit dem Wagen oder per Schiff, und die pazifische Wildnis Gemüsegärten,

Obstplantagen und Milchwirtschaft weichen mußte, passierte etwas Seltsames. Die Frontier machte einen Riesenschritt rückwärts, über die Rocky Mountains und nach Osten zu ebendenselben Plains von Kansas und Nebraska, die den ersten Emigranten so öde und monoton erschienen waren, als sie sie auf dem Trail durchquerten.

Eine Anzahl von Ereignissen hatte in der Zwischenzeit das Siedeln auf den unwirtlichen Plains etwas attraktiver gemacht. Eins war ein gewagtes politisches Manöver eines kleinen, aufdringlichen Senators von Illinois namens Stephen A. Douglas. Als lebhafter Fürsprecher seines Heimatstaats – er hatte dort selbst bedeutenden Grundbesitz – hoffte Douglas, eine nördliche Route für die geplante transkontinentale Eisenbahn durchzusetzen – mit einer östlichen Endstation in Chicago und einem Streckenverlauf durch die Indianergebiete westlich des Missouri. Deshalb brachte der Senator im Jahre 1854 im Kongreß ein Gesetz ein, das als *Kansas-Nebraska Act* bekannt wurde: Es erklärte das Indianerland zu US-Gebiet und öffnete es offiziell für die Siedler. Das Gesetz ließ auch die delikate Frage entstehen, ob in diesen Gebieten nun Sklaverei erlaubt sein würde oder nicht. Ein heftiger Guerillakrieg brach in den neuen Gebieten aus. Aber die Pioniere rollten weiter ins Land; in den sechs Jahren vor dem Bürgerkrieg stieg die Bevölkerung von nahezu Null auf 136 000.

Wichtiger noch als die Kansas-Nebraska-Machenschaften war für die meisten Pioniere das versprochene Land, das sie laut *Homestead Act* von 1862 umsonst bekommen würden. Danach konnte jeder US-Bürger oder Einwanderer aus dem Ausland gegen eine Registrierungsgebühr von nur 10 Dollar 160 Acres (65 Hektar) öffentlichen Grund und Bodens beanspruchen. Dafür mußte er auf dem Land leben und es fünf Jahre lang bewirtschaften. Er hatte die Möglichkeit, weiteres staatliches Land zu einem niedrigen Festpreis von 1,25 Dollar pro Acre dazuzukaufen, und konnte so für einen mäßigen Geldbetrag einen Hof von beträchtlicher Größe erwerben. Und auf der weiten Fläche der Plains und Prärien war Platz für mindestens eine halbe Million solcher Höfe.

Obwohl die wirtschaftlichen und auch einige siedlungspolitische Aspekte sich in diesem Sinne gebessert hatten, blieben die rein physischen Lebensbedingungen auf den Plains unverändert. Es gab nach wie vor kein Bauholz für Häuser noch irgendwelches Holz, mit dem man auch nur den Küchenherd hätte heizen können. Die Siedler auf den Plains mußten ihre Häuser aus Sodenfladen bauen, die sie mit einem Pflug oder der Breitaxt aus der Grasnarbe unter ihren Füßen gelöst hatten, wobei der Boden des Hauses die Prärie selbst war und getrockneter Büffeldung oder trockenes Gras ihr Brenn- und Heizmaterial.

Keine noch so großen hausfraulichen Anstrengungen konnten solch eine Höhle mit ihrem dumpfigen, halbdunklen Inneren und seinem verwurmten Dach wirklich aufhellen. Eine Besucherin, die ihre erste Nacht im *soddy* einer Pionierfamilie verbrachte – so nannte man diese Häuser –, schrak aus dem Schlaf: „Etwas wie feiner Hagel ist mir aufs Gesicht und auf die Hände gerieselt", sagte sie. „Schlaf wieder ein", beruhigte sie die Gastgeberin; es war nur der Wind, der das Baumaterial wieder auflöste.

Wenn ein Siedler auf ein Stück Land geriet, wo die Grasnarbe nicht zusammenhielt beim Hausbau, blieb ihm nichts anderes übrig, als seitlich in einen Hang ein riesiges Loch zu graben, eine Decke vor den Eingang zu hängen und seine Familie zu ermuntern, ihr neues Heim zu beziehen. „Fußböden sind ein Luxus, den man hier kaum sieht", schrieb ein Pionier. „Ich sah gestern, wie ein Familienmitglied sein Bett mit der Hacke machte."

Die ganzen 1850er und 1860er Jahre hindurch lebten Siedler wie diese in beständiger Furcht vor den Angriffen der Indianer. „Wir gehen abends nie ohne Angst schlafen, und mein Gewehr ist immer geladen", schrieb ein Farmer aus Dodge County in Minnesota 1862. Und obwohl einige Stämme am Trail nach Westen zu Bettlern heruntergekommen waren, die höchstens noch gelegentlich ein Kalb stahlen, konnte für einen einsamen Emigranten an seinem Pflug oder für eine Frau in ihrem *soddy* das plötzliche Auftauchen von Indianern den Tod bedeuten. So erging es den beiden ältesten Kindern Peter Ulbricks, die auf dem Hof ihrer Eltern in Nebraska am 23. Juli 1867 Mais hackten, als eine Gruppe Indianer herangeritten kam. Die Indianer schlugen dem 12jährigen Peter den Kopf mit einem Tomahawk ein und schleppten die 15jährige Veronica mit sich; 18 Monate lang hielten sie sie gefangen und mißbrauchten sie während dieser Zeit so brutal, daß sie sich niemals ganz davon erholte. Einer anderen Familie erging es nur wenig besser: George Martin,

WESTERN-ABENTEUER FÜR DEN FEIERABEND

Durch die rosige Brille von Trivialschriftstellern wie Ann Stephens gesehen, deren beliebter Roman *Esther* 1862 erschien, rückten aufregende Abenteuer die quälende Monotonie und die nervenaufreibenden Strapazen des Pionierlebens in den Hintergrund. Esther, Mrs. Stephens Heldin, entfernt sich von der Wagenkolonne, mit der sie und ihr Vater unterwegs sind, und wird von Dakota-Indianern gefangengenommen. (Auf dem Titelbild rechts wird sie, wenn auch zu spät, von Waupee, einer freundlichen Squaw, vor ihrem drohenden Schicksal gewarnt.) Nach vielen haarsträubenden Prüfungen und Leiden wird das liebliche Mädchen gerettet und in einem echten Happy-End mit dem Sproß einer reichen Familie verheiratet.

COMPLETE.
BEADLE'S
NUMBER 45.
DIME NOVELS
UNITED STATES OF AMERICA
ONE DIME
THE CHOICEST WORKS OF THE MOST POPULAR AUTHORS.
ESTHER:
A STORY OF THE OREGON TRAIL.
BEADLE AND COMPANY.
NEW YORK: 141 WILLIAM ST. LONDON: 44 PATERNOSTER ROW.
General Dime Book Publishers.

Medorem Crawford, ein 26jähriger Oregonsiedler, schrieb seinen Brüdern im Osten einen überschwenglichen Brief, in dem er ihnen sein Siedlerleben schildert und sie drängt, zu ihm zu kommen: „In fünf Jahren könnten wir alle reiche Farmer sein."

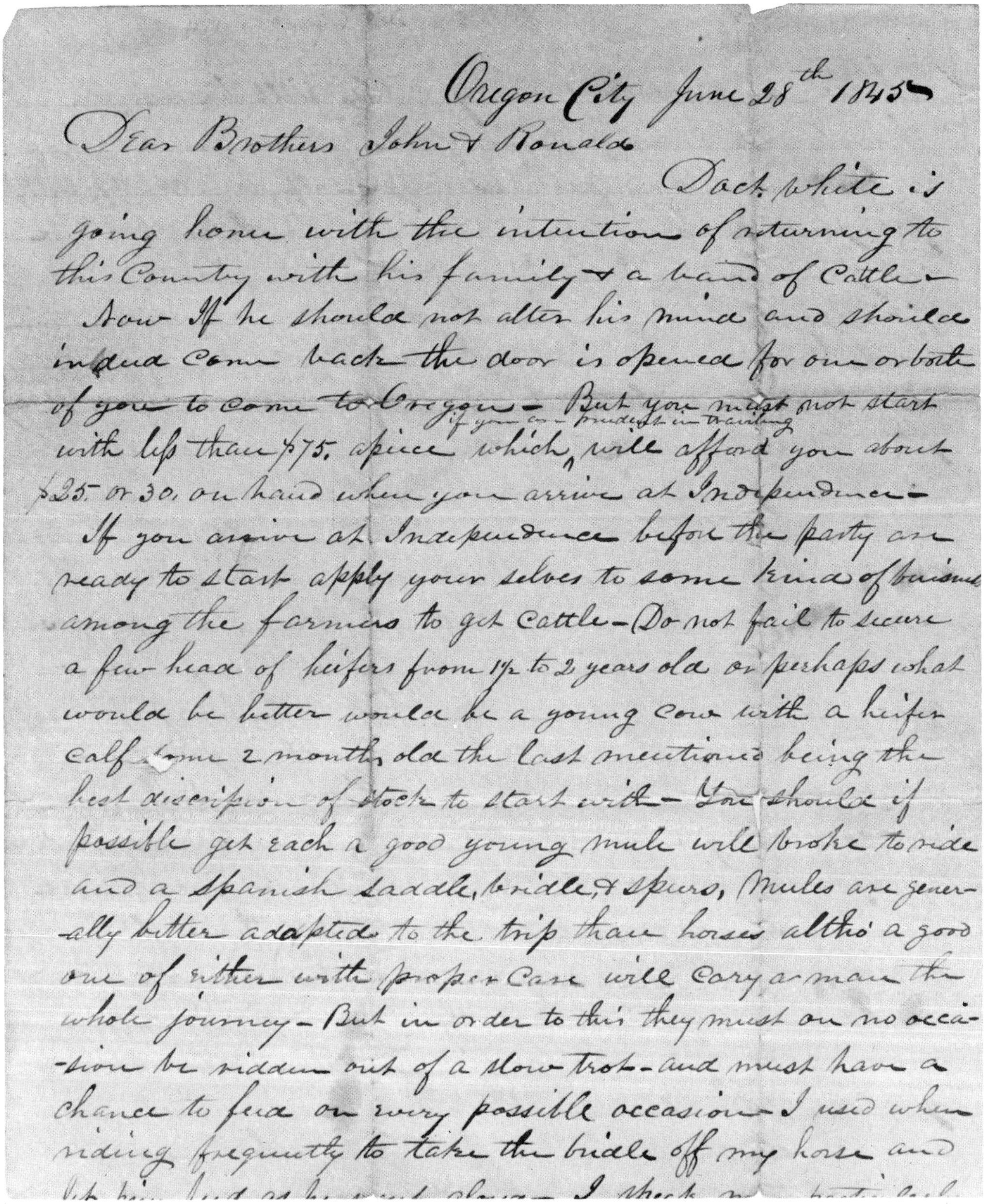

Oregon City June 28th 1845

Dear Brothers John & Ronald

Doct. White is going home with the intention of returning to this Country with his family & a band of Cattle — Now If he should not alter his mind and should indeed Come back the door is opened for one or both of you to come to Oregon — But you must not start with less than $75. apiece which, if you are prudent in traveling, will afford you about $25. or 30. on hand when you arrive at Independence —

If you arrive at Independence before the party are ready to start apply your selves to some kind of business among the farmers to get Cattle — Do not fail to secure a few head of heifers from 1½ to 2 years old or perhaps what would be better would be a young Cow with a heifer calf some 2 months old the last mentioned being the best discription of stock to start with — You should if possible get each a good young mule well broke to ride and a Spanish saddle, bridle, & spurs, Mules are generally better adapted to the trip than horses altho' a good one of either with proper Care will Cary a man the whole journey — But in order to this they must on no occasion be ridden out of a slow trot — and must have a chance to feed on every possible occasion — I used when riding frequently to take the bridle off my horse and let him feed as he went along — I

Joel Palmer – Farmer, Volksvertreter, Bevollmächtigter für Indianerangelegenheiten – machte zwei Reisen nach Oregon. In einem Reiseführer für Pioniere riet er, „eine Menge Schulbücher für die Kinder" mitzunehmen.

der mit seinen beiden Söhnen Nathaniel und Robert draußen beim Heumachen war, wurde von einem Pfeil in die Halsschlagader getroffen, während er auf dem Heuwagen stand. Das Gespann vor dem Wagen raste nach Hause zurück, wo Martins Frau die durchschnittene Ader mit einer Nadel schloß und so sein Leben rettete. Die beiden Jungen, die hintereinander auf demselben Pferd ritten, rasten ebenfalls los, gefolgt von einem Hagel von Pfeilen. Drei trafen, darunter einer, der ganz durch den Körper des einen Jungen und dann in das Rückgrat seines Bruders drang, so daß sie buchstäblich zusammen aufgespießt waren. Wie durch ein Wunder überlebten die beiden.

Ein gleichbleibendes und unter Umständen ebenfalls tödliches Risiko war das Wetter auf den High Plains. Der Wind blies erbarmungslos, seine unaufhörlichen Stöße und sein Stöhnen waren so deprimierend, daß manch eine Hausfrau, in ihrem Sodenhaus tagelang von den pflügenden oder jagenden Männern alleingelassen, wahnsinnig wurde. Im Sommer stiegen die Temperaturen regelmäßig über 38° C, und die Winter konnten so unsagbar kalt sein, daß die Siedler ihr Vieh ins Haus holten, um seine Körperwärme zu spüren. Eine Frau in Dakota schrieb, daß „die Quecksilbersäule unter 40° C sinkt und jetzt gar nicht mehr zu sehen ist, und Katie taut mit einem warmen Bügeleisen die Frostschicht von den Vorderfenstern, damit das Licht hereinkommt". Ein anderer Tagebuchschreiber hielt fest, daß er unterbrechen mußte, weil die Tinte hartgefroren war.

Nicht jeder wurde leicht damit fertig. Mollie Sanford, eine hübsche junge Lehrerin, die mit ihren Eltern in eine Hütte in Nebraska zog, sagte: „Vater versuchte, fröhlich auszusehen, aber Mutter hatte Tränen in den Augen." Mollie schwor sich, eine Heldin zu werden – „ein tapferes, tapferes Mädchen – ich sagte, es würde bestimmt lustig, aber ich glaubte nicht daran". Ein Pionier, ein Farmer aus Council Grove in Kansas, versuchte nicht einmal, so etwas zu behaupten. „Mit all den Dürreperioden, Wanzen und Heuschrecken werden wir wohl nach Ägypten oder sonstwohin ziehen müssen, um Mais zu kriegen."

Einige bekamen es satt und kehrten nach Hause zurück, froh, daß sie noch die Energie zum Rückzug aufbrachten. Ein Farmer von den Plains schrieb mit Kreide an die Tür seiner verlassenen Hütte: „400 Kilometer bis zur nächsten Post, 160 Kilometer zum Wald, 32 Kilometer zum Wasser, 15 Zentimeter zur Hölle. Ziehen zur Familie meiner Frau."

Solcher Desillusionierung und zerstörten Hoffnungen konnten Pioniere auch im Far West, dem Fernen Westen, begegnen, der anfangs so verheißungsvoll schien. Auf einem 128-Hektar-Claim gegenüber dem Puget Sound in Washington bauten Phoebe Judson und ihr Mann Holden eine Hütte und begannen, ihr Land zu bebauen. Zu Hause in Vermillion in Ohio hatte sich Phoebe ihr Häuschen im Westen weinumrankt und mit einem Rosenspalier vorgestellt. Aber der Kiesboden ihres Grundstückes ergab kümmerliche Ernten und spindeldürre Rosenstöcke, die Waren in den Läden im nahe gelegenen Olympia waren teuer, Pumas schlugen Schweine, Überschwemmungen bedrohten das Haus, und Indianer massakrierten die Nachbarn, so daß Phoebe klagte, daß „die Existenzschwierigkeiten und die beständige Schufterei unserem Leben auf der Farm jegliche Romantik oder Poesie nahmen". Sie hielt aber durch, und in ihren Memoiren kam sie zu dem Schluß, daß sie tatsächlich den idealen Ort gefunden hatte.

Keine Enttäuschung dieser Art erwartete Joel Palmer, der 200 Tage nach seinem traurigen Abschied von seiner Familie in Indiana am 1. November 1845 in Oregon City im Oregongebiet ankam. Zuerst machte er Bestandsaufnahme: Oregon City war eine Gründung von Methodistenmissionaren und ehemaligen Trappern der Hudson's Bay Company, einem Pelzhandelsunternehmen in britischem Besitz, das enormen Einfluß im Nordwesten hatte. Palmer zählte „eine ordentliche Methodistenkirche, eine prächtige katholische Kapelle, zwei Mühlen, zwei Sägemühlen, vier Läden, zwei Kneipen, einen Hutmacher, eine Gerberei, drei Schneider, zwei Schreiner, zwei Silberschmiede, einen Faßbinder, zwei Grobschmiede, einen Arzt, drei Anwälte, eine Druckerei und eine schöne Ziegelei". Dann sah Palmer sich noch kurz in der Umgebung um und kehrte Ende des Winters über den Oregon Trail zu seiner Familie zurück. Ein Jahr, drei Monate und zwei Wochen war er von seiner Familie weggewesen, aber, sagte er, „ich hatte die Freude, meine Familie bei guter Gesundheit zu finden".

Im nächsten Frühjahr – 1847 – reisten sie alle über den Oregon Trail. Und an der Spitze der Wagenkolonne, in demokratischer Wahl von den Erwachsenen der Reisegesellschaft bestimmt, ritt Captain Joel Palmer.

Emanuel Leutze, 1860 vom Kongreß in Washington beauftragt, in einem Gemälde den Pioniergeist zu beschwören, betitelte es im Geiste des *Manifest*

Destiny-Denkens mit der Zeile: *Nach Westen nimmt das Reich den Weg* aus einem Gedicht des englischen Philosophen George Berkeley aus dem 18. Jahrhundert.

2 Propheten und Propagandisten

Den meisten Pionieren genügte es, vom Bau eines eigenen Hauses und dem Bebauen eigenen Grund und Bodens zu träumen: Das Bemühen der hier porträtierten Männer war jedoch, Einfluß zu nehmen auf die Gestalt, die die politische und soziale Ordnung des Westens eines Tages annehmen würde. John Marsh befürwortete lebhaft das Besiedlungsprojekt, in der Hoffnung, daß es zur amerikanischen Annexion Kaliforniens führen würde und das Land Bundesstaat werden könnte. Einer von denen, die er überzeugte, war John Bidwell, ein junger Lehrer aus Ohio. Er folgte Marshs Ruf nach dem Westen und kämpfte für Kaliforniens Unabhängigkeit von Mexiko. Später wurde er zum ersten Senator des neuen Staates gewählt.

Dann gab es da auch die Missionare, Männer wie Samuel Parker und Jason Lee, die nach dem Westen gingen, um sich angesichts der wachsenden Zahl weißer Siedler für das Überleben der Indianer einzusetzen. Parkers Suche nach geeigneten Plätzen für Indianermissionen ließ ihn weiße Flecken auf der Landkarte Oregons erforschen, und die Missionsstationen, die Lee aufbaute, zogen Siedler in das Gebiet.

Auch Siedler gab es: Nathaniel Wyeth hoffte, in der fisch- und holzreichen Gegend an Oregons Columbia River eine Handelsgesellschaft zu gründen, während der halbverrückte Hall Jackson Kelley davon träumte, an der Küste eine riesige Farmkommune anzusiedeln. Die Geschichten dieser Männer erzählt das folgende Kapitel.

SAMUEL PARKER

JOHN MARSH

JOHN BIDWELL

HALL JACKSON KELLEY

NATHANIEL WYETH

JASON LEE

JAMES K. POLK.
THE PEOPLES CHOICE.
Lith. & Pub. by N. Currier, 2 Spruce St. N.Y.

Kühne Vorreiter auf dem Weg nach Westen

Hall Jackson Kelley war ein vielseitig begabter Mann. Geboren an der Wende zum 19. Jahrhundert, führte er die ersten Schultafeln in Bostons Volksschulen ein und gründete die erste Sonntagsschule in einer Bostoner Kirche. 1829 entwarf und verkündete er einen großartigen Plan, nach dem 3000 Farmer aus Neuengland auf einmal nach Oregon zu den Ufern des Columbia River versetzt werden sollten. Die Schultafeln und die Sonntagsschule überlebten eineinhalb Jahrhunderte. Kelleys grandioser Plan jedoch, eine richtige Yankee-Farmgemeinschaft aus den pazifischen Wäldern zu stampfen, brachte ihm nur Enttäuschung und Kummer. Dennoch erwies sich dies schließlich als sein bedeutendstes Unternehmen.

Nie zuvor hatte jemand ernsthaft versucht, amerikanische Familien nach Far West zu verpflanzen. Und obwohl Kelley selbst auch nicht einen einzigen Pionier über Bostons Stadtgrenzen hinaus begleitete, bewog seine eifrige Propaganda eine große Zahl anderer entschlossener Visionäre, nach Westen zu ziehen und im Laufe der Zeit den Pionier-Trail zum Pazifik zu markieren. Diese Vorläufer der Emigrantenbewegung führten die ersten Planwagen über die Rocky Mountains und auch die ersten Frauen; sie feierten die ersten Hochzeiten, bauten die ersten Schulen und gründeten die ersten Städte. Sie waren ein entschlossener, ungestümer, leicht verrückter Haufen – Yankee-Händler auf der Suche nach einem gewinnträchtigen Geschäft, protestantische Missionare, die die Indianer bekehren wollten, und wohl mehr als ein Abenteurer, der mit einem Bein außerhalb des Gesetzes stand. Aber alle hatten eines gemeinsam: Sie zeigten dem späteren großen Zug der Pioniere den Weg.

Kelley selbst sah nicht aus wie jemand, der eine Kolonie in der Wildnis gründen wollte. Fromm, introvertiert, ein Bücherwurm (er hatte sich als Kind die Augen ruiniert, indem er Vergil bei Mondlicht las), schien er geeigneter für den Priester- oder Lehrerberuf. Tatsächlich war er nach Abschluß seiner Studien am Middlebury-College in Vermont Grammatiklehrer in Boston geworden und schrieb mehrere Rechtschreibfibeln. Aber der Drang nach Abenteuern lag ihm im Blut, ausgelöst durch die Lektüre der Tagebücher von Lewis und Clark. Danach verschlang er alles, was er an Literatur über den Far West finden konnte – Abhandlungen, Pamphlete und besonders die Mitschriften der Kongreßdebatten über den Status Oregons.

Der Kongreß hatte die Oregon-Frage *(S. 50)* auf lautstarkes Betreiben eines der Vertreter Virginias, John Floyd, aufgegriffen. Großbritannien, sagte Floyd mit dem großartigen Chauvinismus des 19. Jahrhunderts, stehle den Vereinigten Staaten dieses Gebiet. In Wirklichkeit hatte Großbritannien, dessen Niederlassungen der Hudsons's Bay Company bis dahin die einzigen Siedlungen in Oregon waren, wahrscheinlich einen berechtigteren Anspruch auf das Territorium als die Vereinigten Staaten. Dennoch drängte Floyd Washington, Oregon baldigst zu annektieren und mit Siedlern aus den Vereinigten Staaten zu besetzen. „Wenn zwei Ozeane die Grenzen unseres Landes bilden, ist uns kommerzieller Wohlstand sicher, und das Ausmaß an Größe, Großartigkeit und Macht, die uns erwarten, übertreffen jegliche Vorstellung", dröhnte der Mann aus Virginia. Seine Kollegen im Kongreß zeigten sich nicht beeindruckt. Oregon schien viel zu wild und entlegen, als daß jemand bereit gewesen wäre, dort hinzuziehen und zu leben, und kein Geringerer als der Staatssekretär John Quincy Adams beurteilte Floyds Vorschlag als das Ergebnis eines „Geflechtes von Irrtümern; nur Feuer könnte es reinigen".

Aber in Boston setzten sich Floyds Worte in der blühenden Phantasie des Schulmeisters Kelley fest. Während der Kongreß diskutierte, entschloß sich Kelley zum Handeln. Er würde die ersten amerikanischen Siedler selbst dort hinführen. Denn in einer Vision hatte er von Gott selbst die direkte Handlungsvollmacht dafür erhalten. „Das Wort kam gerade zu mir", erklärte Kelley, „die Verkündigung des Christentums an den dunklen und grausamen Orten der Pazifikküste zu fördern."

Den Präsidentschaftskandidaten James Polk hoch zu Roß zeigt dieses Wahlplakat aus dem Jahre 1844. Polk wurde schließlich gewählt; und während seiner Amtszeit wurden Kalifornien und Oregon integriertes Gebiet der Vereinigten Staaten.

So wurde Independence, Missouri, viele Jahre Ausgangspunkt für westwärts ziehende Wagenkolonnen auf dem Oregon und dem Santa Fe Trail, im Jahre 1853

von einem unbekannten Künstler dargestellt. Die Hauptstraße mit dem Gerichtsgebäude hatte auch Läden, wo Auswanderer letzte Einkäufe machten.

Trotz Regen und Sturm reitet ein eifriger Methodistenpfarrer seine Runde im unwirtlichen Nordwesten. „Ich zittere und wanke unter meiner Last", schrieb einmal ein Geistlicher, „6000 Meilen jährlich zu reiten, um 500 Predigten zu halten."

Auf diesem Titelbild eines Buches mit Skizzen aus dem Westen unterrichtet ein katholischer Priester eine Konvertitin, ein reizvolles Indianermädchen. Sowohl katholische wie protestantische Missionare übertrieben ihre angeblichen Bekehrungserfolge.

Mit dieser Inspiration verließ Kelley 1823 seine Stellung im Bostoner Schulwesen und widmete sich in den nächsten zehn Jahren der Werbung für Oregon – einem Land, das er selbst niemals gesehen hatte. Solch eine Erfahrungslücke war jedoch kein Hindernis für einen Visionär wie Kelley. Er beschrieb die Gegend als überquellend von Lachsen, Bibern, Holz und mit so reichem Ackerland, daß „das Erzeugen von Gemüse, Korn und Vieh vergleichsweise wenig Arbeit erfordern wird". Auch die Reise von Boston zur pazifischen Küste sei nicht anstrengender als ein vergnüglicher Sommerausflug. Die Siedler würden in bequemen Wagen über Land ziehen; lästige Fracht würde sicher verschifft und um Kap Hoorn transportiert. Der Kongreß würde den größten Teil der Kosten übernehmen, und der eigene Anteil wäre geringfügig – zwischen 50 Dollar für Erwachsene und fünf Dollar für Kinder unter zwei Jahren.

Den Schulmeister beachtete der Kongreß noch weniger als die Propagandisten für Oregon in seinen eigenen Reihen. Aber Kelley gelang es, genügend Aufmerksamkeit in Boston zu erregen, so daß er 1829 genug Anhänger gewonnen hatte, um formell die *American Society for Encouraging the Settlement of the Oregon Territory* zu gründen, die bald 500 Mitglieder hatte. Ihr ausdrückliches Ziel war, „in der begnadeten Erde dieser Gegenden den Weinstock des Christentums zu pflanzen und den Keim bürgerlicher Freiheit zu legen". Unter Kelleys Vorsitz trat die Gesellschaft zusammen, erörterte, debattierte, gab sich Statuten und diskutierte wiederum. Aber sie schien nie ein festes Abreisedatum einhalten zu können.

Zumindest einem Mitglied der Gesellschaft, einem weitsichtigen 29jährigen Bostoner Unternehmer namens Nathaniel Jarvis Wyeth, schien solch ein Mangel an Entschlußkraft unverzeihlich. Wyeth war bereits an dem einfallsreichen und gewinnbringenden Geschäft beteiligt, jeden Winter Eis aus einem Teich im nahen Cambridge zu hacken und es nach Westindien zu verschiffen. Jetzt, angezogen von Kelleys sonniger Propaganda über die Pazifikküste, aber angewidert von der Passivität der Gesellschaft, war Wyeth entschlossen, auf eigene Faust dorthin zu gelangen, die erste amerikanische Kolonie zu gründen und die Profitaussichten bezüglich der Pelze, Lachse und des Bauholzes zu erkunden.

Wyeth verließ Kelleys Gesellschaft, beschloß, am 1. März 1832 aufzubrechen, und begann mit hastiger Geschäftigkeit und in aller Eile seine eigene Kolonistengruppe um sich zu versammeln. Bald hatte er eine Gruppe von 20 „fleißigen und maßvollen Männern", darunter seinen 19jährigen Cousin John Wyeth, seinen Bruder Doktor Jacob Wyeth, der als Arzt einspringen sollte, einen Büchsenmacher, einen Schmied, zwei Zimmerleute, zwei Fischer und eine Gruppe von Bauern und Arbeitern.

Wyeth war ein Freund von Effizienz und Organisation. Er stattete seine Leute mit Uniformen aus: Pantalons, gestreifte Hemden und Rindlederstiefel. Er bewaffnete sie mit Musketen, Bajonetten, Äxten und Klappmessern. Ein Signalhorn wurde erworben, und drei Wagen mit gondelförmigen Körpern wurden gebaut, damit sie bei Flußüberquerungen auch als Boote dienen konnten. Sodann nahm der energische Führer seine Männer für ein zehntägiges Ertüchtigungstraining vor der Abreise mit auf eine Insel im Bostoner Hafen. So gestählt und ausgerüstet, fuhr die Gesellschaft per Schiff nach Baltimore, wo sie vier weitere Rekruten auflas.

Von dem Zeitpunkt an geriet all die sorgfältige Planung des Cambridger Eishändlers ins Wanken. In St. Louis sagten ihm trailerfahrene Pelzhändler, daß seine Bootswagen zu leicht seien, um über die Rockies zu kommen; er solle sie verkaufen (was er tat, zu weniger als dem halben Preis). Seinen Männern kamen Zweifel an der Reise in die „dunklen Gebiete der Wilden", und als die Gruppe Independence in Missouri erreichte, waren sechs Mann abgefallen.

WESTERN
CHARACTERS
Redfield

Independence selbst muß den Bostonern wie das Ende der Welt vorgekommen sein. Die ersten Hütten der Stadt waren erst fünf Jahre zuvor, 1827, zusammengezimmert worden. Ein Reisender, Charles Joseph Latrobe, der im selben Jahr wie Wyeth durch Independence kam, beschrieb den Ort als „eine unordentliche Anhäufung von fünf oder sechs roh zusammengehauenen Blockhütten, zwei oder drei Schindelhäusern, zwei oder drei sogenannten Hotels, alias Schnapsbuden, und ein paar Läden". Aber trotz seines provisorischen Charakters war Independence eine Stadt mit besonderen Vorteilen und von einzigartiger Bedeutung: Es diente als Tor zu den Trails nach Westen.

Hier war der Sammelplatz für die Handelstransporte, die seit über einem Jahrzehnt den Santa Fe Trail nach Mexiko hinuntergerattert waren. Jedes Jahr starteten hier die schweren Conestoga-Wagen nach Westen, beladen mit Handelsgütern – Ballen von Kattun und Drillich, Messern und Decken, Armbändern, Perlen und Haarnadeln, Bürsten, Rasiermessern, Spiegeln, Zucker, Mehl und Whiskey. Die Wagen kamen zurück mit mexikanischem Silber und Gold, Pelzen und unversponnener Wolle. Auch Pelzhändler machten in Independence ihre letzten Einkäufe, bevor sie zum Sommertreffen in die Rockies aufbrachen.

Nat Wyeth gelang es, seine Reisegesellschaft der Kolonne der Pelzjäger und -händler von 1832 anzuschließen. Der berühmte Trailveteran William Sublette führte die Expedition, und die erfahrenen Pelzhändler halfen den Bostoner Greenhorns auf jede erdenkliche Weise. „Wir wären hilflos in den Wüsten von Missouri zugrunde gegangen, wenn wir allein gewesen wären", schrieb Vetter John.

Im Juli, als die Gesellschaft endlich nach und nach am Treffpunkt bei Pierre's Hole eintraf, beschlossen sieben weitere Siedler abzuspringen, darunter John Wyeth selbst und der Bruder des Eishändlers, Jacob. Die Gruppe brach mit Sublette zur Rückkehr auf, aber zu spät, um sich einem Scharmützel mit 150 Blackfoot-Kriegern entziehen zu können, das sich mit Unterbrechungen über eine Woche hinzog – ein Zwischenfall, der später in der Überlieferung der Rocky Mountains als „die Schlacht von Pierre's Hole" berühmt wurde. Sieben Trapper und ein Siedler fielen. Etwa ein Dutzend Männer wurde verwundet, auch Sublette, den ein Pfeil eines Blackfoot-Indianers in die linke Schulter traf.

Wyeth sammelte die restlichen Mitglieder seiner Truppe und kämpfte sich erneut nach Westen vor. Schließlich erreichte er am 29. Oktober 1832 Fort Vancouver, die größte Handelsniederlassung der Hudson's Bay Company in Oregon, acht Monate nach seinem Aufbruch von Neuengland. Dort traf ihn ein weiterer Schlag. Ein Schiff, das er von Boston mit Biberfallen, verschiedenen Handelsgütern und Fässern für das Verpacken von getrocknetem Lachs abgeschickt hatte – der gesamten Ausstattung für seine verschiedenen geschäftlichen Vorhaben –, war in einem Sturm auf dem Pazifik verlorengegangen.

Selbst diese Katastrophe konnte Nat Wyeth nicht aufhalten. Obwohl seine erste Expedition kläglich gescheitert war, beschloß Wyeth, es noch einmal zu versuchen. Es war allein schon ein Meisterstück gewesen, die ersten Emigranten über den Oregon Trail zur Pazifikküste zu bringen. Einige von Wyeths Männern nahmen Arbeit bei der Hudson's Bay Company an. Ein früherer Anwalt namens John Ball begann, die Mischlingskinder der Pelzhändler zu unterrichten, und gründete so Oregons erste Schule. Und Solomon Smith und Calvin Tibbetts blieben, um sich im Willamette-Tal Farmen aufzubauen; so wurden sie die ersten US-Bürger, die festen Wohnsitz in Oregon nahmen.

Kurz nach Wyeths Ankunft in Oregon war schließlich auch Hall Jackson Kelley von Boston nach Westen aufgebrochen. Im Jahre 1833 fuhr er per Schiff nach Mexiko, durchquerte es auf dem Landweg und wanderte dann durch Kalifornien nach Norden. In Monterey schloß er sich Händlern an, die Pferde und Maultiere zum Verkauf nach Fort Vancouver trieben. Unterwegs war eine kleine Gruppe von Fremden zu ihnen gestoßen. Diese Fremden entpuppten sich als Pferdediebe, die auf der Flucht vor der kalifornischen Obrigkeit waren, und als die Expedition Fort Vancouver erreichte, wurden alle ihre Mitglieder durch die Bank für Pferdediebe gehalten. Der schwärmerische Schulmeister machte sich schließlich aus dem Staub und schiffte sich wieder nach Boston ein. Aber dieses Unternehmen machte ihn zum gebrochenen Mann, und er beendete seine Tage in Armut und Geistesverwirrung.

Nat Wyeths Mißgeschicke hatten weniger verheerende Wirkung, und er war auch nicht der Mann, der aufgegeben hätte. Nachdem er den Winter über die Wildnis Oregons erforscht hatte, brach der Yankee-Kaufmann wieder nach Osten auf, um eine zweite Expedition vorzubereiten, wobei er unterwegs beim Trappertreffen von 1833 haltmachte und einen Vertrag über die Lieferung von Vorräten an die Trapper im darauffolgenden Jahr abschloß. Bald war er wieder in Boston, lagerte Waren ein und warb Teilnehmer für eine Reise, die im Frühjahr 1834 beginnen sollte.

Unter den ersten, die sich bei ihm meldeten, war ein 30jähriger Methodistenpfarrer namens Jason Lee, der auf seine Art die große Zahl zukünftiger Pioniere dem Far West einen Schritt näherbringen sollte. Lee, hochgewachsen und stämmig, mit klaren blauen Augen und schwerem Unterkiefer, war gut ausgerüstet für die Strapazen der Reise. Als ehemaliger Farmer hackte er, dem Bericht eines Zeitgenossen zufolge, einen Klafter Holz in zwei Stunden, und er „hatte einen Magen wie ein Strauß, der alles verdauen konnte". Seine Glaubensprinzipien als Botschafter Gottes waren ebenso gesund. Lees Glaubenseifer, sagte der Methodistenbischof in Boston, war „tief und zuverlässig". Gab es einen besseren Mann, die heidnischen Eingeborenen vom Satan zu erretten? Kaum, dachte der Bischof, und so wurde Jason von seiner Kirche beauftragt, die Indianer Oregons zum Christentum zu bekehren.

Dieser Verkündigungsdrang blühte um die Mitte des 19. Jahrhunderts in allen protestantischen Kirchen. Schon 1820 hatte der *American Board of Commissioners for Foreign Missions* mit seinem Gefühl für dringende Aufgaben Vertreter auf die Hawaii-Inseln geschickt, um dort das Banner der Kirche aufzurichten. Mit ähnlichem Enthusiasmus stiegen jetzt Evangelisten zu den verlorenen Seelen der Stämme Oregons hinab, um ihnen das Heil zu bringen. Mit dem Aufbau ihrer Missionen in der Wildnis gründeten sie zugleich auch die ersten amerikanischen Städte im pazifischen Nordwesten und bildeten Oasen amerikanischer Zivilisation, die neue Pioniere anzogen. Nathaniel Wyeth, dessen Eifer rein kommerzielle Beweggründe hatte – ein „absolut Ungläubiger", wie ein Geistlicher ihn bezeichnete – trug hierzu bei, indem er den ersten Missionar Oregons, Jason Lee, mit über den Oregon Trail nahm.

Unmittelbar inspiriert wurde Lee zu dieser Reise durch einen leidenschaftlichen Brief in der Ausgabe des *Christian Advocate and Journal* von 1833, einem religiösen protestantischen Blatt. Er beschrieb den Besuch von vier Indianern „von der Westseite der Rocky Mountains" in St. Louis. Diesem Brief zufolge, dessen Verfasser ein bekehrter Methodist war, ein Halbindianer, wurden die Besucher von einem unstillbaren Verlangen nach der Religion des weißen Mannes dort hingetrieben. Jemand hatte ihnen erzählt, hieß es in dem Brief, „daß die weißen Männer, die in weiter Ferne gen Sonnenaufgang lebten, erfahren hatten, wie man dem Großen Geist wirklich dienen sollte; sie besitzen ein Buch, in dem alles aufgeschrieben ist". So hatten die Indianer – drei Nez Percé und ein Flathead – 4800 Kilometer nach St. Louis zurückgelegt, um dieses Buch des Großen Geistes kennenzulernen. Kaum hatten sie die Schwelle des Superintendenten für Indianerangelegenheiten erreicht, der niemand Geringeres als General William Clark selbst war, einer der großen Wegbereiter des Westens, als zwei von ihnen vor Krankheit und Erschöpfung tot zusammenbrachen – Martyrium auf der Suche nach dem wahren Gott! Die Missionsgesellschaften standen in heller Aufregung.

Der *Christian Advocate* zeigte auch ein Bild eines der toten Indianer. Sein Profil verlief von der Nasenspitze bis zum Scheitel glatt nach hinten wie die Hypothenuse eines Dreiecks. Diese Indianer, erklärte der Briefschreiber, verstümmelten ihre Stirn, indem sie in der Kindheit ein Brett davorbanden. Daher der Name Flathead, „Flachkopf". In Wirklichkeit hatte keiner der Indianer in St. Louis einen abgeflachten Kopf, und nur sehr wenige Flathead folgten überhaupt dieser seltsamen Sitte des Kopfeinschnürens. Aber die Leser glaubten der Zeichnung und schüttelten sich vor Entsetzen. Überall in den östlichen Vereinigten Staaten begannen freiwillige Prediger sich bei ihren Kirchen für einen Missionsauftrag in Oregon zu bewerben.

Jason Lee war der erste, der abreiste; er startete mit Nat Wyeths zweiter Expedition Ende April 1834 von Independence aus auf dem Oregon Trail. Wyeth schleppte eine schwere Last von Vorräten zum Treffpunkt der Pelzjäger und hatte diesmal eine enorme Anzahl von Trailgenossen um sich geschart – im ganzen 70 Mann. Lee selbst führte eine kleine Delegation, die aus vier Missionarskollegen bestand: seinem Neffen, dem Reverend Daniel Lee, einem Laien-Lehrer und zwei Laien-Assistenten. Dieser kleinen Predigergruppe war von der Methodistenkirche eine übergroße Last aufgebürdet worden: das Volk der Flathead-Indianer zu finden und „mit ihnen zu leben, ihre Sprache zu lernen, ihnen Christus zu predigen und, wenn sie sich erst Zugang zu ihnen verschafft hatten, Schulen zu gründen und Ackerbau und zivilisiertes Leben einzuführen".

Die Expedition ging glatt, bis sie den Treffpunkt bei Pierre's Hole erreichte, wo Wyeth entdeckte, daß sein alter Freund William Sublette schon einige Zeit vor ihm dort angekommen war und die Pelzjäger mit allen Vorräten versorgt hatte, die sie brauchten. Mit einer Wagenkolonne voller unerwünschter Waren zog Wyeth weiter nach Oregon. Am Trail baute er eine Handelsniederlassung, Fort Hall am Snake River, im Süden des heutigen Idaho, von wo aus er seine zurückgewiesenen Vorräte zu vertreiben hoffte. Hier begegnete Jason Lee seinen ersten Flathead-Indianern und blickte mit betrübtem Gemüt auf die gewaltige Aufgabe, die ihm als Missionar bevorstand. „Sonntags spielen die Indianer Fußball", schrieb er, „und – sag das nicht vor christlichen Ohren – das wurde ihnen von Leuten, die sich Christen nennen, als religiöse Übung beigebracht."

Als Lee schließlich Fort Vancouver an der Pazifikküste erreichte, wurde er herzlich von Dr. John McLoughlin, dem aus Quebec stammenden Direktor der dortigen Hudson's-Bay-Company-Niederlassung, empfangen. Als der de facto regierende Gouverneur des weiten Oregongebiets fühlte McLoughlin eine gewisse Verantwortung für alle Neuankömmlinge, sogar für Amerikaner. Vorsichtig klärte er die Missionare auf, daß die Flathead in gefährlich ungeschütztem

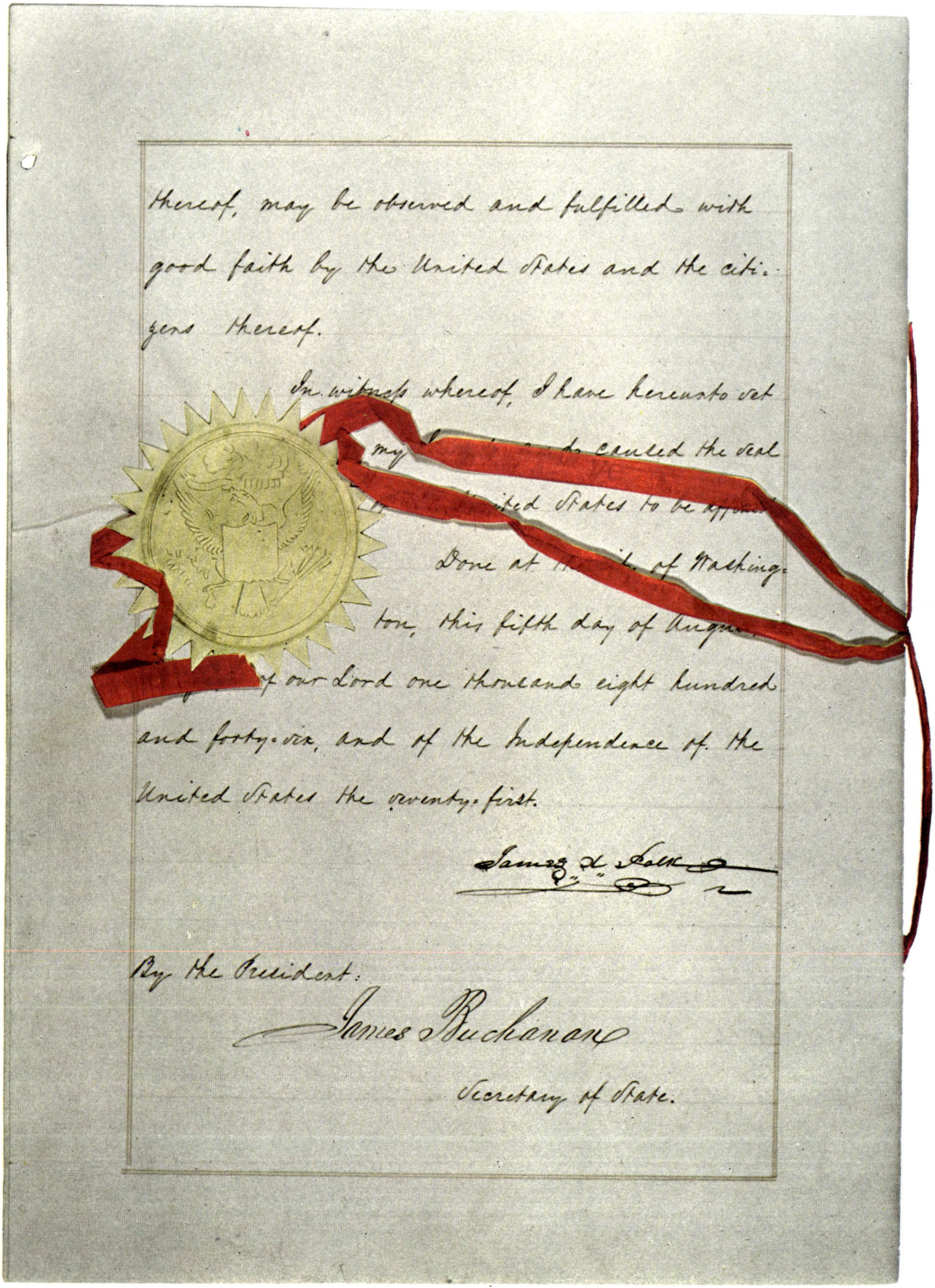

thereof, may be observed and fulfilled with
good faith by the United States and the citi-
zens thereof.

In witness whereof, I have hereunto set
my [illegible] caused the seal
[illegible]ited States to be [illegible]
Done at [illegible] of Washing-
ton, this fifth day of Augu[illegible]
[illegible] of our Lord one thousand eight hundred
and forty-six, and of the Independence of the
United States the seventy-first.

James K. Polk

By the President:
James Buchanan
Secretary of State.

Am 15. Juni 1846 von Präsident Polk und Staatssekretär James Buchanan unterzeichnet, beendete der Oregon-Vertrag Kriegsgerüchte.

Eine ultimative Parole: „54°40' oder Krieg!"

Wegen der in den 1840er Jahren nach Oregon hineinströmenden Amerikaner entflammte ein Disput zwischen Großbritannien und den Vereinigten Staaten, und bald wurde in beiden Ländern der Ruf nach Krieg laut. Ursache des Streits war das Faktum, daß die Grenzen Oregons niemals richtig festgelegt worden waren. Die Bezeichnung umfaßte vage das Territorium westlich der Rocky Mountains zwischen der Nordgrenze des in mexikanischem Besitz befindlichen Kalifornien und dem Südrand des russischen Alaska, das sich zu jener Zeit nach Süden bis zu 54° 40' Breite erstreckte. 1818, als Amerika eine Grenze am 49. Breitengrad vorschlug und die Briten einen Grenzverlauf weiter südlich wünschten, umgingen die Staatsmänner beider Nationen die entstehende Sackgasse, indem sie einer vorläufigen „gemeinsamen Besetzung" zustimmten.

Aber Anfang der 1840er Jahre konnte die umstrittene Frage nicht länger verdrängt werden: Das Oregon-Fieber und das *Manifest Destiny*-Denken waren zu handfesten politischen Faktoren geworden. Im amerikanischen Osten wurde nun überall die lautstarke Forderung nach Besetzung des Oregongebiets mit fast religiöser Inbrunst erhoben. Unter anderen drängte der Senator Thomas Hart Benton den Kongreß, „dreißig- oder vierzigtausend bewaffnete Amerikaner über die Rocky Mountains zu schicken, die unsere wirksamsten Unterhändler sein werden". Die Demokratische Partei machte „54° 40' oder Krieg" zur Parole der Präsidentschaftswahl von 1844. Und es gelang ihr auch wirklich, James Polk, einen leidenschaftlichen Expansionisten, ins Weiße Haus zu bringen. Aber trotz ihrer scheinbaren Unnachgiebigkeit wollten weder Polk noch die britische Regierung wirklich Krieg. Und gerade als Polk erfuhr, daß das Land nördlich des 49. Breitengrades für landwirtschaftliche Nutzung ungeeignet sei, gelangten die Briten zu dem Schluß, daß der amerikanische Warenmarkt viel wertvoller sei als Oregons schnell zurückgehender Pelzhandel. So einigten sie sich in aller Stille auf den 49. Breitengrad.

In einer Karikatur von 1846 fordert Präsident Polk im Vertrauen auf den amerikanischen Adler den britischen Löwen heraus; ganz Europa frohlockt.

Gebiet Hunderte von Meilen östlich von Fort Vancouver lebten. Er riet ihnen, die Flathead zu vergessen und sich statt dessen im nahen Willamette-Tal anzusiedeln, wo er ein väterliches Auge auf sie haben konnte. Hier konnten die Missionare die ansässigen Callapoewah bekehren. Lee stimmte zu, wohl mit dem Gedanken, daß eine heidnische Seele so gut wie jede andere die Rettung wert war.

Lee suchte sich einen geeigneten Platz am Willamette River aus und baute eine Hütte nahe des Ostufers am Rande eines Eichen- und Tannenwäldchens. Dort lebten er und seine vier Predigerkollegen vier Wochen in einem Zelt, während die Arbeit voranschritt: Fällen von Bäumen, Zurechthauen der Bretter für Fußböden, Türen und Tische, Spalten von Schindeln, alles in großer Eile wegen der nahenden winterlichen Regenfälle. Sobald er bequem behaust war und acht Hektar Land für die Frühlingsaussaat abgesteckt hatte, schrieb Lee im Februar 1835 seinem Missionsvorstand und bat um Verstärkung – Männer mit Familien und besonders weibliche Lehrer.

„Weiße Frauen", argumentierte Lee, „wären von größter Wichtigkeit für die Missionsarbeit und hätten viel größeren Einfluß auf die Indianer als Männer." Frauen wären auch auf andere Art sehr nützlich. Lees Männer klagten, daß sie viel zuviel Zeit mit Haushaltspflichten verbringen müßten, die, meinten sie, Frauensache seien.

Zwei Jahre vergingen, bis Lees Brief sein Reiseziel im Osten erreicht und der Missionsvorstand geantwortet hatte. Inzwischen wuchsen die angebauten Früchte und wurden geerntet, die Saaten wieder ausgesät, und ein Grüppchen von Indianer- und Mischlingskindern begann, die Schule zu besuchen, die die Mission gebaut hatte. Dann kam im Mai 1837 auf dem Weg um Kap Hoorn ein Schiff mit der angeforderten Verstärkung: 13 stämmige Methodisten, Kinder und Frauen, drei von ihnen ledig. Am 16. Juli heiratete Jason Lee eine von ihnen, Anna Maria Pittman aus New York, in Oregons erster christlicher Eheschließung.

Inzwischen hatten im selben Jahr, als Lee mit Wyeth nach Oregon reiste, auch andere gläubige Protestanten im Osten den Flathead-Brief im *Christian Advocate* gelesen und bewarben sich darum, die Indianer des Westens bekehren zu dürfen. Einer von ihnen war ein Arzt aus einer Kleinstadt im Norden des Staates New York, der 34jährige Marcus Whitman, der mehr für die Besiedlung Oregons zuwege bringen sollte als irgend jemand sonst. Der Arzt hatte immer einen starken missionarischen Drang verspürt und davon geträumt, Geistlicher zu werden, aber seine Familie konnte die sieben Ausbildungsjahre, die Whitmans Congregational Church verlangte, nicht finanzieren. So beschloß er, statt dessen Arzt zu werden, denn die medizinischen Fakultäten verlangten beträchtlich weniger Zeit und entsprechend weniger Geld. 1832 begann Whitman zu praktizieren, in seiner Freizeit hielt er Abendvorträge über Alkoholabstinenz und unterrichtete an der Sonntagsschule.

Zwei Jahre später bewarb er sich beim *American Board of Foreign Missions* in Boston und bat darum, als „Arzt, Lehrer oder Agronom" nach Oregon geschickt zu werden. Der Vorstand hatte bereits damit begonnen, die Möglichkeiten für eine Oregon-Mission zu überprüfen, und den 55jährigen Reverend Samuel Parker beauftragt, das Land im Westen in Augenschein zu nehmen. Der Vorstand ließ Whitman mitteilen, er könne Parker begleiten.

Neben seiner offiziellen Aufgabe, die Realisierbarkeit der Missionsanliegen zu erkunden, hatte Whitman noch ein persönliches Problem. Er wollte wissen, ob eine Frau die risikoreiche Überlandreise überstehen könne. Kurz vor seiner Abreise hatte er im nahen Prattsburg ein Mädchen kennengelernt, die lebensvolle, blonde Narcissa Prentiss. Whitman fand Narcissa hübsch, einnehmend und voll entzückenden Humors – obwohl in Kirchenkreisen Humor nicht weit von Gottlosigkeit entfernt schien.

Aber Narcissa war auch von tiefer Frömmigkeit beseelt. Auch sie teilte dem *American Board* ihre Hoffnung mit, „im Dienste unter den Heiden Verwendung zu finden, sofern man mich für würdig erachtet". Sollte Whitmans und Parkers Erkundungsfahrt ergeben, daß auch Frauen den Oregon Trail überstehen konnten, dann, so sagte Miss Prentiss zu Dr. Whitman, würden sie diese Reise sicher als Mann und Frau zusammen machen.

Im April 1835 erreichten Sam Parker und Marcus Whitman auf ihrer Informationsreise St. Louis. Sie waren ein seltsames Paar: der Geistliche mit seiner Angströhre und seinem steifen weißen Kragen um den Hals und der nicht gerade elegante Doktor in grober Frontiersman-Kluft, robust und liebenswert, eine vierschrötige, muskulöse Erscheinung. Wie alle ungebundenen Reisenden auf dem Oregon Trail zog das Paar mit einer Kolonne rowdyhafter Pelzhändler nach Westen, denen die Missionare wahrhaftig als seltsame Gestalten erschienen.

„Ganz offensichtliche Hinweise", sagte Whitman, „gaben uns zu verstehen, daß unsere Begleiter nicht sehr liebenswürdig waren, sie warfen zum Beispiel faule Eier nach mir." Schlimmer war für Whitman aber Parker selbst. Als Pastor in Danby im Staate New York und außerdem Lehrer an einer Mädchen-Akademie im nahen Ithaca war sich Sam Parker seiner eigenen Bedeutung sehr bewußt. Er fühlte sich für die gesamte Reise verantwortlich und hatte eine sorgfältige Arbeitsteilung zwischen sich und dem sich niemals beklagenden Whitman vorgenommen. Wenn zum Beispiel der Arzt

Das Porträt einer Cowlitz-Indianerin mit ihrem Kind, gemalt von dem Frontier-Künstler Paul Kane, läßt den recht seltsamen Stammesglauben erkennen, daß eine fliehende Stirn einen Menschen als frei kennzeichne. Ein fest vor den Kopf des Kindes gebundenes Brett führte zum erwünschten Erfolg.

sich bemühte, die sich lösende Packschnur auf ihrem völlig überladenen Maultier (Parker hatte sparsam nur ein Lasttier gekauft, das das Gepäck beider Männer tragen sollte) wieder festzuziehen, machte der Geistliche Bemerkungen über Whitmans „ungeschicktes Vorgehen". Während Whitman einsprang, um Wagen aus morastigen Löchern herauszuziehen, den Pelzhändlern half, Flöße zu bauen, und sie alle gegen die asiatische Cholera behandelte, als eine Epidemie ausbrach, hielt sich Hochwürden Parker fern in Meditationen über den Tag, an dem „die Glocke, die zum Kirchgang ruft" weit über die Prärien tönen würde. Und als Whitman, der auch als Koch aushalf, Ruhr bekam und zeitweilig hinter der Kolonne zurückblieb, ritt Parker ungerührt weiter und nahm seine Mahlzeiten mit dem Captain der Pelzkolonne ein.

Gelegentlich erwähnte Parker allerdings Whitmans Kompetenz in seinem Reisebericht mit Anerkennung. Er berichtete, daß der Arzt eine Blackfoot-Pfeilspitze aus Jim Bridgers Rücken zog, die der Mountain Man mehrere Jahre mit sich herumgetragen hatte. (Als Whitman seine Verwunderung äußerte, daß der Pfeil keine Infektion hervorgerufen hatte, sagte Bridger: „In den Rockies verdirbt kein Fleisch.") Jedoch zögerte Parker nie, seine Verdienste gebührend herauszustreichen. Lebhaft erinnerte er sich an den Tag in Fort Laramie in Wyoming, als eine Gruppe Oglala-Sioux-Indianer in feierlicher Ehrfurcht gelauscht hatte, wie Sam Parker, den Hut vor der Brust, ein oder zwei Strophen aus „Wächter, berichtet uns über die Nacht . . ." rezitiert hatte. Sie waren so beeindruckt, sagte Parker, daß sie Freunde holten, die es auch noch einmal hören sollten.

Während Parker so geschäftig das Bekehrungspotential unter den Indianern taxierte, hatte Whitman ermessen können, was den Pelzhändlern ihre Wagenladungen von Handelsartikeln einbrachten. Denn Wagen, das begriff der Doktor, waren der Schlüssel zu jeder Missionsgründung und zu jeder Besiedlung Oregons überhaupt. Wenn man Wagen nach Oregon bringen konnte, dann auch Frauen und Kinder sowie alle Haushaltsartikel und Vorräte, die man brauchen würde, um mitten in der Wildnis einen Haushalt zu gründen. Ohne Wagen war das Gebiet Oregons praktisch außer Reichweite für die meisten Amerikaner aus dem Osten.

Als die Missionare den Treffpunkt der Pelzhändler am Green River erreichten, zogen sie für sich den Schluß – wenn auch nur aus dem sehr oberflächlichen Augenschein –, daß der experimentelle Teil ihrer Reise beendet sei. Für Parker war klar, daß die Indianer des Westens nach dem Worte Gottes dursteten. Und Whitman hatte die Überzeugung gewonnen, daß auch andere Wagen den Oregon Trail bewältigen würden. Während Parker weiterreiste, um günstige Plätze für Missionsgründungen auszumachen, eilte Whitman wieder zurück nach Osten, um Verstärkung zu holen – und seine zukünftige Frau.

Als Schatzmeister der Expedition gab Parker Whitman großzügig fünf Dollar, um ein neues Packpferd zu kaufen. Da gute Pferde überall zwischen 75 und 100 Dollar kosteten, mußte sich der Arzt mit einem unvorstellbar dürren Tier begnügen, auf dessen entsetzlich wunden Rücken etwas zu laden „eine Schande für jeden Mann war".

Für sich selbst engagierte Parker zwei Diener – einen als Dolmetscher, einen als Koch und für die Versorgung seiner Pferde – und gab ihnen 18 Dollar in Naturalien für die 56 Tage, die sie in seinen Diensten standen. Dann brach der Gottesmann auf zu seiner von frommen Gesängen und Bibel-Lektüre begleiteten Odyssee durch die steilen Salmon River Mountains im Zentrum Idahos und weiter zum Pazifik. Ihm folgte ein Schwarm frohlockender Indianer, die das Vaterunser und die Zehn Gebote rezitierten, die Parker ihnen durch rein mechanisches Nachsprechenlassen beigebracht hatte. Trotz seiner pompösen Art erwies sich Parker als bemerkenswert couragiert, als er durch die Berge und Wälder des Nordwestens holperte, fünf Stunden täglich zu Pferd auf halsbrecherischen Pfaden, von Fieber und Schwindelanfällen geschüttelt, aber trotzdem faktisch jeden Indianer bekehrend, der nur in sein Blickfeld geriet.

Schließlich ritt er am 29. Oktober 1835 in Fort Vancouver ein. Seine Notizbücher waren vollgestopft mit Informationen über alles, was er gesehen hatte: die geologischen Formationen des Landes, seine Flora und Fauna, sein Klima und die Sitten der Indianer. Diesen ganzen Winter lang durchzog er die Küstengebiete und vervollständigte seine Studien. Dann schiffte er sich erschöpft von seinen Reisen nach Hause ein, wo er schließlich die Geschichte seiner Tour veröffentlichte. Sein Buch *Journal of an Exploring Tour beyond the Rocky Mountains* gewann eine immense Popularität und wurde an die 10000mal verkauft.

Whitman dagegen kam im Dezember zu Hause an, erstattete dem *American Board* Bericht und begann sofort, Pläne für seine zweite Reise im nächsten Frühling auszuarbeiten. Gleichzeitig machte er weiterhin Narcissa den Hof, die gerade 28 Jahre alt wurde. „Haben Sie sich sorgfältig vergewissert und die Schwierigkeiten abgewägt, die entstehen, wenn man Frauen in jene entlegenen und öden Regionen führen und dort Familien einen Lebensunterhalt bieten will?" schrieb der Sekretär des *American Board* Whitman im Dezember. Ja, das hatte er getan, und die Hochzeit fand wie geplant im Februar statt. Narcissa trug ein Kleid aus puritanisch schwarzem Bombasine, das sie selbst genäht hatte und das nicht nur ihr Hochzeitskleid sein, sondern ihr auch in ihrem neuen Leben in Oregon dienen sollte. Außerdem

Narcissa Whitmans Tagebuch offenbart ihren sehnlichen Wunsch, mit ihrem Mann weiter nach Walla Walla zu ziehen und nicht den Winter über in Fort Vancouver mit seinem relativen Komfort zu bleiben, um dort ihr Kind zur Welt zu bringen.

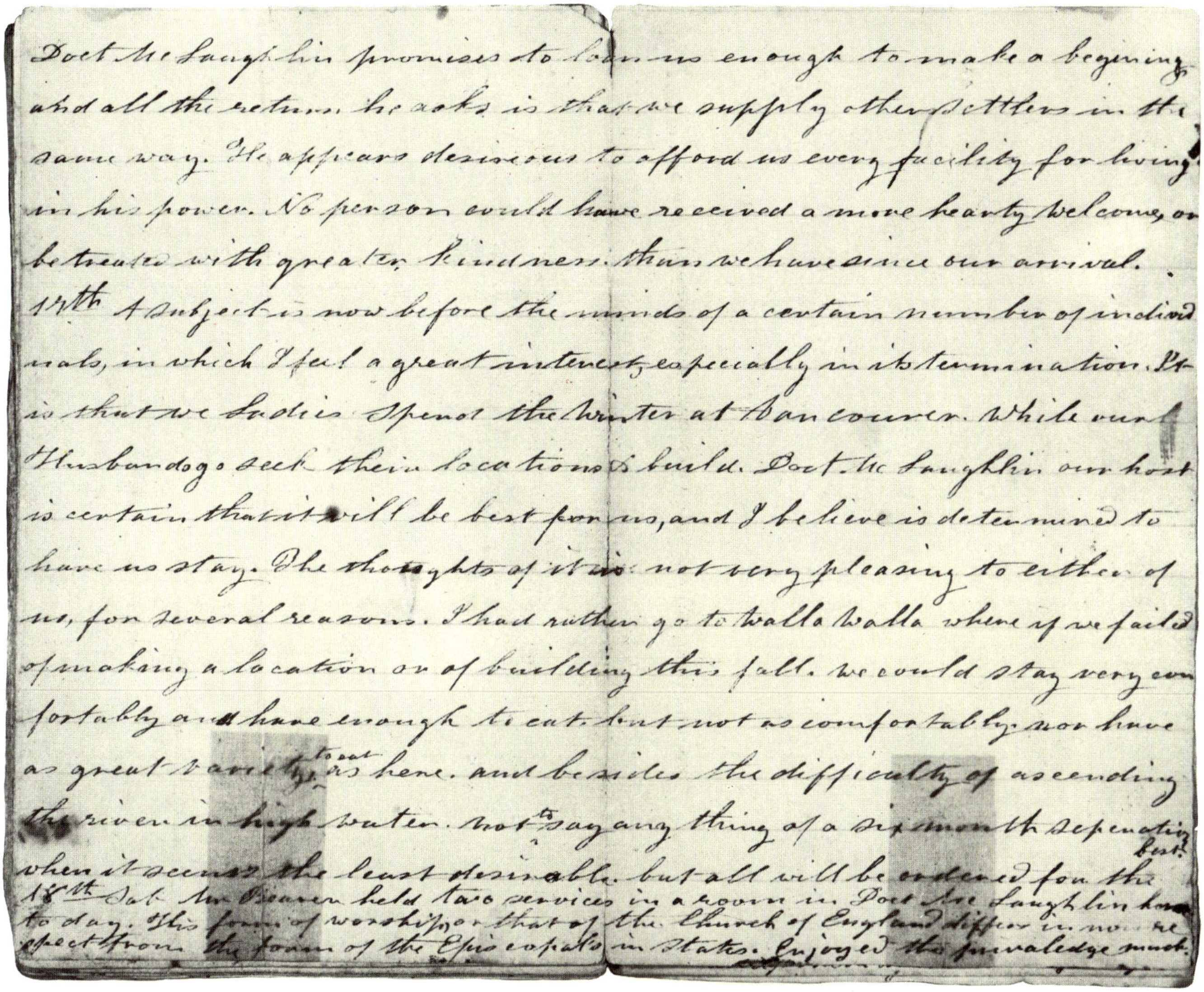
Doct McLaughlin promises to loan us enough to make a begining
and all the return he asks is that we supply other settlers in the
same way. He appears desireous to afford us every facility for living
in his power. No person could have received a more hearty welcome, or
be treated with greater kindness than we have since our arrival.
17th A subject is now before the minds of a certain number of individ-
uals, in which I feel a great interest, especially in its termination. It
is that we Ladies spend the winter at Vancouver while our
Husbands go seek their locations & build. Doct McLaughlin our host
is certain that it will be best for us, and I believe is determined to
have us stay. The thoughts of it is not very pleasing to either of
us, for several reasons. I had rather go to Walla Walla where if we failed
of making a location or of building this fall, we could stay very com-
fortably and have enough to eat but not as comfortably nor have
as great a variety to eat as here. and besides the difficulty of ascending
the river in high water. not to say any thing of a six month seperation
when it seems the least desirable. but all will be ordered for the best.
18th Sab Mr Beaver held two services in a room in Doct McLaughlin [illegible]
to day. His form of worship or that of the Church of England differs in no re-
spect from the form of the Episcopals in States. Enjoyed the privaledge much.

fertigte sie einige Kleider aus fröhlicheren Baumwolldrucken an und kaufte ein Paar Männerstiefel kleiner Größe, die sie auf der Reise im Damensattel tragen wollte. Für die Flußüberquerungen auf dem Trail komplettierte sie ihre Ausstattung mit einer aufblasbaren Schwimmweste. Dann nähte sie noch ein kegelförmiges Zelt aus gestreiftem Bettendrillich, das sie durch Ölen wasserdicht machte.

Das Zelt erschien ungewöhnlich geräumig für ein Paar auf der Hochzeitsreise, und das war es auch. Nach Narcissas Vorstellungen sollte es nicht nur als Ehegemach dienen, sondern auch einer Reihe weiterer Leute Schutz bieten, die sich für Whitmans Expedition eingetragen hatten: einem Zimmermann und Mechaniker namens William Gray sowie Eliza und Henry Spalding, einem anderen Missionarsehepaar. Diese seltsam zusammengewürfelte Gruppe ergab kaum eine ideale Reisegesellschaft für eine 3200-Kilometer-Wanderung durch die Wildnis. Eliza Spalding, obwohl grimmig zu allem entschlossen, war physisch zu schwach, um überhaupt reisefähig zu sein; sie hatte gerade erst eine Fehlgeburt gehabt. Als ihr Mann Zweifel äußerte, erklärte sie trotzig: „Ich gehorche dem Befehl, wie er geschrieben steht: ‚Gehet aus in alle Welt . . .!' – ohne Ausnahmen wegen schlechter Gesundheit." Gray, ein fähiger Zimmermann, wollte gern auch Arzt sein, und das verletzte Whitmans Stolz. Whitman selbst wünschte immer noch, er wäre Geistlicher, und Hochwürden Spalding hegte einen stillen Groll, daß nicht ihm die Verantwortung für die Überlandexpedition übertragen worden war.

Fort Vancouver, die westliche Hauptniederlassung der britischen Hudson's Bay Company am Columbia River, bot allen durchreisenden Amerikanern freundlichen

Aufenthalt; Narcissa Whitman war beeindruckt von seinen Läden, Lagerhäusern, Werkstätten und Hafenanlagen und nannte es das „New York des Pazifik".

Henry Spaldings Bibel und Farmgeräte symbolisieren seine Missionsbotschaft an die Indianer: „Mit einer Hand weisen wir sie auf das Lamm Gottes, mit der anderen auf die Hacke, mit deren Hilfe sie ihre hungernden Körper retten können."

Noch aus einem anderen Grund konnte Spalding Whitman nicht leiden: Beide Männer hatten um die Hand Narcissas rivalisiert. Spalding war Narcissa einige Jahre früher begegnet, als er in Prattsburg studierte, und hatte ihre natürliche Freundlichkeit als persönliche Zuneigung mißverstanden. Entzückt hatte er ihr einen Heiratsantrag gemacht. Als Narcissa so behutsam wie möglich ablehnte, verkehrte sich Spaldings Liebe in Bitterkeit. „Ich möchte nicht mit Narcissa in dieselbe Missionsstation gehen, da ich ihre Urteilsfähigkeit bezweifle", hatte er erklärt, als der *American Board* ihm vorschlug, sich Whitmans Expedition anzuschließen. Aber man überredete Spalding, sich das noch einmal zu überlegen. Er willigte schließlich ein, und nun war er hier, verheiratet mit der kränklichen, humorlosen Eliza, als fünftes Rad am Wagen auf Narcissas Hochzeitsreise. Streitigkeiten brachen aus zwischen dem Ex-Verehrer und dem Ehemann. Narcissa schrieb in einem Brief an ihren Vater, daß „der Mann, der mit uns reist, niemals hätte mitkommen dürfen. Mein lieber Mann hat durch dessen boshafte Eifersucht und großen Zorn auf mich mehr gelitten, als die Welt jemals erfahren wird."

Zerbrechlich und leicht zu erschüttern, wie Whitmans Reisegruppe war, verkörperte sie dennoch bestimmte weitreichende Zielsetzungen. Nie zuvor hatte eine Frau die Überlandreise nach Oregon gewagt. Noch bedeutsamer war vielleicht die Tatsache, daß die Missionare mit Wagen reisten. Sie hatten zwei mitgenommen: einen schweren Farmwagen und einen leichten Dearborn, der den Spaldings gehörte. Und Marcus Whitman war entschlossen zu beweisen, daß man diese nützlichen Fahrzeuge über die gesamte Länge des Oregon Trails mitschleppen könne.

Neben diesem vielfältigen Missionsziel trieb Abenteuer- und Entdeckerlust Whitmans bescheidene Reisegruppe voran – wie so viele ihrer Nachfolger auch. Bei der Abreise erschienen Narcissa die Frontiersmen, die sie in St. Louis traf, seltsam und fremdartig. „Ich würde Euch gern vormachen, wie die Leute aus dem Westen reden", schrieb sie ihren Eltern. „Ihre Sprache ist so sonderbar, daß ich sie kaum verstehe. Sie sagen: ‚Wie steht es heute um Ihre Frau?' ‚Oh, sie ist um ein weniges besser, wähne ich, aber sie ist erschrecklich schwach.'"

Später, als die Reisegruppe schließlich von Independence aus nach Westen aufgebrochen war, ganz am Ende der Pelzkolonne, gewann Narcissa dem Leben auf dem Trail auch gewisse malerische Seiten ab. Sie beschrieb sie ausführlich in ihren Briefen nach Hause. „Ihr solltet nur mal einen Blick auf uns werfen, wenn wir bei den Mahlzeiten sitzen", schrieb sie. „Unser Tisch ist die Erde, unser Tischtuch eine Kautschukdecke, die bei Regen als Umhang dient; unser Geschirr ist aus Zinn – Schalen als Teetassen, Blechlöffel und Teller für jeden von uns, und mehrere Töpfe für Milch und für unser Fleisch, wenn wir es auf den Tisch stellen wollen – jeder trägt sein Messer in einer Scheide bei sich. Mein Ehemann", wie Narcissa Marcus nannte, wenn sie von ihm sprach, „sorgt immer für meinen Platz, und Ihr würdet doch lachen, wenn Ihr uns sehen könntet. In dieser Gegend ahmt man die Sitten der Türken nach: Wir nehmen eine Wolldecke und lagern zum Essen auf dem Boden."

In Fort Laramie bestand der Captain der Pelzkolonne, ein rauher und langgliedriger Trailveteran namens Broken Hand Fitzpatrick, zu Marcus' tiefster Enttäuschung darauf, daß die Missionare ihren schweren Frachtwagen zurückließen. Fitzpatrick war sicher, daß er die Berge, die ihnen nun bevorstanden, niemals bewältigen würde. Wenigstens konnte die Gruppe den kleineren Dearborn behalten, der – wenn er durchkam – doch ein Beweis für Marcus' Theorie sein würde. Und als die Kolonne den Treffpunkt erreichte, der wieder am Green River in Wyoming lag, wurden die Missionare durch einen sehr aufheiternden Anblick abgelenkt. Hier waren die wilden Indianer eines halben Dutzend Stämme versammelt sowie 400 halbwilde Weiße, die alle mit dem ausdrücklichen Ziel dort hingekommen waren, sich zu betrinken, Händel zu suchen und ihre im Laufe des Jahres erjagten Pelze für genügend Geld und Vorräte zu verkaufen, um wieder durch den Winter zu kommen.

Auf diesem babylonischen Schauplatz erschienen die bezaubernde Narcissa und die zurückhaltende Eliza und wurden schlagartig berühmt. „Sowie ich von meinem Pferd stieg", berichtete Narcissa, „kam eine Reihe eingeborener Frauen, eine nach der anderen, auf mich zu, schüttelten mir die Hand und begrüßten mich mit einem herzlichen Kuß." Die Pelzjäger hatten sich mit ungeschicktem, aber ritterlichem Respekt zu bescheiden. Dutzende von ihnen wurden plötzlich religiös und erschienen zuverlässig bei den Morgen- und Abendandachten, die die Missionare hielten. In den 12 Tagen, die sie sich dort aufhielten, hätten sie nach Narcissas und Elizas Schätzung ohne weiteres so viele Bibeln und Traktate ausgeben können, wie zwei stämmige Maultiere tragen konnten. Was für ein Jammer, klagte Narcissa, daß sie nichts zum Verteilen mitgebracht hatten.

Aufgeregt und glücklich verließ Narcissa den Treffpunkt. „Dies ist eine Sache, für die zu leben lohnt!" erklärte sie. Aber als sie nach Westen in die felsigen Beifußsteppen hinabstiegen, sank der Mut – ein Stimmungsumschlag, den die meisten späteren Pioniere ebenso empfinden sollten. Die Nahrungsmittel wurden spärlicher. „Ich dachte oft wie ein hungriges Kind an Mutters Brot und Butter", schrieb sie aus

Eine Leiter zum Himmel und zur Hölle

Das Rollbild rechts malte um 1845 Eliza Spalding, Frau des Presbyterianermissionars Henry Spalding, als ein Hilfsmittel für den Unterricht von Oregon-Indianern in christlicher Geschichte. Die Handlung beginnt unten auf dem Bild mit Erzählungen aus dem Alten Testament und steigt chronologisch auf, so daß eine „Unterrichtsleiter“ entstand, die für Spaldings heidnische Schüler von gut verständlicher Anschaulichkeit war.

Die Leiter wurde auf ein 1,80 Meter langes, 0,60 Meter breites Stück dickes Papier gemalt, das oben an einer Holzrolle befestigt wurde, und wird durch zwei vertikale Streifen unterteilt, von denen der schmale rechts den Weg zum Heil, der breitere Pfad links den Weg zur Verdammung darstellt. In der Mitte zwischen ihnen sieht man die Kreuzigung mit den 12 Jüngern, gekleidet in Varianten von Henry Spaldings Sonntagsanzug.

Einige von Elizas anderen Bildern lassen einen entschlossenen Protestantismus erkennen, der den Zorn der rivalisierenden katholischen Missionare der Gegend erregte. Etwas oberhalb der Jünger steht rechts der heilige Paulus im Gehrock, der auf einen Sünder im schwarzen Rock zeigt, der Frau und Kinder verlassen hat, um katholischer Priester zu werden. Er bewegt sich auf den Papst zu, der als breitbeiniger Riese den Weg des Verderbens entlangstrebt. Der Pontifex hält in der einen Hand ein Schwert, in der anderen eine Fackel, und über ihm sieht man Darstellungen tadelnswerten Verhaltens: Er bekriegt einen Gegenpapst, er nimmt das abgeschlagene Haupt eines Protestanten in Empfang, er verbrennt die Bibel. Am oberen Ende der Leiter schließlich findet er ein böses Ende. Wie Henry Spalding erläuterte: „Er stürzt zurück in die Hölle bei der Ankunft des Herrn, der mit seinen heiligen Engeln in den Wolken erscheint.“

Außer solchen Blasphemien erboste die Katholiken die Tatsache, daß der Entwurf der Unterrichtsleiter eine rein katholische Erfindung war, entwickelt von zwei Priestern, die unter Oregons Cowlitz-Stamm tätig waren. Um den Indianern eine Vorstellung von der Vergangenheit zu geben, kamen sie auf den Gedanken, auf einem rechteckigen Stück Holz eine Leiter mit 40 Sprossen zu markieren, die die 40 Jahrhunderte vor Christi Geburt darstellten. Über die Sprossen setzten sie eine Reihe von 33 Punkten für die Lebensjahre Christi. 18 weitere Sprossen und 39 weitere Punkte führten die Chronologie fort bis zum laufenden Jahr 1839.

Einige Leitern der Katholiken stellten auch Martin Luther und seine Anhänger auf dem Weg zur Hölle dar. Ein protestantischer Missionar beklagte sich über eine Leiter, die „Protestanten als die verdorrten Enden der verschiedenen Äste des Papsttums“ darstellte, „die in die Höllenflammen fallen“.

Angeregt durch die katholischen Leitern, konterten die Protestanten mit eigenen. Nun war es an den Katholiken, sich zu entrüsten. „Protestantische Pfarrer schrecken vor nichts zurück, um Unkraut zwischen das Getreide zu säen“, schrieb ein Bischof. „Sie haben unsere historische Leiter imitiert und sich nicht geschämt, im 16. Jahrhundert einen Einschnitt zu machen, der den Aufstieg ihrer Religion zeigt.“ Die Indianer, hin- und hergerissen in diesem Propagandakrieg, verloren verständlicherweise alle Illusionen, und am Ende traten nur wenige von ihnen irgendeiner christlichen Kirche bei.

den unfruchtbaren Bergen. „Ich stelle mir vor, wie gut Kartoffeln und Schweinebraten schmecken würden."

Außerdem war sie in einer der Mondscheinnächte des Trails schwanger geworden. Darüber hinaus hatte Ehemann Marcus, ohne jegliche Rücksicht auf die Verantwortung bevorstehender Vaterschaft, inzwischen begonnen, unverhältnismäßig viel Zeit und Energie darauf zu verwenden, ihren einzigen noch übrigen Wagen irgendwie über das zerklüftete Terrain zu bringen.

Narcissa teilte nicht ihres Mannes Besessenheit, um jeden Preis Wagen nach Oregon zu bringen, und hoffte inständig, er würde diese fixe Idee aufgeben. „Mein Ehemann hatte heute einen ermüdenden Tag mit dem Wagen", schrieb sie in ihr Tagebuch. „Wagen blieb zweimal stecken. Habe mich darüber nicht gewundert. Es war ein größeres Wunder, daß er nicht dauernd Purzelbäume schlug."

Sie gestand, „sich ein bißchen zu freuen" an dem Tag, als in Soda Springs in Idaho eine Achse brach; jetzt würde er bestimmt aufgeben. Nein – er bastelte einfach einen Karren aus den beiden Hinterrädern zusammen, und weiter ging es.

Düster überblickte Narcissa die lange Strecke, die noch vor ihnen lag. „Sechs Wochen strammes Reisen vor uns. Gebe Gott mir die Geduld, durchzuhalten. Sehne mich nach Ruhe und darf nichts sagen." Narcissas Stimmung erreichte ihren Tiefpunkt bei Salmon Falls am Snake River, wo „mein Ehemann" die Last seines kostbaren Fahrzeuges erleichterte, indem er ihren Kleiderkoffer abwarf, der unter anderem ihr schwarzes Bombasine-Kleid enthielt. „Armer kleiner Koffer", klagte sie, „wie ungern trenne ich mich von dir, du mußt allein hier zurückbleiben."

Aber als die Missionare Fort Boise erreichten, einer der Handelsstationen der Hudson's Bay Company am Zusammenfluß von Snake- und Boise-Fluß, erwachte Narcissas normale Fröhlichkeit wieder. Zusammen mit Eliza konnte sie hier – erst zum drittenmal, seit sie sechs Monate zuvor ihre Heimat verlassen hatten – die Wäsche waschen. Die Männer polierten ihr Äußeres auf. Und was für Narcissa noch erfreulicher war – Marcus gab nach 2400 mühevollen Kilometern widerstrebend den verwünschten Karren auf. „Vielleicht wundert Ihr Euch, warum", schrieb sie ihren Eltern. „Unsere Tiere schafften es einfach nicht mehr, und die Route, auf der man die Blue Mountains passiert, soll angeblich für Wagen unpassierbar sein."

Und schließlich schien nach langen Monaten das Ende des Trails nahe zu sein. An Fort Boise vorbei führte die Route über bewaldete Hänge der Blue Mountains, die Narcissa erfreulich an ihre New Yorker Catskills erinnerten. Das Reisetempo stieg mit der Stimmung der Gruppe. Das Indianerpferd ihres Ehemanns, schrieb Narcissa, „war auf den Pässen schlecht zu reiten, außer im Galopp", so donnerten sie alle in diesem Tempo vorwärts.

Als sie am 29. August in einer Höhe von 1500 Metern kampierten, schrieb sie: „Gerade als wir die höchste Erhebung erreichten, versank die Sonnenscheibe hinter dem Horizont im Westen", und im Gegenlicht leuchtete in einem Kranz von Strahlen der Schneekegel des Mount Hood, 320 Kilometer weiter westlich. Dahinter, wußten sie, lag der Pazifische Ozean. Drei Tage später sichteten sie schließlich ihre letzte Landmarke – die Holzpalisade von Fort Walla Walla, einer schon 18 Jahre alten Niederlassung der Hudson's Bay Company in der Südostecke des Gebietes, das 53 Jahre später der Staat Washington werden sollte.

„Ihr könnt Euch unsere Gefühle am heutigen Morgen besser vorstellen, als wir sie zu beschreiben imstande sind", meinte Narcissa. Nach dem Frühstück, schrieb sie, „brachen wir sehr früh auf, denn alle hatten es eilig, das ersehnte Ziel zu erreichen. Wenn Ihr uns gesehen hättet, wäret Ihr überrascht gewesen, denn Menschen wie Tiere schienen wie von derselben Kraft vorwärtsgetrieben. Die ganze Gesellschaft galoppierte fast den ganzen Weg bis zum Fort."

Sie kamen an, die ersten Emigrantenfamilien, die den Überland-Trail nach Far West bezwungen hatten.

Am Morgen des 1. September 1836 erreichten die Missionare das Tor des Forts. Nach einer sechseinhalbmonatigen Reise, auf der sie fast 6400 Kilometer zurückgelegt hatten, waren die Whitmans an dem Ort angelangt, an dem sie ihr eigenes Heim bauen, ihren eigenen Garten anlegen und im Frühling die Geburt ihrer Tochter Alice Clarissa feiern sollten. Ein Hahn in Fort Walla Walla krähte und verkündete den Beginn einer neuen Ära.

Nur ein trübsinniger Gedanke nagte an diesem überschwenglichen Septembermorgen an Marcus Whitman: sein Scheitern mit dem Wagen. Mit derselben dickköpfigen Überzeugung, die ihn das erste Mal nach Westen geführt hatte, wußte er, daß eines Tages unweigerlich Wagenkolonnen amerikanischer Pioniere den Oregon Trail entlangrollen und die Pässe überwinden würden.

Nur wenige Jahre später bestätigte sich bereits Whitmans Voraussicht. Am 19. Mai 1841 verließ der erste Emigrantentrupp mit Wagen Missouri auf dem Weg zur Pazifikküste. Die Gruppe bestand aus 70 Personen, einschließlich fünf Frauen und mindestens sieben Kindern, deren gesamte bewegliche Habe in einem Dutzend Planwagen verstaut war. An der Spitze der Kolonne ritt wiederum der Trailveteran Broken Hand Fitzpatrick, der mit einer Delegation katholischer Missionspriester, alle Jesuiten, auf dem Weg ins Flathead-Gebiet war. Die meisten Emigranten selbst wollten nach Kalifornien und hatten einen Siedler aus

Eine Versammlung von Emigranten und Indianern wurde hier von dem Sonntagsmaler E. L. Spybuck festgehalten. Passenderweise fand diese gesellige Begegnung

in Council Grove in Kansas statt, dem Schauplatz des im Jahre 1825 geschlossenen Abkommens zwischen der US-Regierung und den Osage-Indianern.

Missouri, John Bartleson, zu ihrem nominellen Captain gewählt. Bartleson hatte gewisse Pionierfahrungen. Vierzehn Jahre zuvor war er von der Gesetzgebenden Versammlung von Missouri beauftragt worden, sich an der Anlage der Stadt Independence zu beteiligen.

Seit seinen ersten armseligen Anfängen im Jahre 1827 war Independence um 1841 zu einer reichen, lärmenden Frontier-Metropole von etwa 5000 Seelen erblüht, von denen die meisten auf der Durchreise aus dem Westen oder dorthin waren. Die ursprünglichen Blockhütten waren einer Reihe anspruchsvollerer Bauten gewichen, die Textilgeschäfte, Friseurläden, Kneipen und Magazine beherbergten und in denen Stellmacher, Schmiede, Sattler und alle möglichen anderen Handwerker ihrem Gewerbe nachgingen und die Dinge herstellten, die man brauchte, um eine Expedition über Land auszustatten.

Die meisten Emigranten in jener Kolonne von 1841 waren auf Briefe hin zusammengekommen, die ein früherer Bewohner von Independence, John Marsh, aus Kalifornien geschrieben hatte. Marsh, einer der beharrlichsten Propagandisten für jene Gegend, war 1836 den Santa Fe Trail entlanggewandert, hatte in Kaliforniens San-Joaquin-Tal Land gekauft und durch seine Geschäftstüchtigkeit schon bald eine große Viehherde erworben. Aber John Marshs Träume gingen weit über seine persönlichen Erfolge hinaus. Er wollte Kalifornien, das damals noch eine mexikanische Provinz war, unter die Verwaltung der Vereinigten Staaten bringen. Der beste Weg dazu war, so argumentierte Marsh, andere Amerikaner, und zwar so viele wie möglich, dazu zu bewegen, sich dort anzusiedeln.

Marsh wurde nicht müde, seinen Freunden in den Staaten in langen Briefen Kaliforniens Schönheiten zu beschreiben. Ohne es zu wissen, bediente er sich der Worte, die der Werber für Oregon, Kelley, so viele Jahre zuvor benutzt hatte, wenn er von der „großen Überlegenheit Kaliforniens an Boden und Klima“ sprach und von Land, das es umsonst gab für jeden, der es nur haben wollte. Das nahe gelegene San Francisco, schrieb er, werde „für einen der besten Häfen der Welt gehalten“. Die Umgebung sei „das schönste Land für Weizen, das ich je gesehen habe“. Willige Arbeiter fand man außerdem genug. Die Indianer der Gegend „lassen sich ganz leicht zähmen, wenn man sie jung fängt, und zeigen großen Lerneifer. Sie beugen sich der Prügelstrafe mit weit mehr Demut als die Neger.“

Die Bemerkung war typisch für John Marsh, der niemals Bedenken hatte, Leute herumzustoßen, um zu bekommen, was er wollte. Hochgewachsen, dominierend, erschien er in gewisser Weise wie ein unheimliches Gegenstück zu den selbstlosen Missionaren, die nach und nach Oregon besiedelten. 1799 in Danvers, Massachusetts, geboren, besuchte er die Akademie von Andover und dann Harvard, um Geistlicher zu werden. Er brach aber das Studium ab, als er in seinem Sophomore-Jahr hinausgeworfen wurde, weil er bei Studentenunruhen Fenster zertrümmert hatte. Daraufhin beschloß er, Arzt zu werden, und dank seiner Überredungskunst gelang ihm der Weg zurück nach Harvard, wo er den vorgeschriebenen Grad des *Bachelor of Arts* erwarb.

Nach seiner Graduierung erhielt der abtrünnige Theologiestudent eine Lehrerstelle bei den Kindern einer in der Wildnis von Minnesota stationierten Truppe; hier setzte er auch seine medizinischen Studien mit Hilfe des Wundarztes der Garnison fort. Aber bald erregte ein weit faszinierenderes Objekt seine Aufmerksamkeit: die Sioux-Indianer, die in der Umgebung des Forts lebten. Marsh machte sich an die Arbeit, stellte ein Sioux-Wörterbuch und eine Grammatik zusammen, und bald hatte er auch eine halbindianische Geliebte, die ihm einen Sohn gebar. Etwas später gelang es ihm, zum Unterhändler für Indianerangelegenheiten in Prairie du Chien ernannt zu werden, einem Garnisonsposten im Frontier-Gebiet von Iowa.

Er begann, sich dilettantisch mit Waffenhandel zu befassen, und geriet dabei in Konflikt mit dem Gesetz. Während seines engen Zusammenlebens mit den Indianern war Marsh in eine seit langem schwelende Fehde zwischen seinen Freunden, den Sioux, und ihren eingeschworenen Feinden, den Fox und den Sauk, verwickelt worden. 1832 war der alte Haß der drei Stämme in einer Reihe von Schlachten zum Ausbruch gekommen, die zusammen als der Black-Hawk-Krieg bekannt wurden. Während der Kämpfe organisierte Marsh eine Gruppe von Sioux-Kriegern und führte sie in die Schlacht, wobei er einen kräftigen Profit abzweigte, indem er ihnen illegal Gewehre und Munition verkaufte. Die Regierung der Vereinigten Staaten reagierte zu spät, als sie einen Haftbefehl für Marsh ausstellte. Er packte seine Habe in ein Kanu und paddelte mit höchster Geschwindigkeit den Mississippi hinunter.

Marsh verbrachte den nächsten Sommer versteckt in Gesellschaft der Pelzjäger am Oregon Trail in den Rocky Mountains. Dann tauchte er im November 1833 in Independence auf, wo er kurze Zeit eine Gemischtwarenhandlung betrieb. Independence schien mit seinen lärmenden Fuhrleuten und seinen Möglichkeiten für gewiefte Händler genau der Ort zu sein, wo ein John Marsh hinpaßte; niemand fragte, niemand redete zuviel. Aber während der Flüchtling sich erfolgreich der Entdeckung entzog, ging seine Gemischtwarenhandlung wieder ein. So packte Marsh erneut seine Satteltaschen, in die er sein altes Schulgesangbuch, zwei Bibeln (eine davon französisch) und sein Harvard-Diplom

Der aus Missouri stammende John Marsh überschwemmte seine alten Freunde in Jackson County mit Einladungen, die Freuden kalifornischen Landbesitzes zu teilen. Dieser ausführliche Brief, der auch eine genaue Wegbeschreibung zu seiner Ranch enthält, wurde in mehreren amerikanischen Zeitungen veröffentlicht.

MONTERRY, U. CAL }
July 3, 1840. }

DEAR SIR:—Since my residence in this country I have frequently received letters from various parts of the United States, but have never received one letter, and seldom any intelligence, from Jackson county. Pray what has become of all the zeal for emigration to this country? I can hear nothing from my old friends and acquaintances. Captain Sutter came last year, who, as he says, formerly resided in Jackson county., and obtained an immense tract of country, and has collected a few people from the Sandwich Islands and elsewhere; and has begun a new settlement in the worst place he could find;. but, notwithstanding goes on well. A ship from the United States went to the Oregon last month with fifty families of emigrants. I see by the papers that great preparations are making in the United States for settling the Oregon, and that population must eventually extend to this place, as this is beyond all comparison the finest country and the finest climate. The only thing we lack here is a good Government; but for my part I have but little cause to complain, I have got as much land as I want, and have no apprehension of being molested. What we want most here is more people. If we had fifty families here from Missouri, we could do exactly as we please without any fear of being troubled. I live near the mouth of the rivers Sacramnt and St. Joaquin, and the whole country south and east is unoccupied. The nearest farm to mine belongs to R. Livermore, an Englishman. He has a large stock of cattle, and will soon have some thousands. My own affairs go on well. Here is certainly a fine field for enterprise. If you had come here at the time that I did, you might by this time have governed the country. I myself have very little or no ambition if you have I hesitate not to say you had better come here, though I doubt not you are doing very well where you are.

Public attention from without is being attracted to this country, and probably in a few years the most desirable places will be occupied. The difficulty of coming here is imaginary. The route I would recommend, is from Independence to the hunter's rendezvouz on Green River, which is well known to many of your neighbors, thence to the Soda Spring on Bear River, above the Big Salt Lake, thence to Portneuf, thence to Mary's River, down Mary's river till you come in sight of the gap in the great mountain, through that gap by a good road of less than one day and you arrive in the plain of the Tulares & Joaquin, and down that river on a level plain through thousands of Elk and horses, three or four days journey and you come to my house. An old man by the name of Yunt, whom you probably know, came from the rendezvous to Monterry in 30 days, with pack horses; any body else could not do it in much less time. In this route there is no danger to be apprehended, and plenty of water and grass. You will perceive that the diffic ulty by this route not great. Ten men or even five could pass with perfect safety, with a moderate degree of prudence and woodcreft. You will have heard by the newspapers of a disturbance here between the foreigners and the Government That you may not attach an undue importance to the affair, I will give you a brief account of it.

When the former Mexican Governor and other officers were expelled by the present Governor, it was principally done by means of foreigners, under the command of Isaac Graham, of Kentucky. In process of time an animosity arose between the Governor and the military commandant, and the former apprehending that the foreigners were more in favor of the commandant than himself, pretended that the Americans intended to rise against him and forcibly sent them in a ship to St. Blas. An American and a French ship of war immediatly came here to look into the business, and the Government is now more afraid of us than we are of them. One or more ships of war are to be constantly stationed here. The harbors of this place and St. Francisco, are full of Merchant ships. principally from Boston, all kinds of produce bears a good price.

This I send you by the U. S. ship of war, St. Louis, which is on the eve of sailing or I would write you more fully.

Please let Mr. A. Overton and others of your neighbors know the contents of this, and tell them not to be asleep if they ever intend to come to this country.

Very sincerely,
Your friend and servant,
JOHN MARSH.

P. S. Nathan Daily, of Jackson co., was sent to St. Blas with the others, but he will probably return before long.

steckte. Mit zwei Begleitern brach er auf dem Santa Fe Trail nach Südwesten auf.

Als sie nachts reisten, um der großen Hitze zu entgehen, verlor Marsh seine Freunde und wurde von Comanche-Kriegern gefangengenommen. Der Häuptling der Indianer war in einer Schlacht verwundet worden; sie forderten Marshs Leben als Opfer, das die bösen Geister besänftigen sollte, die sich ihres Häuptlings bemächtigt hatten.

Der dahinsiechende Häuptling schickte seine Enkelin, um Marsh zu einer Unterredung zu holen, worauf das Mädchen sich so in den gutaussehenden Gefangenen vernarrte, daß sie um sein Leben bat. Marsh seinerseits entfernte eine Pfeilspitze aus dem Ellbogen des Häuptlings und bat, ihn freizulassen, damit er seiner Wege gehen könne. Der Häuptling sagte nein, so einen nützlichen Mann würde er nie freigeben. Marsh hatte Glück – man hatte ihm erlaubt, sein Pferd zu behalten; einige Tage später erblickte er eine vorbeireisende Wagenkolonne, er ritt um Kopf und Kragen dieser Zuflucht nach und entkam so seinen Wächtern.

Marsh reiste über Santa Fe den Gila River Trail entlang bis zur Pazifikküste. Im Februar 1836 erreichte er völlig mittellos den kleinen Pueblo Los Angeles. Nie um Auswege verlegen, beschloß er, schnelles Geld als Arzt zu machen, obwohl er sein Medizinstudium nie beendet hatte. Die Behörden der Stadt sahen zweifelnd auf den völlig heruntergekommenen Reisenden und fragten: „Wie können Sie beweisen, daß Sie Arzt sind?“ Zeremoniell überreichte Marsh sein B. A.-Diplom aus Harvard. Die Beamten konnten kein Latein, und das Diplom sah sehr amtlich aus. Am 25. Februar 1836 machten sie folgenden Eintrag in die Archive: „Don Juan Marchet erhält die Genehmigung, als Arzt zu praktizieren, da sein Diplom für korrekt befunden wurde und er der Gemeinde sehr nützlich sein kann.“

Marsh war den Angelenos nur nützlich, solange sie ihm selbst Nutzen brachten – etwa ein Jahr. Dann zog er mit 500 Dollar, die er gespart hatte, nach Norden, ließ sich als Katholik taufen (eine Vorbedingung für Landbesitzer) und kaufte eine Ranch von 6,8 Quadratkilometern im San-Joaquin-Tal. Bald nachdem er sich dort niedergelassen hatte, stahlen ihm indianische Diebe 500 Pferde und durchstöberten seine Papiere, wobei sie seine Lizenz als Arzt, seine neue Taufurkunde und sein altes Harvard-Diplom zerstörten. Marsh trommelte eine Rotte von Männern zusammen, überholte die Indianer in den Ausläufern der Sierra und tötete nicht weniger als elf von ihnen.

Etwa um dieselbe Zeit begann Marsh, seine Briefe über die Vorzüge dieser Gegend zu verschicken. Die Briefe gingen in Independence von Hand zu Hand und wurden in Zeitungen überall entlang der Frontier veröffentlicht. In

Bayard Taylor, ein begabter Künstler und beliebter Reiseschriftsteller, illustrierte viele seiner Bücher selbst. Als er sich in den 1840er Jahren im San-Jose-Tal in Kalifornien aufhielt, malte er diese hübsche Ranch in den Ausläufern der Diablo Mountains.

diesen Briefen gab Marsh Ratschläge für die Reise zu seiner Ranch in San Joaquin. Er empfahl, zuerst dem Oregon Trail zu folgen – einer Route, die er selbst westlich der Rockies gar nicht benutzt hatte. Und er schlug vor, daß die Emigranten an einem vage definierten Ort im heutigen Idaho südwärts nach Kalifornien abbiegen sollten. Solche Ungenauigkeit konnte entschlossene Siedler nicht abschrecken: „Wir hatten den Breitengrad der Bucht von San Francisco auswendig gelernt", sagte ein faszinierter Emigrant, „und die Sonne schien uns Leitstern genug."

Offensichtlich taten Marshs Briefe ihre Wirkung. John Bartleson, nominell Captain der Wagenkolonne von 1841, war von den Briefen völlig verhext. Ein Mitglied der Reisegruppe trug sogar einen Abdruck mit den Ratschlägen Marshs für den Trail in der Tasche. So ausgerüstet, trafen sich Bartleson und acht andere Emigranten, die ebenfalls nach Kalifornien wollten, mit ihren Wagen bei Sapling Grove, wenige Meilen westlich von Independence.

Eine Anzahl weiterer Westreisender war in Sapling Grove versammelt, einige auf dem Sprung nach Kalifornien, andere, um nach Oregon aufzubrechen. Die Gesellschaft beschloß, gemeinsam den Oregon Trail entlangzureisen, bis zur Gabelung nach Kalifornien auf der anderen Seite der Rocky Mountains, wo man sich trennen würde. Alles in allem war es ein großartiger Plan: kühn, hoffnungsvoll, naiv und historisch. Und die Leute, die ihn ausführen wollten, waren repräsentativ für die großen Pionierwellen, die in ihren Wagenspuren folgen sollten: Farmer, Lehrer, Frauen und Kinder, Missionare und eine kleine Gruppe von Pelzjägern. Zu ihnen gehörten auch:

- John Bidwell, ein junger Lehrer aus dem Frontier-Gebiet; ein Jahr zuvor hatte er seine Heimat Ohio verlassen, mit 75 Dollar, der Kleidung, die er trug, und, wie er betrübt in seinem Tagebuch vermerkte, „nichts Besserem als einem Taschenmesser". In Missouri hatte er die Leute vom Überfluß Kaliforniens reden hören, und im Winter 1840 trat er einer Emigrantengesellschaft für Kalifornien bei. Die Mitglieder der Gesellschaft hatten mit 500 Unterschriften eine verbindliche Verpflichtung unterzeichnet, sich Anfang Mai in Sapling Grove zu treffen. John Bidwell traf am verabredeten Tag ein und entdeckte, daß nur ein einziger Wagen außer ihm gekommen war. Dann kamen John Bartleson und seine Freunde an, und Bidwell schloß sich ihnen an. Bald stellte sich heraus, daß Bidwell ein weit fähigerer Führer als Bartleson war, und die Reise wurde später als Bidwell-Bartleson-Expedition bekannt.
- Nancy Kelsey, 18 Jahre alt, reiste mit ihrem Mann, Benjamin Kelsey, den sie drei Jahre zuvor in Kentucky geheiratet hatte. Jetzt hatten sie eine einjährige Tochter. „Wo mein Mann hingeht, gehe ich auch hin", sagte Nancy. „Ich kann eher die Strapazen der Reise ertragen als die Ängste um einen abwesenden Mann." Nancy sollte die erste amerikanische Mutter mit Kind sein, die Kalifornien über den Oregon Trail erreichte.
- Joseph Chiles, ein Farmer aus Missouri, der 1838 in Florida gegen die Indianer gekämpft hatte, suchte jetzt, 31 Jahre alt, ruhelos nach neuen Abenteuern. In den nächsten 14 Jahren sollte Chiles siebenmal den Kontinent überqueren, oft als Führer anderer Emigranten, der neue Trails nach Kalifornien öffnete. Zu Hause in Kalifornien auf seiner Weizenfarm und Viehranch von 640 Hektar wurde er schließlich weit bekannt für sein feines Mehl und seinen „Pure Napa Wheat Whiskey".
- Nicholas Dawson war Lehrer und Nachfahre dreier Generationen von Pionieren am Ohio. Mit 19 Jahren ging er von zu Hause fort mit dem Plan, „mir etwa sechs Jahre lang die Welt anzusehen". Sein Flirt mit Kalifornien war Teil dieser Odyssee. Eines Abends entfernte sich Dawson auf einem Spazierritt vom Lager und wurde von Cheyenne-Indianern gefangen, die ihm sein Maultier und seine Kleider abnahmen, so daß er sich in seiner Unterwäsche zum Trail durchschlagen mußte. Ein für allemal war sein Name danach „Cheyenne" Dawson.

Hochwürden Pierre De Smet, 1,68 m groß und joviale 200 Pfunde schwer, war ein Jesuitenpriester aus Belgien, der Missionen unter den Flathead-Indianern aufbauen wollte, denselben, denen James Lee 1834 begegnet war. De Smet war es, der den altgedienten Pelzjäger Broken Hand Fitzpatrick als Führer angeworben hatte.

- Hochwürden Joseph Williams, 64, verließ seine Heimat in der Nähe von Napoleon in Indiana mit seinem Pferd als einziger Gesellschaft. „Ich will den Leuten in Oregon predigen", sagte er, „und auch den Indianern – und außerdem will ich das Land sehen." Williams, der nicht leicht aus dem Gleichgewicht geriet, traute seinen Augen und Ohren auf dem Oregon Trail nicht. Die meisten Emigranten, vermutete er, seien „Deisten", sein Ausdruck für Gottlose, und „unter ihnen waren einige so schlechte Menschen, wie ich sie mein ganzes Leben lang nicht gesehen habe". Über ihre Flüche, wenn sie ihre Maultiere und Ochsen antrieben, klagte er: „O Schlechtigkeit der Schlechten!"
- Talbot H. Green war das Pseudonym von Paul Geddes; Paul Geddes hatte Geld in seiner Bank veruntreut. Die Emigranten, die davon nichts wußten, fanden Talbot reizend, intelligent und bezeichneten ihn als sehr angenehmen Trail-Gefährten. Ein Ziegelstein aus „Blei", den er unter großen Schwierigkeiten nach Kalifornien schleppte, war in Wirklichkeit der Goldbarren, der in seiner Bank fehlte. Die

Green Street in San Francisco sollte nach dem beliebten Mr. Geddes benannt werden.

Einige der Mitreisenden gaben auf und kehrten nach Hause zurück. 32 beschlossen, nach Oregon zu gehen. Der Rest, im ganzen 34 Personen, bog in Soda Springs ab, um nach Kalifornien zu ziehen, das sie mit knapper Not erreichten. In den Wüsten von Utah und Nevada waren Wasser und Gras viel rarer, als Marsh angegeben hatte. „Vor uns sahen wir nichts als weite trockene Ebenen, glitzernd vor Hitze und Salz", schrieb Bidwell in seinem Tagebuch. „Vielerorts war der Boden von dem Salz weiß wie Schnee und völlig glatt – die Mittagssonne, die mit ungewöhnlicher Kraft auf diese hellen Flächen brannte, gaukelte uns in der Ferne Bäume vor, und wo Bäume sind, ist auch Wasser. Mit ungezügeltem Tempo eilten wir vorwärts, bis wir entdeckten, daß es Trugbilder gewesen waren."

Als die Zugtiere von Durst und Hunger geschwächt waren, mußte man die schwersten Wagen in Sand und Beifußbüschen zurücklassen. Als die Emigranten die abweisenden Abhänge der Sierra Nevada erreicht hatten, mußten sie ihre Ochsen schlachten, um zu überleben. Bidwells Tagebuch spiegelte wachsende Mutlosigkeit wider. Es schien, daß „nur ein Vogel" das dichte Labyrinth von Wäldern und Schluchten überwinden könne. „Als wir etwa 20 Kilometer zurückgelegt hatten", schrieb er am 19. Oktober, „gebot uns ein entsetzlicher Abgrund Einhalt – wir gehorchten und schlugen in der Nähe ein Lager auf. Männer brachen in verschiedene Richtungen auf, um zu sehen, ob es irgendeine Möglichkeit gäbe, von dort wieder wegzukommen, ohne umkehren zu müssen, aber sie sahen nur Berge, Berge, Berge ohne Ende."

Talbot Green wankte vorwärts unter der Last seines Goldes. Nancy Kelsey, barfuß, um ihre Blasen zu kühlen, trug Ann auf den Armen, während sie ihr Pferd die steinigen Abhänge hinunterführte. – „Ein Anblick", sagte Cheyenne Dawson, „den ich nie vergessen werde". Aber die Pioniere kämpften sich weiter voran und kamen durch ihre Beharrlichkeit zum Ziel. Als sie schließlich in das San-Joaquin-Tal gelangten, trafen sie dort auf Wildvögel, Antilopen und Rotwild im Überfluß und, sagte Dawson, „die köstlichsten Trauben, die ich in meinem Leben gegessen habe". Dies war das Kalifornien aus Marshs Briefen. „Mein Frühstück heute morgen", schrieb Bidwell am 1. November, „stand in schönstem Kontrast zum gestrigen, das aus Wolfslunge bestand." Er hatte sich an Antilopenfleisch sattgegessen.

Das war Montag, und am Donnerstagabend hatte die Gruppe John Marshs kleines Haus gefunden. Marsh bewirtete sie mit fettem Schweinefleisch und Tortillas, und sie alle unterhielten sich bis spät in die Nacht. Bidwell, der bemerkte, daß Marsh jedem von ihnen drei Dollar für die mexikanischen Pässe abnahm, die er kostenlos für sie erhalten hatte, entschied später, daß Dr. John Marsh „der gemeinste Mann in ganz Kalifornien" sei.

Aber niemand konnte leugnen, daß der Impuls, der den ersten Emigranten-Treck in Bewegung gesetzt hatte, von Marsh ausgegangen war. Und dank seines Reklamegetrommels und seiner behelfsmäßigen Hinweise für die Reise – aber auch dank der Entschlossenheit, die Nancy Kelsey die Kraft gab, ihr Baby im Winter über die Sierra Nevada zu tragen, ob mit Schuhen oder ohne – hatte die Besiedlung Kaliforniens durch amerikanische Emigranten, die über den Kontinent kamen, begonnen, vorerst noch spärlich, aber doch mit Sicherheit.

Im Jahr darauf kehrte Joseph Chiles, ein Mitglied der Bidwell-Bartleson-Reisegruppe, nach Missouri zurück, um 1843 eine zweite Auswanderergruppe über den Oregon Trail nach Kalifornien zu führen. Danach kamen alljährlich neue amerikanische Siedler in der mexikanischen Provinz an, und die unvermeidliche Konfrontation mit Mexiko führte schließlich zum Krieg. Mit der Entdeckung von Gold bei Sutter's Mill am American River 1848 floß dann der Far West plötzlich über vor Zuwanderern. Im selben Jahr gab sich Mexiko geschlagen, und die Vereinigten Staaten erwarben Kalifornien in den darauffolgenden Verhandlungen. John Marshs Traum war Wirklichkeit geworden.

In der Wildnis Oregons hatte der rundliche Pater De Smet eine Reihe katholischer Missionen unter den Flathead-Indianern gegründet. Mittlerweile kamen auch Siedler in dieses Gebiet. Im Jahre 1842 zogen an die 200 Pioniere den Oregon Trail entlang, von denen die meisten ins Willamette-Tal wollten. Im nächsten Sommer benutzten so viele Emigranten den Oregon Trail, daß das Jahr 1843 als das Jahr der Großen Emigrationswelle bekannt wurde. Sie reisten in einer riesigen Wagenkolonne von 120 Wagen, und Marcus Whitman, der in Missionsgeschäften im Osten gewesen war, führte den Treck an. Diesmal konnte er das Versprechen verwirklichen, das er sich selbst gegeben hatte: Er brachte die Wagen zusammen mit 875 Männern, Frauen und Kindern nach Fort Hall, und anschließend zogen sie weiter über den Oregon Trail zur Pazifikküste.

Alles in allem überquerten im Jahre der Großen Emigrationswelle über 1000 Pioniere den Kontinent auf dem Weg zu verschiedenen Zielen in Far West. Die meisten von ihnen unterbrachen ihre Reise wenigstens für kurze Zeit in den kleinen Kernsiedlungen, die John Marsh, Jason Lee und Whitman selbst gegründet hatten – die frühen Träumer und Idealisten, die die Pionier-Trails geebnet hatten. Aber auch dies war erst der Anfang.

Katholische Missionare bei den Indianern

In ihrem Bemühen, unter den Indianern des Nordwestens Konvertiten zu gewinnen, befanden sich die Protestanten im Wettbewerb mit einer kleinen, aber emsigen Gruppe katholischer Missionare, angeführt von Pierre Jean De Smet und Nicolas Point. Das Vorgehen der Katholiken war so erfolgreich, daß sich die Protestantin Narcissa Whitman zu der Warnung veranlaßt sah: „Links und rechts von uns stolzieren die Römischen einher und rühmen sich mit aggressiver Kühnheit, sie würden das ganze Land in Besitz nehmen."

De Smet, ein Belgier, kam mit 20 Jahren in die Vereinigten Staaten und trat in den Jesuitenorden ein, der schon lange unter den Indianern Kanadas und des Mississippi-Tals tätig war. 1840 schickten ihn seine Vorgesetzten ins Oregongebiet, um die Flathead- und Coeur-d'Alene-Stämme zu bekehren und geistlich zu betreuen. 32 Jahre sollte er unter diesen und anderen Indianern der Gegend verbringen, so wie sie leben und essen und lange Reisen zu Pferd machen – auf Indianerart ohne Sattel. Auf der Suche nach einsam lebenden Stämmen legte er an die 160 000 Kilometer durch meist unerforschtes Gebirge zurück.

1841 schloß sich ihm Pater Point an, ein französischer Jesuit. Point wurde der offizielle Chronist der katholischen Missionsbemühungen, der minutiös seine eigenen Erfahrungen und die seiner Kollegen festhielt. Obwohl er kaum künstlerische Ausbildung hatte, bereicherte er seine Texte mit mehreren hundert anschaulichen Ölgemälden und Zeichnungen, die zusammen eine einzigartige Bilddokumentation einer wenig bekannten Ära in der Geschichte der amerikanischen Indianer darstellen.

Flathead-Indianer begrüßen Pater De Smet und Pater Point bei ihrer Ankunft in Fort Hall in Idaho. Points Tagebuch gibt auch an, daß das rechts außen auf französisch festgehaltene Datum – 15. August – Mariä Himmelfahrt war.

15
Aaout
1841.

Eine feierliche Miene setzte Pater De Smet für dieses Photo-Porträt auf.

Auf ihren Missionsreisen drängte Pater De Smet *(links)* seinen Kollegen oft, seine künstlerischen Fähigkeiten auszuüben. Pater Point brauchte man nicht lange zu bitten. Er fertigte Ölgemälde *(rechts und nächste Seiten)* und Zeichnungen an, von denen einige später koloriert und – als Lithographien – *(unten und rechts unten)* 1847 in einer Ausgabe von De Smets Briefen veröffentlicht wurden. Point selbst hatte eine geringe Meinung von seinem Talent und glaubte, daß ein Kunstkritiker ihn „weder als Maler noch auch nur als Männchenmaler" gelten lassen würde. Points Vermächtnis sollte sich als viel wertvoller erweisen, als ihm bewußt war. Trotz der meist religiösen Themen waren die Schauplätze authentisch und boten eine Fundgrube an Informationen über die Lebenssymbiose der katholischen Missionare mit den Indianern des Nordwestens.

Eine bescheidene Kirche, von Pater Point mit Hilfe der Coeur-d'Alene-Indianer gebaut, ist das Zentrum der Herz-Jesu-Missionssiedlung in Idaho.

In einer Kirche aus roh behauenen Balken sitzt Pater Point am Kamin und hört sich die Beichte eines Indianers vom Coeur-d'Alene-Stamm an.

In einer mit frischem Grün ausgeschmückten Kapelle der St.-Mary's-Mission empfangen Flathead-Indianer die Osterkommunion von Pater De Smet.

Auf diesem visionären Gemälde erscheinen einem lasterhaften Indianer, von Höllenflammen und Schlangen bedroht, himmlische Sendboten. Den Aussagen

des Künstlers und Missionars Pater Point zufolge bereute der Indianer seine wilden Ausschweifungen und wurde auf der Stelle zum Christentum bekehrt.

Eine Wagenkolonne rollt 1860 nach Manhattan in Kansas, um vor der Überquerung der Plains letzte Vorräte einzukaufen.

3 | Greenhorns auf gefahrvoller Reise

„Auf dieser Reise", warnte 1849 ein Reiseführer für die Westroute, „sollte der Emigrant nie vergessen, daß Zeit für ihn das Wichtigste ist." So konnten es sich die Pioniere trotz des Bewußtseins ihrer historischen Rolle nur selten leisten, für die knappe Stunde zu halten, die man brauchte, um sich vor den schwerfälligen Kameras jener Tage zum Gruppen-Porträt zu versammeln. Im allgemeinen hatte sich die Nachwelt mit den oft unscharfen Aufnahmen zu begnügen, die reisende Photographen von vorbeiziehenden Trecks machten.

Aber es gab noch andere Beobachter, die diese Dokumente ergänzten. 1846 schrieb ein alterfahrener Mountain Man, er habe einen Treck auf dem Oregon Trail beobachtet, als dessen 30 Wagen „alle heftig damit zugange waren, einen Fluß zu überqueren, der keine Furt hatte". Für ihn waren die Pioniere die einfältigsten Greenhorns – Farmer, die keine Ahnung vom Leben in der Wildnis hatten. Dabei unterschätzte er aber die eiserne Entschlossenheit der Pioniere, dank derer sich die meisten der Greenhorns doch schließlich zu ihrem Ziel durchschlugen.

Ochsengespanne stehen startbereit für den strapaziösen Trail. Relativ wenige der schwerfälligen Tiere erreichten das Ziel der Reise. Trotz der liebevollen Behandlung durch ihre Besitzer, die ihnen Namen wie Tom, Dick oder Sam gaben, wurden sie alle geschlachtet, wenn die anderen Nahrungsquellen versiegten.

Emigranten überqueren einen Fluß: Die Wagen schwimmen auf improvisierten Fähren, die Pferde schwimmen nebenher. Oft herrschte das größte Chaos bei solchen Manövern. An einem Fluß in Kansas schrieb ein Reisender 1850: „Das unmenschliche Fluchen und das Geschrei aufgebrachter Männer in allen Sprachen hätte auch den größten Stoiker der Christenheit zum Wahnsinn getrieben."

Kostbare Minuten ihres strengen Zeitplans opfern die Mitglieder eines Wagentrecks quer über den großen amerikanischen Kontinent, als sie sich in einem bedeutsamen Augenblick ihrer Reise der Kamera zum Gruppenporträt stellen: Sie haben auf dem Oregon Trail den South Pass erreicht, das breite, sattelförmige Tal, das die Continental Divide, die Kontinentale Wasserscheide, markiert.

THE

NATIONAL

Wagon Road Guide.

In the trail of the Buffalo, followed first the Indian, then the White Man.

"Over the Rocky Mountains' height,
Like ocean in its tided might,
The living sea rolls onward, on!
And onward on, the stream shall pour
And reach the far Pacific's shore,
And fill the plains of Oregon."

SAN FRANCISCO:
PUBLISHED BY WHITTON, TOWNE & CO
125 Clay St., corner Sansome.
1858.

Auf dem Treck ins Gelobte Land

Während der mittleren Jahrzehnte des 19. Jahrhunderts zogen täglich Wagenkolonnen nach Westen – manchmal waren sie so lang, daß sie bis zum Horizont reichten. Die meisten dieser Pioniere waren nicht auf die Prüfungen des Trails vorbereitet. Zu Hause in Illinois – oder Tennessee oder Pennsylvania oder wo auch immer – hatten sie sich vorgestellt, wie sie ihre neuen Häuser und eine glückliche Zukunft im Westen aufbauen würden. Aber die Anstrengungen des Weges dorthin erwiesen sich als weit schlimmer, als je ein Reiseführer hätte ahnen lassen. Das Leben auf dem Trail bestand aus immer schwieriger werdenden Wegverhältnissen, versiegenden Nahrungs- und Wasservorräten, zermürbenden Anstrengungen und Mißgeschicken jeder Art. Während die Pioniere über Land zogen, vielleicht 25 Kilometer am Tag, verloren viele die verlockenden Vorstellungen aus den Augen, die sie zu der Reise verführt hatten. Statt dessen sahen sie nur die tragischen Erinnerungen an Familien, die vor ihnen dort entlanggewandert waren: die von Wolfsklauen zerwühlten Gräber der Toten, die verwesenden Kadaver von Maultieren und Ochsen, die zersplitterten Wracks aufgegebener Wagen.

Das Gewicht der eigenen Entbehrungen war oft schon genug, um den Frauen Tränen in die Augen zu treiben und den Männern die Knie weich werden zu lassen. Dennoch gaben sie nicht auf. Nach einigen Wochen auf dem Trail war es für die meisten schon zu spät zur Umkehr. Es gab kaum eine andere Wahl, als sich mühsam voranzuschleppen, indem man hartnäckig einen Fuß vor den anderen setzte. „Der Trail nach Westen", sagte ein Emigrant, „ist eine Tretmühle."

In dieser Tretmühle bewiesen die meisten Pioniere, daß sie über Reserven einer unbeugsamen Tapferkeit verfügten. Sie hielten alles aus – sei es ein Hitzschlag, sei es, daß ein Maultier ausschlug und jemandes Schienbein traf. Wenn sie eine Zeitlang hungern mußten, weil soviel passieren konnte mit einer Feuerstelle am Trail, faßten sie sich in Geduld und kamen ohne Essen aus. Einer Frau kippte fünfmal der Suppenkessel um, weil die wackligen Füße ihres provisorischen Dreibeins immer wieder umknickten. Fünfmal hängte sie den Kessel wieder auf: „Ich werde diese Suppe essen", schwor sie, und schließlich setzte sie sich zum Essen – oder was davon noch übrig war.

Mehr als jeder Heroismus war es diese unnachgiebige Entschlossenheit, die die Pioniere durchbrachte. Eine andere Frau, deren Geduld es mit mehr als den Prüfungen des Trails hätte aufnehmen können, war Amelia Knight. Sie und ihr Mann Joel verließen Iowa 1853, um mit ihren sieben Kindern – Plutarch, Seneca, Frances, Jefferson, Lucy, Almira und Chatfield – nach Oregon zu gehen. Plutarch, der Älteste, war 16; Chatfield war ein Jahr alt. Ihre Reise wurde zu einer Kette von Mißgeschicken. An einem Tag machte Amelia folgenden Eintrag in ihr Tagebuch: „Machte unsere Betten unten im Zelt in Schmutz und Nässe . . . Kalt und wolkig heute morgen und alle schlecht gelaunt. Seneca ist beinah krank; Plutarchs Sattelgurt ist gerissen. Mein Mann schimpft und treibt alle an (einschließlich der Köchin), und Almira sagt, sie wäre am liebsten zu Hause – ich sage dasselbe . . . Haben nur kaltes Abendessen . . . Wir kriechen langsam voran, ein Wagen hinter dem anderen, immer dieselbe Gangart – und immer dasselbe, von einem Morastloch ins nächste, den ganzen Tag . . . Wer das meiste Frühstück ißt, ißt auch den meisten Sand. Den ganzen Tag hat es geregnet. Die Männer und die Jungen triefen vor Nässe und sehen traurig und trostlos aus. Die Kleinen und ich sind wegen des Regens in die Wagen eingesperrt. Alles in allem sind wir ein erbärmlicher Anblick, und das alles wegen Oregon."

Und das war wahrhaftig noch nicht alles. Amelias Litanei der Belastungsproben hörte die ganze Reise über nicht auf. Wenn sich überhaupt etwas änderte, dann eher zum Schlechten. „Es heißt: ‚Kinder, melkt die Kühe! Alle müssen helfen, das Vieh zu bändigen, der Teufel ist heute in die Tiere gefahren!' Plutarch antwortet: ‚Ich kann nicht, ich muß das Zelt festhalten, sonst weht es weg!' Chatfield, dieser Kerl,

Ein Reiseführer für Pioniere – einer von Dutzenden, die Mitte des 19. Jahrhunderts erschienen – trägt ein erhebendes Motto auf der Titelseite. Einige recht unzuverlässige Handbücher ließen manchen Reisenden in Wüste oder Gebirge hilflos umherirren.

Nach diesem Vertrag zwischen Emigranten und einem Transportunternehmer, einer Seltenheit in der Geschichte der Pionierzeit, soll die Gruppe erst zu Schiff und dann per Wagenkolonne von Cincinnati nach Sacramento gebracht werden.

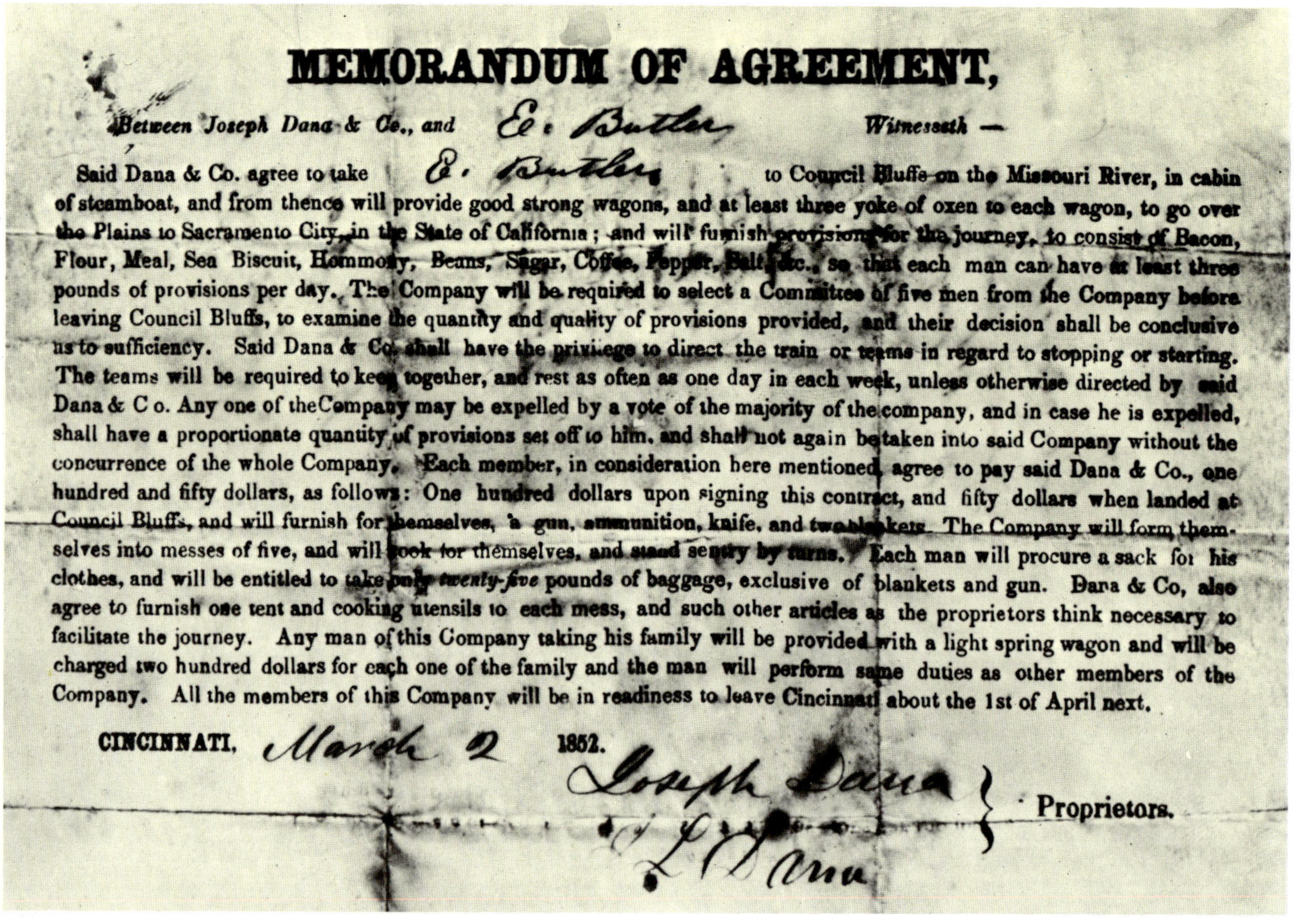

MEMORANDUM OF AGREEMENT,

Between Joseph Dana & Co., and E. Butler *Witnesseth —*

Said Dana & Co. agree to take E. Butler to Council Bluffs on the Missouri River, in cabin of steamboat, and from thence will provide good strong wagons, and at least three yoke of oxen to each wagon, to go over the Plains to Sacramento City, in the State of California; and will furnish provisions for the journey, to consist of Bacon, Flour, Meal, Sea Biscuit, Hommony, Beans, Sugar, Coffee, Pepper, Salt, etc., so that each man can have at least three pounds of provisions per day. The Company will be required to select a Committee of five men from the Company before leaving Council Bluffs, to examine the quantity and quality of provisions provided, and their decision shall be conclusive as to sufficiency. Said Dana & Co. shall have the privilege to direct the train or teams in regard to stopping or starting. The teams will be required to keep together, and rest as often as one day in each week, unless otherwise directed by said Dana & C o. Any one of the Company may be expelled by a vote of the majority of the company, and in case he is expelled, shall have a proportionate quantity of provisions set off to him, and shall not again be taken into said Company without the concurrence of the whole Company. Each member, in consideration here mentioned, agree to pay said Dana & Co., one hundred and fifty dollars, as follows: One hundred dollars upon signing this contract, and fifty dollars when landed at Council Bluffs, and will furnish for themselves, a gun, ammunition, knife, and two blankets. The Company will form themselves into messes of five, and will cook for themselves, and stand sentry by turns. Each man will procure a sack for his clothes, and will be entitled to take only *twenty-five* pounds of baggage, exclusive of blankets and gun. Dana & Co, also agree to furnish one tent and cooking utensils to each mess, and such other articles as the proprietors think necessary to facilitate the journey. Any man of this Company taking his family will be provided with a light spring wagon and will be charged two hundred dollars for each one of the family and the man will perform same duties as other members of the Company. All the members of this Company will be in readiness to leave Cincinnati about the 1st of April next.

CINCINNATI, March 2 1852.

Joseph Dana } Proprietors.
L. D. Dana

fiel unter den Wagen. Wie durch ein Wunder kam er nicht unter die Räder. Ich habe noch nie solche Angst gehabt. Ich dachte, Frances paßte auf ihn auf ... Chatfield ist sehr krank, hat Scharlach. Ein Kalb wurde krank und starb heute morgen vor dem Frühstück . . . Von hier fuhren wir, ohne es zu merken, ohne unsere Lucy weiter. Kein Mensch vermißte sie, bis wir nach einigen Meilen eine Pause für das Vieh machten; da holte uns ein anderer Treck ein und brachte Lucy mit. Das war uns allen eine Lehre. Verloren einen unserer Ochsen: Er brach tot unter dem Joch zusammen. Hätte fast geweint ... Verbrachte eine schlaflose Nacht, weil viele der Indianer, die in unserer Nähe ihr Lager hatten, betrunken waren und lärmten . . . Die ganze Nacht war mir schlecht, konnte morgens den Wagen nicht verlassen . . . Gestern kam mein achtes Kind zur Welt." Nimm's nicht zu schwer, hätte Amelia das Fazit ziehen können: Es ging allein darum, durchzuhalten.

Und der Trail war wahrhaftig lang. Vom Missouri zur Westküste *(Karte S. 22–23)* schlängelte er sich an die 3200 Kilometer weit, mit zahlreichen Umwegen für Weide und Wasser. Aber es ging weniger um Kilometer als um Zeit. Normalerweise brauchte man viereinhalb Monate, um den Far West zu erreichen, und die Reise wurde zum Wettlauf mit den Jahreszeiten, in dem eine genaue Zeiteinteilung Sieg oder Scheitern bestimmte.

Ende April oder Anfang Mai war der beste Zeitpunkt zum Aufbruch, obwohl das Abreisedatum sorgfältig kalkuliert werden mußte. Wenn eine Wagenkolonne zu zeitig im Frühjahr startete, gab es auf der Prärie noch nicht genug Gras für das Vieh. Die Tiere würden dann kränkeln, den Treck verlangsamen und Änderungen im Zeitplan verursachen, die später schlimme Folgen haben konnten. Andererseits fand ein Treck, der erst startete, nachdem alle anderen schon unterwegs waren, zertrampelte Lagerplätze und faulige Wasserlöcher vor. Schlimmer noch, wenn ein Emigrantentrupp zuviel Zeit vertrödelte, konnte er gegen Ende der Reise in den Küstengebirgen in frühe Schneestürme geraten. Offensichtlich war es wichtig, zum richtigen

1844 brachte der Mountain Man Elisha Stevens die erste Wagenkolonne über die verschneite Sierra Nevada nach Kalifornien. Zwei Jahre später wurde sein Trail über den Truckee-Paß einer Reisegruppe *(S. 111–118)* zum Verhängnis.

Zeitpunkt am Startplatz am Missouri zu sein und sich dann sehr eng an den Zeitplan zu halten.

Um den Startpunkt zu erreichen, konnte eine Familie aus dem Osten für sich, ihre Wagen und ihr Vieh entweder eine Dampferpassage nach Missouri kaufen, oder – was öfter geschah – einfach alles in einen Wagen stauen, ein Ochsengespann anschirren und ihren Überlandtreck sozusagen vor ihrer Haustür beginnen. Kurz und bündig hält Lodisa Frizzells Tagebuch ihre Abreise von ihrem Heim in Ewington in Illinois 1852 fest: „Wir (das sind George, Westall, Bethel, Elliot, mein Mann und ich) brachen am 14. April nach Kalifornien auf, mit fünf Ochsengespannen, einem Pony mit Damensattel und begleitet von vielen Freunden und Nachbarn, die uns bis zur nächsten Stadt brachten, wo wir zum letztenmal Abschied nahmen."

Auf den Schotterwegen und Landstraßen östlich des Missouri kam man relativ schnell voran, Lager und Nahrungsmittel waren kein Problem. Dann legten die Trail-Neulinge in der einen oder anderen Stadt am Fluß eine Pause ein, um Vorräte einzukaufen. Seit 1827 bereits hatte die Stadt Independence für Versorgung und Ausstattung der Siedler eine besondere Rolle gespielt, aber die wachsende Emigrantenwelle hatte einige Konkurrenzorte entstehen lassen. Westport und Fort Leavenworth blühten einige Meilen flußaufwärts. St. Joseph war 88 Kilometer nordwestlich aus dem Boden geschossen; Emigranten, die auf dem Wasserweg nach Missouri reisten, konnten sogar vier Tage Trail einsparen, wenn sie bis St. Joe auf den Raddampfern blieben, bevor es über Land weiterging.

An jedem dieser Sammelplätze studierten die Emigranten Reiseführer und Hinweise, befragten andere, die ebenso unerfahren waren wie sie selbst, und trafen ihre letzten Entscheidungen bezüglich ihrer Ausstattung. Sie hatten verschiedene Möglichkeiten, und die Wahl fiel oft schwer. Zum Beispiel konnte man entweder Lasttiere oder zweirädrige Karren oder Wagen zum Überqueren des Kontinents benutzen. Ein Familienvater wählte normalerweise den Wagen. Es war die kostspieligste und langsamste der drei Möglichkeiten, aber ein Wagen bot Raum und Schutz für Kinder und für eine möglicherweise schwangere Frau. Jeder wußte, daß ein Planwagen im Präriesturm umgeblasen werden konnte oder im felsigen Gebirge umkippen, in Flußschlamm steckenbleiben oder bis zur Radnabe im Wüstensand versinken konnte. Aber wenn so etwas auf dieser Reise passieren sollte, dann hoffentlich jemandem anders. Sowieso waren die meisten Pioniere durch ihre bäuerliche Herkunft an Wagen gewöhnt.

Ein neuer Wagen kostete überall zwischen 60 und 90 Dollar; und wer klug war, nahm so viele Ersatzteile mit, als er sich irgend leisten konnte. Wegen der größeren Bodenfreiheit waren die Räder hoch, was bedeutete, daß die Manövrierfähigkeit gering war, weil ein Wagen nur scharf wenden konnte, wenn die Vorderräder klein genug waren, um sich unter dem Wagenkasten drehen zu können. Oft splitterten die Wagendeichseln, wenn die Zugtiere zu weit nach rechts oder links zogen. Die Räder selbst, wenn sie nicht ungewöhnlich gut gebaut waren, zerbrachen häufig. In der trockenen Luft der Prärien und Wüsten schrumpften die hölzernen Speichen und Felgen der Räder, bis die Eisenreifen sich lösten. Ein Schmied konnte einen abgefallenen Reifen wieder festigen, indem er ihn bis zur Rotglut erhitzte und ihn wieder auf die Felge aufbrachte; beim Abkühlen schrumpfte er dann wieder zur richtigen Paßform zusammen. Unerwartete Zusammenbrüche erforderten schnelle Improvisation. Wenn das Vieh einer Kolonne in Panik geriet und das Fahrgestell eines Wagens zertrampelte (Bericht des Trail-Captains: „Drei Räder zersplitterten, und bis zum nächsten Wald noch 80 Kilometer."), wurde unweigerlich irgend jemandes Eßtisch zu neuen Rädern zersägt.

Das Dach eines Wagens bestand aus schwerem Baumwollköper oder Leinwand oder anderem kräftigen Stoff, mit Leinsamenöl wasserdicht gemacht; erfinderische Ehefrauen nähten Taschen und Schlingen als zusätzliche Unterbringungsmöglichkeiten an die inneren Seiten. Die Plane wurde über Hickorybögen gespannt und bot etwa 1,5 Meter Kopfhöhe. Die beiden Schmalseiten konnten mit Schnüren zugezogen werden, um das Innere des Wagens vor Wetter und nachbarlichem Einblick zu schützen. Die Pioniere nannten ihre Gefährte Schlafwohnküchen-Prärieschoner, was den Nagel auf den Kopf traf. Nicht nur, daß sie tatsächlich Segelschiffen ähnlich sahen; bei Gelegenheit verwandelten sie sich sogar wirklich in eine Art Schiff. Mit abgedichteten Ritzen und abgenommenen Rädern wurde ein Wagen zum Amphibium und ließ sich schwimmend über Flüsse bringen, die zu tief für eine Furt waren.

Hatte der Pionier einen Wagen ausgewählt, war das nächste Problem, sich für die richtigen Zugtiere zu entscheiden. Pferde waren teuer, deshalb wurden sie von den Emigranten normalerweise nur zum Reiten benutzt. Die wahre Wahl hatte man zwischen Maultieren und Ochsen, und jeder Händler mit Trailerfahrung konnte starke Argumente für beziehungsweise gegen beide anführen. Ein Mann, der sich mit einem ungezähmten Maultier einließ, riskierte Leib und Leben, aber wenn das Maultier erst einmal ans Geschirr gewöhnt war, hatte es einen sicheren Gang, war flink, gewandt und ausdauernd. Ochsen konnten schwerere Ladungen ziehen, waren Allesfresser, liefen nachts nicht davon, kosteten weniger (50 Dollar das Stück im Vergleich zu 90 Dollar für ein Maultier) und wurden seltener von Indianern gestohlen. Einige Emigranten schworen auf Ochsen: Peter Burnett verkündete nach seinem Treck nach Oregon 1843: „Der Ochse ist das edelste Tier, geduldig, genügsam, ausdauernd und sanftmütig. Wer in dieses Land kommt, wird bei seiner Ankunft hier seine Ochsen in sein Herz geschlossen haben." Aber auch Ochsen hatten ihre schwachen Stellen: Ihre gespaltenen Hufe splitterten im felsigen Gebirge bis aufs Fleisch, und sie brauchten etwa 15 Tage länger für den Weg als die Maultiere. „Sie gehen nicht", sagte ein Emigrant verzweifelt, „sie *trotten*".

Auf welche Tiere die Wahl des Emigranten schließlich auch fiel, er brauchte sehr viele davon. Normalerweise benötigte man ein Minimum von zwei Paar Maultieren oder zwei Ochsengespannen für einen beladenen Wagen, und je mehr man über dieses Minimum hinaus hatte, desto besser. Hatte man zusätzliche Maultiere oder Ochsen, die sich in die Last teilten, wuchs die Chance erheblich, daß sie die gesamte Reise überstehen würden. Einige wohlhabende Emigranten nahmen mehrere Wagen und Ochsengespanne mit und stellten eigens Fuhrleute dafür ein. Aber die meisten Pioniere waren nicht wohlhabend; ein Mann mit durchschnittlichen Mitteln, mit einer Frau und vier oder fünf Kindern, versuchte, mit einem Wagen und vielleicht vier Ochsengespannnen auszukommen.

Mit seinem durchschnittlichen Grundmaß von etwa 3 mal 1,20 Metern faßte ein Wagen nicht sehr viel, aber der Trail, der vor ihnen lag, bot noch weniger. Da die Emigranten nur zu gut wußten, daß es besser sei, alles mitzunehmen, was sie eventuell brauchen könnten, stopften sie ihre Wagen bis obenhin voll mit jeder Art von Nahrungsmitteln, Kleidung und Möbeln, die sie für unerläßlich hielten *(S. 102–103).* Ein gewisser A. J. McCall fand den Drang seiner Mitreisenden, nur ja nichts zurückzulassen, absurd: „Sie packten einen maßlosen Vorrat an Speck, Mehl und Bohnen ein", schrieb er, „und außerdem noch allen nur vorstellbaren Krimskrams und nutzloses Zeug – was man sich nur zusammenphantasieren oder der menschliche Einfallsreichtum erfinden kann: Stecknadeln und Nähnadeln, Besen und Bürsten, Hufeisen für Ochsen und für Pferde, Leisten und Leder, Glasperlen und Glöckchen, Hampelmänner und Maultrommeln, Ringe und Armbänder, Taschenspiegel und Taschenbücher, Kattunwesten und *Frackhemden*." Jemand, der im Vorbeigehen beobachtete, wie eine Familie ihren Wagen packte, wurde durch das Bild an Vögel beim Nestbau erinnert.

In der Hauptsache bestand eine solche Wagenladung jedoch aus Nahrungsmitteln, ausgesucht unter dem Gesichtspunkt ihrer Haltbarkeit. Manchmal hielt sich etwas wider Erwarten doch nicht: „Mit dem in St. Louis gekauften Speck

Den Tomahawk in der Hand, die Lanze in den Trail gepflanzt, befiehlt ein Indianer dem Führer der nahenden Wagenkolonne, wieder umzukehren. Derartige Konfrontationen wurden in den meisten Fällen durch den Austausch von Geschenken gelöst.

hat man uns hereingelegt", entdeckte Alonzo Delano zwei Tage später. „Er begann, mehr Leben zu zeigen, als wir bezahlt hatten – insbesondere eine Neigung, in Insektengestalt in Bewegung zu geraten." Normalerweise hielt sich geräucherter Speck in dicken Seiten, solange man sie vor der Hitze der Plains schützte. Ein Mittel, das Fleisch zu bewahren, war, es in ein Faß Kleie zu legen. Ähnlich wurden Eier oft in Fässer voll Maismehl verpackt; waren die Eier aufgebraucht, wurde das Mehl zum Brotbacken verwandt. Kaffee wurde von Mensch und Tier gleichermaßen getrunken: Er täuschte so erfolgreich über den bitteren Geschmack des alkalihaltigen Wassers hinweg, daß ein Mann, dessen Pferd „das Wasser mit Entschiedenheit ablehnte", es dazu brachte, statt dessen Kaffee zu trinken.

In den frühen Jahren der Emigration konnten die Pioniere oft ein paar Bisons oder Antilopen am Trail schießen, aber ein zuverlässigerer Vorrat an Frischfleisch war doch eine Viehherde, die man hinter dem Wagen mit sich führte. Eine Milchkuh wurde ebenfalls sehr empfohlen: „Milch weiß man auf den Plains sehr zu schätzen", schrieb J. E. Campbell 1864 in seinem *Emigrants' Guide Overland.* „Bei Sturm, wenn Kochen unmöglich ist, tut sie gute Dienste." Ein Überschuß an Milch konnte immer zum Buttern verwandt werden, indem man sie einfach in Eimern unter den ratternden Wagen hängte; bei Tagesende war die Butter fertig.

Waren die Wagen beladen und die Tiere beisammen, blieb den Pionieren nur noch übrig, sich am Ort der Abreise eine Fahrtordnung zu geben. Hier erwies sich die amerikanische Tradition des *Town-Meeting* als nützlich. Man nominierte Kandidaten, hielt Wahlen ab und setzte temporäre Verwaltungsgremien ein. Einige dieser Trail-Regierungen waren so voluminös, daß sie bald unter ihrem eigenen Gewicht zusammenbrachen. Alonzo Delano hörte von einer, die ein Appellationsgericht, eine Exekutivabteilung und eine

Ein Tag auf dem Oregon Trail

In der morgendlichen Unruhe von Essen, Beladen der Wagen und Anschirren der Gespanne bläst ein Trompeter zum Sammeln der Kolonne.

Einer der besten Originalberichte vom Emigrantenleben auf dem Zug nach Westen stammt von Jesse Applegate, Captain eines Kontingents von mehreren hundert Pionieren, deren große Pferde- und Viehherde den Treck zu einem besonders schwerfälligen Unternehmen machte. Dieser Auszug aus Applegates Memoiren „A Day with the Cow Column in 1843" beschreibt einen Ausschnitt von 18 Stunden, während der sie 32 Kilometer zurücklegten.

Es ist vier Uhr morgens; die Wachen haben ihre Gewehre abgeschossen – das Signal, daß die Schlafenszeit vorüber ist; aus jedem Wagen und Zelt quellen seine nächtlichen Bewohner, und langsam beginnen Rauchfahnen aufzusteigen. 60 Männer verlassen die Wagenburg, und gegen fünf Uhr treiben sie bereits die Herde von 5000 Stück Vieh und Pferden auf das Lager zu.

Von sechs bis sieben Uhr herrscht große Geschäftigkeit; es wird gefrühstückt, Zelte werden abgebrochen, Wagen beladen und Gespanne angeschirrt. Es gibt 60 Wagen in 15 Abteilungen oder Zügen zu je vier Wagen.

Die Frauen und Kinder haben ihre Plätze auf den Wagen eingenommen. Der Anführer steht bereit, aufzusteigen und an der Spitze der Kolonne den Weg zu weisen. Zehn oder fünfzehn junge Männer reiten los auf Bisonjagd. Da die unfreundlichen Sioux die Bisons vom Platte River weggetrieben haben, müssen die Reiter 25 bis 30 Kilometer zurücklegen, um sie einzuholen.

Schlag sieben Uhr ertönen von vorne die hellen Trompetenstöße; die führende Wagenabteilung fährt langsam aus dem Lagerbezirk, und alle weiteren nehmen mit der Präzision eines Uhrwerks ihre Plätze ein, bis der Ort, der eben noch voller Leben war, zurücksinkt in die Einsamkeit, die diese weite Ebene und ihren rauschenden Fluß beherrscht.

Die Jäger sind schon zehn Kilometer von der Marschroute entfernt. Die Wagenkolonne ist jetzt seit zwei Stunden unterwegs. Als erstes kommt, ganz nah am Ufer des Flusses, eine Gruppe von Reitern. Einer von ihnen hält eine Flagge hoch, zweifellos ein Zeichen für die Wagen, auf ihn zuzuhalten. Die Reihe der Wagen zieht sich über einen Kilometer hin. Einige der Fuhrleute reiten vor ihren Wagen her, manche marschieren neben ihrem Gespann. In verstreuten Grüppchen suchen sich Frauen und Kinder

Bewegung, indem sie zu Fuß neben der Kolonne hergehen.

Als nächstes kommt eine Schar Pferde; die klugen, gelehrigen Tiere brauchen kaum Aufsicht, denn sie haben gelernt, den Wagen zu folgen. Ganz anders die große Herde von Hornvieh, die hinten folgt: Sie ist faul, selbstsüchtig und unsozial. Die Tiere bewegen sich nur aus Angst vor der Peitsche; nie gibt es für ihre Treiber einen Augenblick der Entspannung von ihrem mühsamen, ärgerlichen Geschäft.

Am Ort der Mittagsrast werden die Gespanne nicht ausgeschirrt, sondern nur von den Wagen losgebunden. Heute findet eine außerordentliche Sitzung des Rates statt, um einen Streit zwischen einem Emigranten und einem jungen Mann zu schlichten, der sich für diese Reise für Unterkunft und Verpflegung von ihm hat anheuern lassen.

Der Abend verläuft weit weniger lebhaft als der Morgenmarsch: Schläfrigkeit hat sich deutlich sichtbar auf Mensch und Tier gesenkt; Fuhrleute schlafen auf ihren Kutschböcken ein und sogar im Gehen neben ihren Gespannen. Ein kleiner Vorfall unterbricht die Monotonie des Marsches. Die Frau eines Emigranten, deren Gesundheitszustand Dr. Whitman veranlaßte, in der Nähe ihres Wagens zu bleiben, wird jetzt von heftigen Anfällen geschüttelt. Der Arzt hat den Wagen ausscheren, ein Zelt aufstellen und Feuer machen lassen.

Wir müssen sie zurücklassen, denn die Sonne sinkt schon tief im Westen, und endlich steht der Kolonnenführer bereit, die Wagen in das 90 Meter tiefe Rund einzuweisen, das er markiert hat. Das Maß ist so präzise und die Praxis so perfekt, daß der letzte Wagen immer genau die Einfahrt verschließt. Innerhalb von zehn Minuten, nachdem der Wagen an der Spitze angehalten hat, hat sich die Wagenburg formiert.

Jeder ist beschäftigt, Feuer aus Bisonmist anzuzünden, Zelte aufzustellen und andere Vorbereitungen für die Nacht zu treffen. Besorgt hält man Ausschau nach dem zurückgebliebenen Wagen. Aber mit sinkender Sonne rollt er auf den Lagerplatz, und das fröhliche Gesicht des Arztes verrät ohne Worte, daß Mutter und Kind wohlauf sind.

Es ist noch kaum acht, als schon die erste Wache aufgestellt werden muß; das Abendessen ist gerade erst vorbei. Am Fluß hört man Geigenmusik, und einige junge Leute improvisieren einen Tanz. Es war ein erfolgreicher Tag. Über 30 Kilometer hat man zurückgelegt.

Alles ruht still und erholt sich von den Strapazen des Tages, nur die Wache nicht und der unruhige Kolonnenführer, der noch Sorgen hat, die ihn nicht schlafen lassen. Die Nacht sinkt immer tiefer. Endlich kommt ein Wachtposten zu ihm gelaufen mit der ersehnten Nachricht, daß eine Reitergruppe sich nähert. Er hat recht, daß das unsere Jäger sein müssen, die erfolgreich waren. Ohne noch ihre Ankunft abzuwarten, sucht auch der Captain jetzt, wo die letzte Sorge von ihm abfällt, die Ruhe, die ihm die Kraft geben wird, morgen denselben Tageslauf durchzustehen.

Die ersten Wagen des Trecks setzen sich langsam in Bewegung; ein Reiter galoppiert los auf die Jagd, und ein Fuhrmann läßt die Peitsche knallen.

Gesetzgebende Versammlung umfaßte, alles in einer schriftlichen Verfassung festgelegt. So viele privilegierte Würdenträger dieser Bürokratie waren von ihren nächtlichen Wachrunden befreit, daß das damit allein belastete einfache Volk sie schließlich aus dem Amt jagte.

Ein einfacherer Führungsstab konnte aus einem Trail-Captain und einigen ihm zugeteilten Hilfskräften bestehen. Dabei traf der Captain die meisten Entscheidungen: Er gab die Startzeichen für die Kolonne am Morgen, wählte den Platz für die Mittagsrast oder Ruhepausen und bestimmte, wo man das Nachtlager aufschlagen würde. Als Entgelt handelte er sich normalerweise nur eine Menge Kritik für sein schlechtes Urteilsvermögen ein, besonders, wenn der Treck später als beabsichtigt aufbrach.

Endlich kam dann der Tag, an dem die Wagen zum letzten Mal überholt waren, die Tiere glatt und gesund waren und das Wetter vielversprechend. Es war an der Zeit, aufzubrechen, und der Captain gab das Signal. Langsam rollten die Wagen los, und jeder nahm seinen vorher festgesetzten Platz in der Reihe ein. Unter Rufen und Geschrei galoppierten Reiter weit voraus, um ihrer aufgestauten Ungeduld Luft zu machen. Schwerfällig rumpelten die Prärieschoner über die Grenze Missouris und weiter in die Prärie hinaus. Es war ein Augenblick größter Aufregung, vermischt mit Wehmut nach der alten Heimat und zurückgelassenen lieben Freunden. „Lebwohl, Amerika!" rief John East aus Missouri, als er 1843 mit einer Wagenkolonne aufbrach.

Mitte Mai grünte das Gras der Plains üppig, und mit dem Gras kamen auch die Wildblumen; die Prärien von Kansas, deren sanfte, schwellende Hügel sich endlos aneinanderreihen, waren in dieser Jahreszeit zauberhaft schön. Auch die Frühlingsstürme waren grandios, und manche Reisende unternahmen den Versuch, ihre Großartigkeit in Worte zu fassen: „Selbst King Lear auf der Höhe seines Wahnsinns hätte Mühe gehabt, seinen Mund zu öffnen, um seine Besessenheit in eine solche Nacht hinauszuschreien", schrieb Alonzo Delano eines Abends. Francis Parkman, der einmal der große Chronist des Oregon Trail werden sollte, wurde im Sommer 1846 von einem denkwürdigen Unwetter überrascht: „Solche heftigen, unaufhörlichen Blitze, solchen ohrenbetäubenden anhaltenden Donner hatte ich noch nie erlebt. Schräge Regenvorhänge, die mit schwerem Getöse herunterrauschten und in Gischt wieder aufspritzten, verhüllten völlig die Wälder."

Hatte Parkman Blitze gesagt? „Es waren genug", sagte Edwin Bird 1854, „um Häuser reihenweise zu zerstören und die Wälle Sewastopols zu zerschmettern." Und welche Chance hatte eine leinölgetränkte Plane gegen eine wahre Sintflut von Regen? Außerdem ließen die Naturgewalten Bäche und Flüsse über die Ufer treten, veränderten das Gesicht des Trails oder machten ihn völlig unkenntlich. Eine Reisegruppe, die abends an einem Bach ankam, beschloß erschöpft, ihn erst am nächsten Tag zu überqueren. Sie hätte keinen schlechteren Entschluß fassen können. In der Nacht erhob sich ein Regensturm, und die Gruppe saß zwei Wochen lang an diesem Wasserlauf fest, bevor er so weit zurückgetreten war, daß sie ihn überqueren konnte.

Trotz alledem waren die ersten Wochen auf dem Trail für die Emigranten leicht, solange sie nordwestlich nach Nebraska und zum Platte River zogen. Das Klima war mild, das Land bukolisch. Hier konnte man erst einmal lernen, mit dem Prärieschoner umzugehen, Routine erwerben und sich an das unerhörte Abenteuer gewöhnen, auf das man sich eingelassen hatte. Auf dem Weg durch dieses Indianergebiet notierte einer der Reisenden: „Jeder zeigte herausfordernd seine Waffen." Aber im Umgang mit den Kanza-Indianern, die diese Region bewohnten, war Handelstalent viel wichtiger als Treffsicherheit beim Schießen. Einige geschäftstüchtige Stammesangehörige betrieben Fähren über die breiten Flüsse und machten ein gutes Geschäft, indem sie dafür verlangten, soviel sie eben bekommen konnten. Andere Indianer belästigten die Pioniere mit ihren Bitten um Zucker, Kaffee und Whiskey. Unter der Oberhoheit der US-Regierung waren die Indianer von Kansas zu einem heruntergekommenen, geschlagenen Volk geworden; und John Minto, der ihnen 1844 zum ersten Male begegnete, bemerkte voller Enttäuschung, daß er das Indianerideal von Fennimore Cooper, das er früher begierig aufgenommen hatte, zum großen Teil aufgeben mußte.

Da die länger werdenden Frühlingstage die Reisenden weniger strapazierten und erschöpften, widmete man die Abende auf den Lagerplätzen Kinderspielen und Tanzvergnügen der Erwachsenen. „Gestern hatten wir einen tollen Fandango-Abend", berichtete ein Mann, und ein anderer erzählte, wie eines Abends die Männer eine „französische Quadrille mit Cotillon" getanzt hatten. „Das Präriegras flog in Fetzen." Die Sonntage verbrachte man unterschiedlich, je nach Geschmack der Reisenden. Wie Joel Palmer es ausdrückte: Die Auswanderer bildeten ein „Miniaturbild der großen Welt". In John Mintos Kolonne predigte eines Sonntagsmorgens ein Missionar, der auf dem Weg nach Oregon war, „allen, die zuhören wollten, und verteilte Bibeln an sie, während ganz in der Nähe andere mit Indianern Pferderennen veranstalteten". Für ein Gemeindemitglied jedoch war der Gottesdienst eine tiefe Enttäuschung: für einen Jungen von 15 oder 16 Jahren, der den Geistlichen Gott bitten hörte, „die wilden Tiere und wilden Menschen von unserem Weg zu entfernen". „Der Junge", sagte Minto,

„war fest entschlossen, einen Bison zu töten, und wollte unbedingt einen Grizzly-Bären sehen."

Etwa zwei Wochen nach Verlassen von Independence überquerte man auf dem Trail den Big Blue, einen Zufluß des Kansas River. Der Blue war ein wechselhafter Fluß, den man zeitweilig durchwaten, bei Hochwasser jedoch nur schwimmend überqueren konnte. Für die, die bei der Übergangsstelle aufgehalten wurden, gab es jedoch eine Entschädigung: Der Lagerplatz war so idyllisch wie kaum einer am ganzen Trail. Edwin Bryant aus Louisville, der 1846 dort lagerte, beschrieb den Platz: „Wir fanden eine große Quelle, deren Wasser so kalt und klar war, als wäre es soeben erst aus Eis geschmolzen. Über vorspringende Felsen, die dort das Flußufer bilden, stürzt es etwa drei Meter tief in ein Becken. Der ganze Ort ist unglaublich romantisch. Wir nannten ihn die ‚Grottenquelle'. Spätere Reisende werden den Namen in den Felsen eingeritzt finden."

Nach der Überquerung des Big Blue stieg der Trail nach Nebraska hinein auf den Platte River zu und machte dann eine Biegung nach Westen, um seinem Südufer zu folgen. „Nebraska" ist ein Indianerwort, das „eben" und „seicht" bedeutet, und „Platte" bedeutet das Entsprechende auf Französisch. Beide Bezeichnungen treffen auf das breite Band fließenden Schlammes des Platte zu, das von den Rocky Mountains bis zum Missouri träge S-Kurven zieht. Der Fluß verlief „gerade über dem Boden", schrieb eine gewisse Martha Missouri Moore anschaulich. Jemand anders schätzte die Maße des Flusses auf „eineinhalb Kilometer breit und zweieinhalb Zentimeter tief". Ein dritter Reisender nannte den Platte einen „Hohn auf alle Flüsse der Welt", und ein weiterer beschrieb ihn als „schlecht zu durchwaten, fischlos, zu schmutzig zum Baden und zu dickflüssig zum Trinken".

Die Ebene zu beiden Seiten des Platte war mit kurzem Gras bedeckt, aber völlig baumlos – „wie die wilden Gebiete Afrikas", sagte Sarah Cummins. Das bißchen Holz, das es gab – das meiste war von Indianern auf ihren Jagden nach Kleinwild verbrannt worden –, wuchs kümmerlich auf den Sandbänken im Fluß. Zu beiden Seiten des Platte sah man in etwa fünf Kilometer Entfernung Sandsteinkliffe aufsteigen, die um so höher und zerklüfteter wurden, je weiter der Trail nach Westen kam. Das alles sah für Leute aus den bewaldeten Ostregionen Amerikas überaus fremdartig aus.

Sie staunten auch über das Tierleben der Prärie – Antilopen und Coyoten, Grizzly- und Schwarzbären, Bisons und unzählige Präriehunde. Nach Schätzung eines Mannes erstreckten sich deren Bauten manchmal über 200 Hektar, und das geschäftige Gemeinschaftsleben dieser Nagetiere fesselte die Emigranten. In den 1840er Jahren waren auch die Bisons in diesem Landstrich noch zahlreich: „Manche grasten friedlich in der Prärie", schrieb ein Reisender 1843, „andere zogen mit Gebrüll vorüber, und die großen Herden donnerten mit ohrenbetäubendem Lärm in ein oder zwei Kilometer Entfernung vorbei. Manchmal fanden wir am Morgen friedlich grasende Bisons zwischen unserem Vieh." Aber ihre Zahl nahm ständig ab. Im Überfluß der ersten Zeit trieben die Emigranten viel Vergeudung mit den Bisons, die sie schossen, indem sie nur die besten Fleischstücke zu den Wagen mitnahmen und den größeren Teil der Beute den Wölfen überließen. Im Laufe der Zeit gewöhnten sich die Pioniere daran, alles Fleisch in schmale Streifen zu schneiden und für späteren Gebrauch zu trocknen.

Die Bisons konnten auch zum Ärgernis werden. Manchmal war das trinkbare Wasser eines Flusses dunkel und übelriechend geworden, nachdem eine Schar Bisons dort durchgewatet war; manchmal wanderten die Ochsen und Kühe der Emigranten mit einer Bisonherde auf Nimmerwiedersehen davon. Aber die Bisons waren sowohl als Fleisch- wie als Brennstoffquelle unendlich wertvoll. Um auf den holzlosen Plains ihre Mahlzeiten zu kochen und sich zu wärmen, waren die Pioniere weitgehend abhängig von Bisonmist – getrocknetem Dung –, den sie verstreut am Weg fanden. Dieser getrocknete Dung brannte nur richtig in einer gut ziehenden Feuerstelle, so daß die gewöhnlichen Eisenblech-Öfen der Emigranten nutzlos wurden und Kocherfolge nur durch neue Improvisationen zu erzielen waren. „Da war eine junge Dame", schrieb James Clyman, „die sich dem unerschrockensten Pionier im ganzen Westen ebenbürtig zeigte, denn sie knetete ihren Teig und beobachtete und hütete dann ihr Feuer und ihre Pfanne, indem sie geduldig fast zwei Stunden lang einen Regenschirm darüberhielt, so daß sie schließlich Brot genug für ein reichliches Abendessen für uns alle gebacken hatte; ich statte ihr meinen tiefen Dank für unsere gestrige Abendmahlzeit ab."

Zusammenstöße mit Indianern waren selten, denn das Platte-Tal lag in einer Art Niemandsland zwischen den Gebieten der kriegerischen Pawnee im Norden und der Cheyenne im Süden. Den ganzen Trail entlang waren Begegnungen zwischen Indianern und Emigranten gewöhnlich friedliche Angelegenheiten, bei denen die Stammesangehörigen Bisonfleisch gegen Tabak, Eisenwaren und die abgetragene Kleidung der Reisenden eintauschten. Dennoch wurden Vorsichtsmaßnahmen getroffen; auf jedem Lagerplatz wurden die Wagen zu einem Corral zusammengefügt. Dadurch entstand gleichzeitig eine Art geschlossene Koppel für das Vieh, das darin grasen konnte. Der Corral wurde dadurch gebildet, daß man die Wagen miteinander verband, wobei man die Deichsel des einen unter die Hinterräder des nächsten schob; schwere Ketten verbanden dann den Kreis

Am Independence Rock meißelt ein Pionier seinen Namen neben die früherer Emigranten, während seine Begleiter eine am Sweetwater River entlangziehende

Wagenkolonne beobachten. William Henry Jackson malte dieses Panoramabild nach Reiseskizzen, die er gegen Ende der 1860er Jahre dort gemacht hatte.

Vom Präriesturm überrascht, versucht ein Emigrant, seine scheuenden Pferde zu beruhigen. Stürme brachen gewöhnlich ohne Warnung herein, und der Himmel verdunkelte sich vor Staub, den der rasende Wind vor sich herwirbelte.

der Wagen wie ein Halsband. Bevor das letzte Glied festgefügt wurde, trieb man die Tiere hinein. Dann wurde der letzte Wagen an seinen Platz gerollt.

Die ganze Nacht hindurch waren Wachen im Umkreis der Wagenburg postiert. Wenn die Lagerfeuer herabbrannten, nickten die Wachen manchmal vor Müdigkeit ein und feuerten dann Warnschüsse auf irgendwelche Geräusche in der Dunkelheit ab. Aber wohl nie in der ganzen Geschichte der Wanderungen nach Westen fiel ein indianischer Kriegstrupp über eine Wagenburg her. Eine solche Strategie hätte schlimme Folgen für die Indianer gehabt: Die Verteidiger, sicher in ihrer befestigten Wagenburg, hätten die Belagerer mit Leichtigkeit niedermachen können.

Zuweilen aber vergossen Indianer doch Emigrantenblut. Einem einzelnen Wagen, der allein reiste oder sich am Ende einer langen Kolonne mühsam vorwärtskämpfte, konnte es schon passieren, daß er angegriffen und ausgeraubt wurde, und wer Widerstand leistete, wurde getötet. 1865 schnitten die Sioux und Cheyenne als wütende Reaktion auf ihre Niederwerfung durch US-Kavallerie vorübergehend die Trails nach Westen völlig ab. Auch handelten die Indianer nicht immer allein. Nach dem Bürgerkrieg schlossen sich manchmal weiße Renegaten, Deserteure aus der Armee und Halsabschneider aus den Grenzgebieten feindlichen Indianern an, um Präriereisenden aufzulauern.

Im Sommer 1867 verbot die US-Armee das Reisen in einzelnen Wagen im westlichen Kansas wegen der Indianergefahr. Trotzdem beschlossen die Pioniere John Royer und Ed Schammel, ihrer Kolonne schon vorauszuziehen, und engagierten einen in Indianerkämpfen erfahrenen Führer, der allgemein nur als Long Texas bekannt war. Als die Männer ihren Wagen das obere Ende eines engen Tals hinaufzogen,

Noch bedrohlicher als die Präriestürme waren die Blizzards, die über Nacht eine Wagenkolonne völlig verwüsten konnten. Bei Temperaturen, die unter −40° C sanken, atmete das Vieh Eis- und Schneepartikel ein und erstickte nicht selten daran.

entdeckte Texas drei bewaffnete weiße Männer zu Pferd, die weiter vorn den Trail blockierten. Als das Trio näher auf sie zukam, erschoß Texas den Anführer. Die beiden anderen zogen sich zurück, kehrten aber Minuten später in Begleitung eines ganzen Schwarms indianischer Krieger zurück, die mit Gewehren, Pfeilen und Bogen bewaffnet waren. Eine Schlacht in voller Fahrt begann, während der Wagen in höchster Geschwindigkeit über die Prärie raste und die Indianer auf ihren Pferden nebenhergaloppierten.

Der Kampf dauerte zwei volle Tage, mit kurzen Unterbrechungen bei Einbruch der Dunkelheit, während der sich die Angreifer wieder sammelten und Atem schöpften. Am zweiten Abend waren Royer und Schammel tot, und Texas' linkes Handgelenk war von der Kugel eines Indianers zerschmettert. Nach Einbruch der Nacht, bei eisigem Nordwind, nahm er Zuflucht zu einem verzweifelten Täuschungsmanöver: Er zündete den Wagen an und entkam in dem entstehenden Aufruhr. Halb wahnsinnig vor Schmerzen und Müdigkeit wanderte der alte Indianerkämpe bis zum Morgen über die Prärie, als eine vorbeiziehende Wagenkolonne ihn entdeckte und in Sicherheit brachte.

Weniger dramatisch, aber viel häufiger als die Angriffe der Indianer waren die täglichen Unglücks- und Krankheitsfälle auf dem Trail. Besonders Krankheit: Mindestens 20 000 Emigranten, das heißt etwa jeweils einer von 17, die aufbrachen, wurden am Oregon Trail begraben, und die meisten erlagen gerade der Krankheit, der sie nach Westen entfliehen wollten. An einigen Abschnitten der Route waren die Gräber so zahlreich, daß der Trail einen Rand wie ein Zickzackband hatte – gebildet aus ausgetretenen Fußpfaden derer, die neugierig einen Abstecher gemacht hatten, um die Inschriften der hölzernen Grabmale zu lesen.

„An Cholera gestorben" – das war das häufigste Epitaph. Die todbringende asiatische Pest war von New Orleans aus das Tal des Mississippi hinaufgewandert. Ihre Schrecken – Diarrhöe, Erbrechen, Fieber, Krämpfe und Tod – verbreiteten sich durch die Straßen von Independence und St. Joe und hinaus in die Tiefebene des Platte-Tals. Nur die hohe Kette der Rocky Mountains konnte ihr Einhalt gebieten, und auf einigen größeren Lagerplätzen, bevor man das Gebirge erreichte – zum Beispiel bei der Überquerung des Big Blue –, mußte ein ganzer Friedhof errichtet werden.

Für die Choleraopfer war der Tod so unvermeidlich, daß ihre Reisegefährten manchmal schon die Gräber aushoben, während der Sterbende noch seine letzten Atemzüge tat. Die Begräbnisformalitäten wurden von den Gegebenheiten des Trails diktiert. Da die Emigranten kein Holz für Särge hatten, wickelten sie die Leichen gewöhnlich in Tücher, begruben sie unter Felsen und warfen Erde darauf. Manchmal hob man die Gräber direkt in den Wagenspuren des Trails aus, in der Hoffnung, daß die Indianer sie auf diese Weise nicht finden und die Leichen ausgraben und zerstückeln würden. Aber trotz der besten Vorsichtsmaßnahmen konnten natürlich Wölfe die Leichen wieder herausscharren. Agnes Stewart, ein 20jähriges Mädchen, entdeckte unterwegs eine Strähne Frauenhaar, in der noch ein Kamm steckte, und vertraute abends ihrem Tagebuch an, daß sie „lieber überhaupt nicht begraben sein wollte, als aus meinem eigenen Grab wieder herausgeholt zu werden".

Etwa 750 Kilometer westlich des Missouri, nachdem sie mindestens schon einen Monat unterwegs waren, erreichten die Emigranten schließlich den Zusammenfluß des nördlichen und südlichen Arms des Platte. Um den nördlichen Arm zu erreichen, dem der Trail folgte, mußten die Wagenkolonnen zuerst den südlichen Arm überqueren. Dieser aber, je nachdem, wo man hinüber wollte, konnte bis zu eineinhalb Kilometer breit sein, und die Überfahrt war auf jeden Fall problematisch. Bei Hochwasser nahm man die Räder ab, und der Wagenkasten wurde zu einem flachen Boot, das man über den Fluß ziehen konnte. Eine Möglichkeit, die Wagenkästen wasserdicht zu machen, bestand darin, daß man sie mit Bisonhäuten überzog. Aber dieser Bisons mußte man erst einmal habhaft werden, wie William Newby in seiner Tagebucheintragung 1843 bemerkte: „Jagten Bisons und erlegten zwei. Brauchten ihre Häute, um Boote zum Überqueren des Flusses zu machen."

Phoebe Judsons Reisegruppe hatte Glück, denn sie erreichte den Südarm im Sommer 1853 bei Niedrigwasser, aber auch dann war es noch schwierig genug, hinüberzukommen. „Wir mußten die Gespanne verdoppeln", schrieb sie, „und spannten acht Paare vor jeden Wagen. Die Wagenkästen wurden einige Zoll angehoben, indem wir große Steinblöcke darunterschoben. Wir ließen sie zu Wasser und schlugen einen diagonalen Kurs zum gegenüberliegenden Ufer ein. Eine dreiviertel Stunde brauchten wir. An einigen Stellen war der Fluß so tief, daß das Wasser, obwohl der Wagenkasten bis obenhin vollgestopft war, wie ein Mühlbach durch ihn hindurchschoß, meine Röcke unten völlig durchnäßte und unsere gesamte Habe durchweichte." George Donners Frau Tamsen dagegen nahm die Überquerung des Südarms fast humorvoll und schrieb vergnügt in einem Brief nach Hause nach Illinois: „Wenn ich nicht noch wesentlich Schlimmeres erlebe als bisher, würde ich sagen: Man muß sich nur aufraffen."

Nach der Flußüberquerung sah der Trail dann ganz anders aus als die Strecke durch das flache Platte-Tal. Jetzt folgte ein Abenteuer dem anderen. Erst stieg er scharf aufwärts, dann ging es 35 Kilometer schnurgerade über eine wasserlose Hochfläche, an deren Ende man einen steilen Abhang zum Tal des North Platte hinunter zu bewältigen hatte. Größte Vorsicht war geboten, um die Wagen dort hinunterzubringen. Oben am Steilhang blockierten die Männer die Räder, indem sie sie an die Wagenkästen ketteten, und ließen die Wagen dann langsam mit Seilen die 45° Gefälle hinunter. Wenn sich ein Wagen losriß – und das passierte oft –, stürzte er berstend und splitternd den Hang hinab.

Aber das Risiko des Abstiegs lohnte sich, denn unten im Tal erwartete die Reisenden eine bewaldete Schlucht. Ash Hollow, so hieß dieser Ort, bot nach langen Wochen den ersten Schatten. William Kelly bot alle rhetorischen Künste des 19. Jahrhunderts auf, als er Ash Hollow in seinem Buch *An Excursion to California* beschrieb: „Die keusche wilde Rose, ihrer Scheu vergessend im schattigen Hain, öffnet ihr samtenes Herz und vermischt ihren süßen Duft mit dem der unzähligen anderen Blüten und Büsche, die das Unterholz dieses majestätischen Waldes bilden. Kühle Bächlein plätschern und ergießen sich schließlich in einen klaren Teich inmitten einer grünenden Wiese, auf deren buntem Teppich man das fröhliche Treiben leichtfüßiger Elfenwesen zu sehen wähnt." Charles Tinker dagegen stellte nüchtern fest: „Eine erstklassige kalte Quelle hier."

Nach der kurzen Erholung in Ash Hollow folgte der Trail über etwa 80 Kilometer den sandigen Ufern des North Platte. Die Steigung war auf dieser Strecke nur leicht, aber konstant, und sogar im späten Juni wurden die Nächte mit größerer Höhe immer kälter. Weit hinten am Horizont erhoben sich die schneefleckigen Laramie Mountains, der Aufstieg zu den Rockies. In unmittelbarer Nähe links und rechts vom Trail zogen seltsame Erd- und Felsformationen die Aufmerksamkeit der Reisenden auf sich. Da sie diese merkwürdigen Naturformen tagelang im Blick hatten, spitzten die Tagebuchschreiber ihre Bleistifte und suchten angestrengt nach passenden Vergleichen.

Ein 120 Meter hohes Gebilde, das aus Schichten vulkanischer Asche und Lehm bestand, ähnelte entfernt einem öffentlichen Gebäude in St. Louis und wurde natürlich das „Kreisgericht" genannt (seitlich davon stand ein kleinerer Felsableger – das „Gefängnis"). Das „Kreisgericht" inspirierte zu ähnlichen Bezeichnungen – wie „Kirchenruine", der „Turm von Babel", „das Capitol von Washington" und viele andere mehr. „Ich kletterte über 60 Meter hoch und schrieb meinen Namen darauf", sagte ein Mann, der auch über plötzliches Schwindelgefühl auf dem Felsen berichtete: „Fast wäre ich hinuntergefallen."

Aufregender als das „Kreisgericht" war der „Kaminfelsen" 22 Kilometer weiter westlich. Der schlanke steinerne Schaft, der sich an die 170 Meter hoch erhob und an seiner Basis von großen Schutthaufen umgeben war, wurde nicht nur mit einem Kamin verglichen, sondern auch mit einer Stange in einem Heuhaufen, einem Minarett, einem Kirchturm, einem umgekehrten Trichter und einem Blitzableiter. Einige Reisende versuchten, seine Dimensionen auszumessen (zum Beispiel brauchte man 10 040 Schritte, um die Basis zu umrunden), und die meisten von ihnen bemerkten, daß der Kamin durch Wind- und Wassererosion ständig abbröckelte. „Jedes Jahr wäscht ein wenig von seiner Größe hinweg", sagte Edwin Bird, und er prophezeite, daß der Turm in wenigen Jahren völlig zusammenbrechen würde.

Nach weiteren 32 Kilometern kamen die Reisenden zu Scott's Bluff, einem verwitterten, gewundenen Gebilde aus Brüstungen, Türmchen und Einschnitten; „das Gibraltar von Nebraska" nannte es jemand. Hiram Scott, ein Pelzhändler, war 1828 zwischen seinen spitzen Felsklippen umgekommen. Da es keinen Zeugen gegeben hatte, entstanden schnell Legenden: daß er krank gewesen und von seinen eigensüchtigen Gefährten grausam im Stich gelassen worden sei, daß er von Indianern umgebracht oder vielleicht von einem Grizzlybären getötet worden sei, daß sein Skelett in Todesstarre verkrümmt oder friedlich mit dem Rücken gegen einen Felsen gelehnt gefunden worden sei.

Eine Wagenkolonne, die sich einigermaßen an das Zeitschema hielt, erreichte Scott's Bluff Ende Juni. Nach zwei weiteren Tagen waren die Emigranten dann in Fort Laramie. Dieser einsame Grenzposten in der südöstlichen Ecke des heutigen Staates Wyoming stand wie ein Feuerschiff am äußersten Rand der amerikanischen Einflußsphäre. In einer Passage, die das Fort beschreibt, hält J. M. Shiveleys Reiseführer dem Leser folgenden ernüchternden Gedanken vor: „Sie befinden sich jetzt 1030 Kilometer von Independence entfernt, und es ist entmutigend, wenn man bedenkt, daß Sie noch nicht einmal ein Drittel des langen Weges nach Oregon zurückgelegt haben."

Normalerweise waren jetzt schon mehr als ein Drittel der Vorräte eines Emigranten und viel Kraft seiner Tiere verbraucht – von seiner eigenen Geduld ganz abgesehen. Was schlimmer war: Hinter Fort Laramie begann der Weg dann mit dem Aufstieg in die Rockies, zerrte an den Nerven der Männer und erschöpfte die Energie der Tiere weiter. Sarah Cummins notierte, daß einige Männer sich in den Bergen so maßlos ärgerten, daß sie mit ihrem „Schwall von Flüchen und dem dauernden Knallen ihrer großen Peitschen Leute mit zarteren Gefühlen oder gemäßigtere Naturen fast taub machten". Um Sarahs Gefühle zu schonen, sagte ihre Mutter fast immer: „Reite du nur voraus, Kind!", und Sarah ritt mit ihrem Pferd außer Hörweite.

Ein wirksameres Mittel, als wütend auf die Zugtiere zu fluchen, war, die Ladung der Wagen zu erleichtern. Das konnte heißen, einen gewichtigen Eisenofen, einen Amboß, einen polierten Eßtisch oder sogar Lebensmittel am Wegrand abzustellen. Der Trail jenseits von Fort Laramie glich allmählich einem reichhaltigen Lager an Waren aller Art, die in Missouri ihren Besitzer noch unverzichtbar erschienen, jetzt aber für alle wertlos geworden waren.

Das Land war größtenteils unfruchtbar. Von weitem sahen die Hänge wie grüne Wiesen aus, in der Nähe entpuppten sie sich als trockener Sand und Felsen, zwischen denen in kümmerlichen Büscheln nur wilder Salbei und Fettholz wuchsen. Aber nach einem Treck von 80 Kilometern entlang dem North Platte erreichte der Trail den Sweetwater River, der, wie es hieß, in dankbarer Erleichterung so genannt wurde, nachdem die meisten Quellen, an denen man in letzter Zeit vorbeigekommen war, bitter und manchmal sogar giftig gewesen waren. Und mit dem Verlauf des Sweetwater, der den Trail tiefer und tiefer in die Rocky Mountains hineinführte, wurde die Landschaft immer großartiger. So empfanden es zumindest die meisten Reisenden – aber William Henry Russell, der eine Zeitlang Senator Henry Clay als Sekretär gedient hatte und den Trail 1846 passierte, sah das anders: „Verrückte Poeten mag das wohl verführen", schrieb Russell in einem mißgelaunten Brief, „aber ich kann schwören, daß ich hier nichts Bewundernswertes entdecken kann." Vielleicht konnte der kurzsichtige Russell die Majestät der Landschaft, die sich um ihn herum entfaltete, einfach nicht wahrnehmen. Einmal, erzählte man, habe er einen Schwarm Eulen „tu-whoo, tu-whoo!" (wer da?) rufen hören. Da habe er sich kerzengerade aufgerichtet und geantwortet: „Colonel William H. Russell aus Kentucky, ein Busenfreund von Henry Clay."

Dieser Prärieschoner – Pflug und Hacke wurden seitlich angebunden – trug 1845 drei Männer und einen Jungen von Missouri nach Oregon.

Ein robuster Überlandwagen

Nichts hatte so unmittelbaren Einfluß auf den Ausgang des Glücksspiels, auf das sich ein Pionier einließ, wie der Wagen, der ihn über 3200 holprige Kilometer durch die Wildnis tragen sollte. Es gab keine Standardlösung für das Transportproblem. Manche Emigranten rollten in Farmwagen nach Westen, die Handwerker in Reisewagen verwandelt hatten, andere kauften Fuhrwerke, die eigens für diese Reise ohne Rückkehr gebaut waren. Aber die meisten Wagen wiesen bestimmte Merkmale auf *(Abbildung rechts)*, die die Chancen für eine heile Ankunft vergrößerten.

Ein Wagen mußte leicht genug sein, um die Ochsen oder Maultiere, die ihn zogen, nicht unnötig zu belasten, aber stark genug, um unter Lasten bis zu 1200 Kilogramm nicht zusammenzubrechen. Um diesen Anforderungen gerecht zu werden, waren die meisten Wagen aus hartem Ahorn-, Hickory- oder Eichenholz gefertigt. Eisen wurde nur zur Verstärkung der Teile verwandt, die die größte Belastung aushalten mußten. Dazu gehörten die Reifen, die Achsen und die Diagonalstreben, die dazu dienten, das Fahrgestell des Wagens zu verbinden und ihm Stabilität zu verleihen.

Das einzige Zugeständnis an die Bequemlichkeit der Reisenden war die Plane, die sie – unzureichend genug – vor Regen und Staub schützte. Wenn es im Wageninneren in der Hochsommerhitze stickig heiß wurde, ließ sich die Plane zurückrollen. Die Mitfahrenden konnten auch insofern auf körperliche Ertüchtigung rechnen, als der Wagen keine Federung hatte und jeder, der laufen konnte, zu Fuß gehen mußte, sobald eine felsige Strecke bevorstand. Aber solche zwangsweisen Freiübungen konnten erfreuliche Unterbrechungen sein: Im Wagen gab es kaum Platz zum Sitzen; der meiste Raum wurde von der Fracht eingenommen, die für den Unterhalt der Emigranten während der Reise benötigt wurde und am Ziel der Fahrt zum Aufbau einer neuen Existenz dienen sollte. Ein Inventar typischer Artikel, die in einen Planwagen gestopft wurden, zeigen die folgenden Seiten.

Mit wachsender Erschöpfung der Ochsen mußte die Ladung verringert werden, und manches Familienerbstück blieb auf der Strecke. Aber von solchen Verlusten abgesehen, konnte ein Pionier, der, wie ein Reiseführer schrieb, „alle nötige und angemessene Sorgfalt unterwegs" übte, eine „berechtigte Hoffnung hegen, daß er das Ende der Reise heil und rechtzeitig erreichen wird".

Der Prärieschoner setzte sich aus drei Hauptteilen zusammen: dem Wagenkasten, dem Fahrgestell und der Plane. Der Wagenkasten war ein rechteckiger Holzkasten, gewöhnlich etwa 1,20 Meter breit und 3 bis 3,70 Meter lang. An seiner vorderen Schmalseite war ein Fahrerkasten angebracht, der Werkzeuge enthielt.

Das Fahrgestell bestand aus den Rädern, den beiden Achsen, der Kupplungsdeichsel, die diese verband, den Diagonalstreben, die die hintere Achse an der Kupplungsdeichsel und die vordere an der Wagendeichsel befestigten; und aus den Achsschemeln, auf denen der Wagenkasten auflag. An der Hinterachse hing ein Eimer mit Fett oder einer Mischung aus Teer und Talg zum Schmieren der Räder.

Die Plane aus Segeltuch oder Baumwollstoff war über einen Rahmen aus Hickory-Bögen gezogen und seitlich am Wagenkasten festgebunden. Sie stand an beiden Enden des Wagens ein Stück über und konnte zugezogen werden.

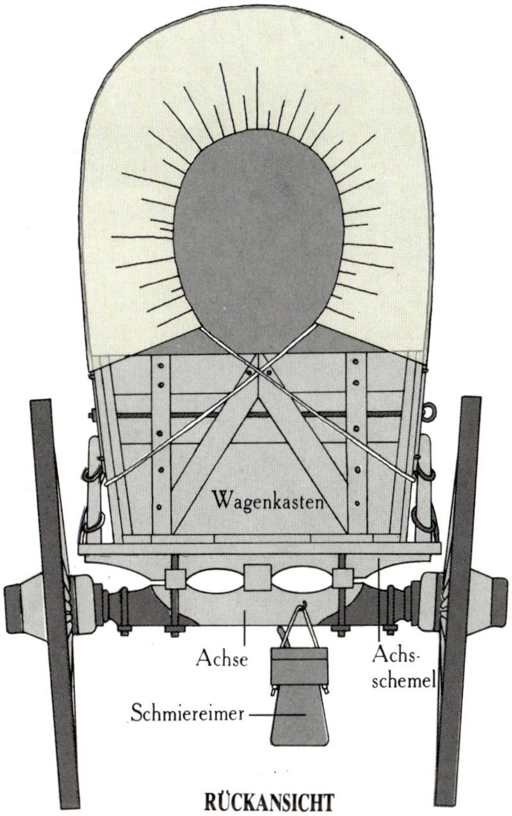

RÜCKANSICHT

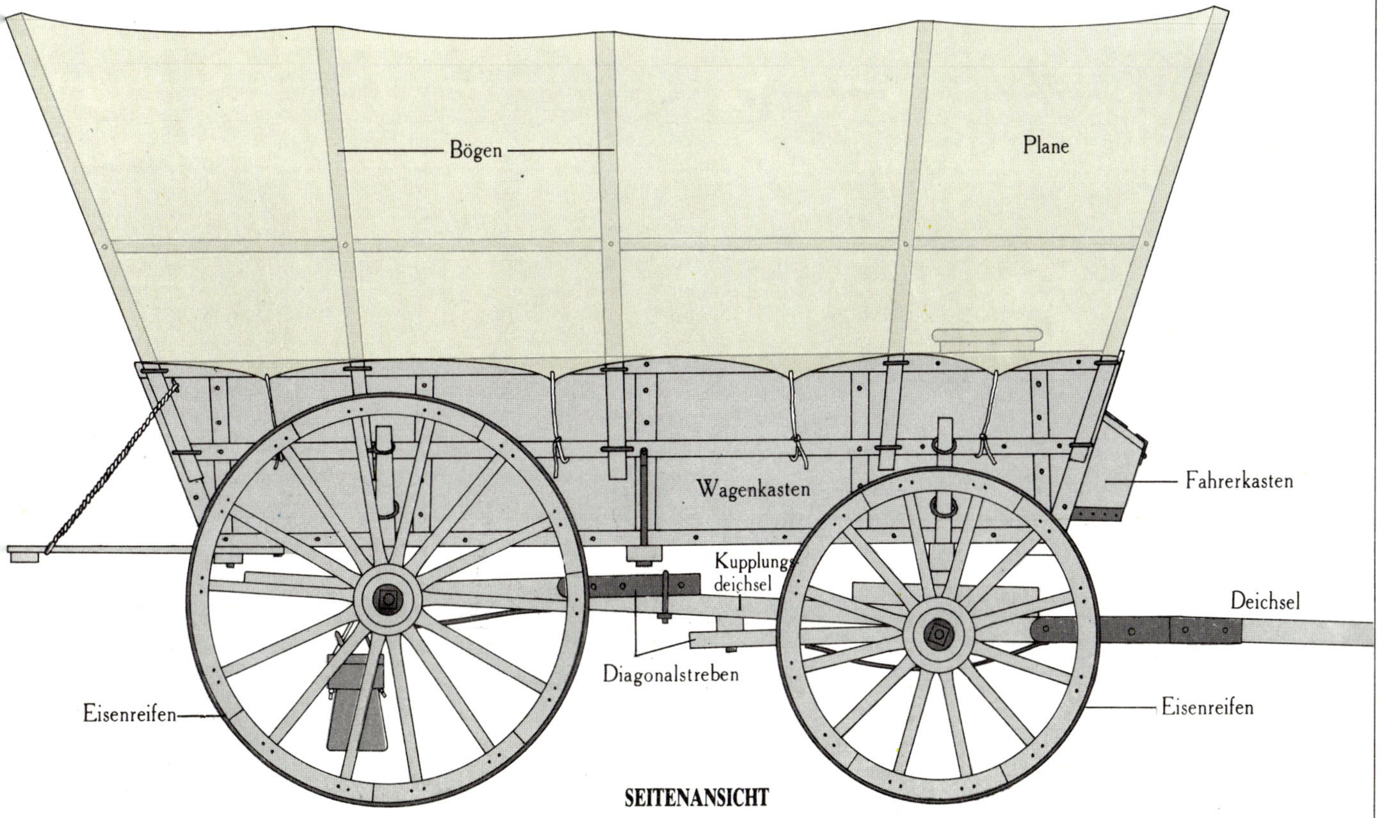

SEITENANSICHT

DIE BUNTE LADUNG DER PRÄRIESCHONER

Doppelflinte mit Perkussionsschloß

WAFFEN

Gewehr
Pistole
Messer
Axt
Schießpulver
Blei
Kugelgußformen
Pulverhorn
Kugelbeutel
Pistolenhalfter

BETTEN UND ZELTAUSRÜSTUNG

Wolldecken	Zelt
Federbetten	Stangen
Bodenplanen	Pflöcke
Kissen	Taue

Patchwork-Decke

LEBENSMITTEL

Mehl
Speck
Kaffee
Natron
Maismehl
Schiffszwieback
Bohnen
Dörrfleisch
Backobst
Melasse
Essig
Pfeffer
Eier
Salz
Zucker
Reis
Tee

KÜCHENUTENSILIEN

Dutch-Ofen	Fleischmesser
Kessel	Schöpfkelle
Bratpfanne	
Reflektor-Ofen	
Kaffeemühle	Zinngeschirr
Kaffeekanne	Wasserfaß
Teekanne	Streichhölzer

Dreifüßige Pfanne

Butterfaß

Homöopathischer Medikamentenkoffer von 1851

GEBRAUCHSGEGENSTÄNDE

Chirurgische Instrumente
Salben
Verbandszeug
Klappstuhl
Nachttopf
Waschschüsssel
Laternen
Kerzengußformen
Talg
Fernrohr
Schere
Näh- und Stecknadeln, Nähgarn

Uhr mit Messingwerk

KLEIDUNG

Wollstoff-Umhänge
Gummimäntel
Kattunkleider
Wollene Hosen
Wildlederhosen

Segeltuchhosen
Baumwollhemden
Flanellhemden
Baumwollsocken
Derbe Schuhe

Stiefel
Filzhut
Sonnenhut aus Palmblättern
Grüne Sonnenbrille
Haube

Mit Ochsenhaut bezogener Koffer

LUXUSGEGENSTÄNDE

Dosennahrung
Pflanzenstecklinge
Schulbücher
Musikinstrumente
Puppen
Familienalben
Schmuck
Porzellan
Silber
Feine Tischwäsche
Eisenöfen
Möbel

WERKZEUG UND EXTRAAUSRÜSTUNG

Satz Bohrer
Holzbohrer
Axt
Hammer
Hacke
Pflug
Schaufel
Spaten
Schleifstein

Jochbögen
Achsen
Achszapfen
Achsnägel
Ochsenhufeisen
Radspeichen
Wagendeichsel
Dicke Taue
Ketten

Ochsenjoch

Ein besonders beliebter Lagerplatz am Sweetwater lag an einem Granitfelsen, der als Independence Rock bekannt war, so genannt, weil durch ein zufälliges Zusammentreffen von Zeitplanung und deren Einhaltung viele Wagenkolonnen ihn gerade um den 4. Juli herum erreichten. Phoebe Judson feierte den *Fourth of July* hier 1853, indem sie „eine schmackhafte Pastete aus Steppenhuhn und Kaninchen mit einer fetten Soße“ zubereitete – mit „Hefeteig, so leicht wie eine Feder“. Korinthenkuchen und verschiedenes anderes Gebäck rundeten das Festessen ab, wenn Phoebe auch meinte, daß sie zu Hause natürlich etwas Üppigeres auf den Tisch gestellt hätte.

Der Independence-Felsen war berühmt. Tausende von Namen, Daten, Monogrammen und Initialen wurden ihm im Laufe der Emigrationsjahre eingeritzt oder aufgemalt, und wenige Pioniere ließen sich die Chance entgehen, selbst auch eine Inschrift hinzuzufügen. Schon 1841 sah ein Missionar, der die Namen einiger Pelzhändler entdeckte, die sie dort eingemeißelt hatten, die zukünftige Rolle des Felsens voraus und nannte ihn „Das Große Dokument der Wüste“.

In den Julinächten und morgens früh zitterten die Reisenden auf dieser Strecke des Trails vor Kälte. An einem Ort, der Ice Slough, das „Eisloch“, genannt wurde, 124 Kilometer westlich von Independence Rock, lag selbst in der Mittagshitze etwa 30 Zentimeter unter der Bodenoberfläche eine Eisschicht, und die Reisenden hackten sich große Stücke für ihre Wasserfässer heraus. Daß es mitten im Sommer Eis gab, ließ auf die Höhe schließen, die man jetzt erreicht hatte: etwa 2100 Meter. Es war dies der höchste Punkt des Trails, die Kontinentale Wasserscheide am sogenannten South Pass in den Wind River Mountains.

Für viele Pioniere war South Pass eine Enttäuschung, denn es zeigte sich keineswegs als die dramatische Schlucht, die sie sich vorgestellt hatten. Statt dessen verlief der Trail fast anmutig über einen breiten Wiesenbuckel und dann abwärts in Richtung auf den Pazifik. Die Reisenden konnten nicht einmal wirklich sicher sein, diesen Meilenstein erreicht zu haben, bevor sie nicht weitere sechs Kilometer bis zu einer Landmarke namens Pacific Springs zurückgelegt hatten. Dort feierten sie dann ihre Ankunft an der Ostgrenze des Territoriums von Oregon (was später die Westgrenze Wyomings werden sollte). Wildes Gebirge – die Sierra Nevada auf dem Weg nach Kalifornien, die Cascades von Oregon – lag noch zwischen ihnen und ihren Zielorten, aber für den Augenblick drängten sie diesen Gedanken zurück.

Nach einer Nachtruhe bei Pacific Springs rollten die Kolonnen weiter. In ein, zwei Tagen würden die Emigranten wählen müssen, welchem Trail sie nun weiter folgen wollten. Einige nahmen eine sichere, gut mit Wasser versorgte, aber zeitraubende Route, die südwestlich nach Fort Bridger abzweigte. Joel Palmer, der 1844 durch Fort Bridger kam, erschien es als „ein schäbiges Gebilde aus lehmverschmierten Pfählen“. Aber dort wohnte der Mountain Man Jim Bridger, ein Veteran der Wildnis, der durch die Rockies gezogen war, seit er 1822 auf das Arbeitsangebot einer Pelzhandelsgesellschaft eingegangen war. 1843 hatte er sein Fort gebaut, um mehr oder weniger seßhaft zu werden und ein paar Dollar zu verdienen, indem er Emigranten mit frischen Vorräten und ausgeruhten Ochsen versah. (In der Pioniersprache war ein „ausgeruhter Ochse“ einer, dessen Kräfte durch Ruhe und gute Weide wiederhergestellt waren; für ein angemessenes Entgelt tauschte Bridger einen solchen Ochsen für ein ausgemergeltes und erschöpftes Tier aus, das gerade über den South Pass gekommen war.)

Obwohl die Route über Fort Bridger gute Weidemöglichkeiten und genügend Wasser bot, erschien sie vielen Emigranten als sinnloser Umweg. Sie wählten eine Abkürzung – Sublette's Cutoff –, die schnurgerade über eine graslose, sonnenverbrannte, sich 80 Kilometer weit hinziehende Hochebene verlief. Das einzig erreichbare Wasser floß jenseits an ihrer Westseite im Green River. Die wagemutigeren Pioniere, die die Abkürzung nahmen, wanderten durch Spalten voller Geröll, Schluchten und ausgetrocknete Alkaliseen. Ihre Route war in den Reiseführern jener Tage nicht immer genau bezeichnet, aber wenige verirrten sich: Der Trail war deutlich markiert durch sonnengebleichte Knochen oder aufgedunsene Kadaver zurückgelassener Tiere. Aber das Schmelzwasser aus den Schneeregionen, das der Green River führte, hatte eine magnetische Anziehungskraft für die müden Ochsen, die den Treck überlebten; die letzten paar Kilometer zu dieser Oase legten sie in einem wilden, schwerfälligen Galopp zurück. Und wenn die Reisenden von dieser Abkürzung aus wieder auf den von Bridger's Fort kommenden Haupt-Trail stießen, hatten sie vor denen, die den Umweg gemacht hatten, einen Vorsprung von 140 Kilometern, das heißt von sieben Tagen.

Von dem Punkt aus, wo sich die Abkürzung wieder mit dem Haupt-Trail vereinigte, bewegten sich die Wagen in Richtung Nordwesten. 110 Kilometer und sieben Tage später kamen sie nach Soda Springs, wo das kohlensäurehaltige Quellwasser sogar als Treibmittel zum Brotbacken benutzt werden konnte. Einigen Reisenden schmeckte das Wasser wie Bier; es ergab, wie Alonzo Delano sagte, mit Zitronensirup und Zucker vermischt eine gute Limonade.

Gut 85 Kilometer hinter Soda Springs, in Fort Hall, das Nathaniel Wyeth gebaut hatte und das nun eine Niederlassung der Hudson's Bay Company war, kam es erneut zu einer Aufteilung der Wagenkolonnen – diesmal endgültig. Einige

Pioniere nehmen letzten Abschied von einem sterbenden Reisegefährten. Die Todesfälle auf dem Trail waren so zahlreich, daß die Emigranten zwischen dem Missouri und dem Willamette-Tal durchschnittlich alle 70 Meter ein Grab schaufeln mußten.

Meilen westlich von Fort Hall, am Raft River, zweigte der California Trail vom Haupt-Trail nach Oregon ab. Pioniere, die den Trail nach Kalifornien nahmen, bogen nach Südwesten ab, durch dürre, felsige Landschaft mit Beifußgestrüpp und Steppengras, in das furchterregende Great Basin von Utah und Nevada hinein. Schließlich erreichten sie nach einer Reise von 845 Kilometern – einem Monat – die Sierra Nevada, und wenn alles planmäßig ablief, überquerten sie die Berge vor den ersten Schneefällen des Winters.

Aber erst mußten sie das Great Basin durchqueren, einen tödlichen Landstrich. Isoliert, von Bergen umgeben, eine Fläche von etwa 520 000 Quadratkilometern, bildete es einen Kessel, in dem die weißen Salzablagerungen, hartgebrannte Lehmflächen und die Berge ringsum die Sonnenhitze wie Parabolspiegel reflektierten. Wie in einem riesigen Topf simmerte die Suppe des Salzsees, und der dickflüssige Humboldt River, der mehr träge dahinsickerte, als daß er floß, verschwand schließlich in einem dicken Schwamm von Alkalistaub. An diesem öden und unfruchtbaren Ort drohten auch die Hoffnungen vieler Pioniere zu versickern. „O Tage meiner Kindheit, wo seid ihr geblieben?" mochte sich mancher, elend vor Hunger, Durst und Müdigkeit fragen, der dort hindurchzog. In der erstarrten, schimmernden Landschaft westlich des Humboldt River mußte eine Frau „den ganzen Tag Staub statt Wasser schlucken", sie faßte ihre Erlebnisse in einem Satz zusammen: „Heute nachmittag habe ich mehr durchgemacht als die ganze Zeit vorher."

Paradoxerweise ermutigten die Agenten der Hudson's Bay Company in Fort Hall die Pioniere, die strapaziöse Route nach Kalifornien einzuschlagen. Das Motiv der Agenten war einfach und selbstsüchtig: Sie wollten die unvermeidliche Besiedlung des pelzreichen Oregongebietes

Die Pionierküche - Kunst der Improvisation

Zweimal täglich entfachten die Pioniere auf ihrem Weg nach Westen ein Feuer aus Bisonmist, Beifußgestrüpp oder Unkraut und bereiteten sich eine Mahlzeit zu. Brot, Speck und Kaffee bildeten die Grundlagen ihrer Ernährung, angereichert durch jegliche Art zufälliger Beute, die ihnen unterwegs in die Hände fiel: frisches Bisonfleisch (auch in Streifen getrocknet als *jerky* für zukünftigen Bedarf), Kaninchen oder Steppenhühner. Risikofreudige Köche experimentierten – nicht allzu erfolgreich – mit Dachs, Präriehund oder Klapperschlange. Selbst bei so einfachen Rezepten wie den folgenden, aus Berichten von Pionieren zusammengestellt und modernisiert, mußte oft genug improvisiert werden, wenn die Zutaten ausgingen.

Ein heimkehrender Jäger bereichert mit seiner Beute das bescheidene Abendessen der Pioniere.

BISONSTEAK

Etwas Fett in eine heiße Pfanne geben. Das Lendenstück oder Bisonsteak hineinlegen und anbraten. Dann bei niedriger Hitze wie Beefsteak durchbraten. Für die Soße 1 Eßlöffel Mehl in den Bratensatz rühren und bräunen lassen. Unter ständigem Rühren eine Tasse Milch zufügen und aufkochen lassen.

BISON-JERKY

Bisonfleisch in Faserrichtung in Streifen von 3 mm Dicke, 1,5 cm Breite und 5 bis 7 cm Länge schneiden. Im Herd über ein Gestell hängen und bei 95° C ganz durchtrocknen lassen. Zubereitung im Freien durch Aufhängen über einem Feuer oder auf Büschen in der Sonne.

PFANNKUCHEN

1½ Tassen Mehl und 1 Tasse Wasser gut vermischen. Den Teig mit gut bemehlten Händen auf einem Backbrett etwa einen halben Zentimenter dick ausrollen und in Quadrate von 5 cm schneiden. Rinderfett in einer Pfanne erhitzen und die Teigquadrate hineingeben. Langsam bräunen lassen. Nach Geschmack salzen. Ergibt etwa 20 Küchlein.

SODABROT

Für den Teig 1 Teelöffel Natron mit 1 Tasse warmem Wasser vermischen; 2¼ Tassen Mehl und 1 Teelöffel Salz hinzufügen. Gut durchkneten. Der Teig kann sofort verarbeitet oder zum Aufgehen über Nacht an einen warmen Ort gestellt werden. Etwa 2,5 cm dick ausrollen, auf ein gefettetes Blech legen und etwa 25 Minuten bei 200° C backen.

MORMONEN-MAISKUCHEN

2 Tassen gelbes Maismehl, ½ Tasse Weizenmehl, 1 Teelöffel Natron sowie 1 Teelöffel Salz vermischen. 2 Tassen Buttermilch und 2 Eßlöffel Melasse hineinrühren. Die Mischung in eine gefettete 22-cm-Form geben und etwa 20 Minuten bei 220° C backen. In 16 Teile schneiden. Für einen leichteren Kuchen 2 geschlagene Eier und 2 Eßlöffel geschmolzene Butter zu der Buttermilch fügen und etwa 25 Minuten backen.

APFEL-PIE AUS GETROCKNETEN ÄPFELN

Über Nacht 2 Tassen getrocknete Äpfel in Wasser einweichen. Das Wasser abgießen und die Äpfel mit ½ Tasse Zucker und je 1 Teelöffel gemahlenen Nelkenpfeffer und Zimt vermischen. Eine 20-cm-Form mit Teig auslegen, die Apfelmischung hineinschütten, 3 Eßlöffel Butterflöckchen darauf verteilen und mit einer Teigdecke belegen. In die Decke einige Einschnitte machen und bei 175° C etwa eine Stunde im Ofen backen, bis der Teig goldbraun ist.

so lange wie möglich hinauszögern. Aber ihre Warnungen vor der Route nach Oregon – ihren Beschreibungen nach eine beängstigende Folge gefährlicher Flüsse, feindlicher Indianer, von Hungersnöten und Winterstürmen – war auch nicht weit von der Wahrheit entfernt. Etwa 480 Kilometer der Strecke verliefen am hohen, von Felsbrocken übersäten Südrand des Snake River entlang. Allein um Trinkwasser zu holen, mußte man einen steilen Abhang in die Schlucht des Flusses hinunter- und dann mühsam wieder hinaufklettern: Wenn der Pionier endlich wieder oben war, war er schon wieder durstgeplagt. Dahinter erhoben sich die steilen Blue Mountains, ein gewaltiger Gebirgsriegel. Wenn diese Berge dann überquert waren, erwartete die Pioniere noch entweder eine gefahrvolle Fahrt von etwa 370 Kilometern auf Flößen oder Booten den Columbia hinunter oder der erschöpfende Landweg von etwa 400 Kilometern mit dem Wagen über die Cascades ins Willamette-Tal.

Der allerletzte Abschnitt der Reise strapazierte die Oregon-Emigranten oft – wie ihre Gefährten, die nach Kalifornien abgezweigt waren – bis an die äußersten Grenzen ihres Durchhaltevermögens. Die vielfachen Prüfungen dieser letzten Strecke des Trails mußten auch die noch so sorgfältig geplanten Expeditionen bestehen, einschließlich der sogenannten Großen Emigration von 1843, der ersten großen Emigrantenkolonne, die die gesamte Strecke von Missouri bis West-Oregon mit unbeschädigten Wagen zurücklegte. In dem riesigen Kontingent von 1000 Pionieren und 120 Wagen war auch der siebenjährige Jesse Applegate, der mit seinen Eltern, vier Brüdern, einer Schwester und zahlreichen Vettern, Tanten und Onkeln reiste. Ein Onkel Applegate, auch Jesse mit Namen, war für den Viehbestand der Kolonne zuständig und verfaßte später eine anschauliche Beschreibung des Tagesablaufes auf dem Trail *(S. 90–91)*. Die eigenen Erinnerungen des kleinen Jesse, etliche Jahre später aufgeschrieben, veranschaulichen aus der Perspektive eines kleinen Jungen die ständig zunehmenden Schwierigkeiten, mit denen die Emigranten zu kämpfen hatten, während sie sich ihrem Ziel näherten.

Die früheren Reiseabschnitte über die Prärien und die Rocky Mountains waren für den Jungen ein einziger großer Spaß gewesen, und anfangs sprudeln seine Erinnerungen voll Verwunderung und Aufregung. Die Indianer der Plains, „fröhlich und wild aussehend", hatten ihm Ehrfurcht, aber keine Angst eingeflößt. Der Kaminfelsen schien „an den Himmel zu stoßen". Mit nicht zu bremsender Fröhlichkeit hatte er Kleinkram mit Indianerkindern getauscht; er und andere Emigrantenkinder hatten eine „Schneeballschlacht" mit Bisonmist als Geschossen gemacht; und am Snake River hatten sie Felsblöcke über einen Abhang ins Flußbett hinunterrollen lassen, ein Spiel, das erst endete, als ein Felsbrocken ein Kalb getroffen und getötet hatte.

Aber als die Wagen den Snake River verließen, um über die Blue Mountains zu steigen, begann Jesse, die ernsteren Seiten der Reise zu begreifen. „Man mußte Holz schlagen und beiseite schaffen, um überhaupt einen Weg für die Wagen freizumachen", eine mühselige, kraftraubende Arbeit für alle. Das Wetter verschlechterte sich: „Wir wurden von einem Schneesturm überrascht, der die Aussicht sehr verdüsterte. Ich erinnere mich, wie ich durch Matsch und Schnee stapfte und schrecklich unter der Kälte und Nässe litt." Jenseits der Blue Mountains besserte sich Jesses Stimmung noch einmal für kurze Zeit: Die Reisenden fanden ein Schwarzdorngehölz voller saftiger Früchte, und Jesse „aß so ziemlich alles, was ich erwischen konnte".

Am 1. November erreichte die Reisegruppe Fort Walla Walla. Die Reise war nun fast zu Ende. Nur noch die schneebedeckten Cascades lagen zwischen den Reisenden und ihrem Ziel, dem Willamette-Tal. Aber die Hauptmasse der Gebirgskette erhob sich 1600 Meter über den Meeresspiegel, und ihr höchster Gipfel, der weiße Kegel des Mount Hood, ragte fast doppelt so hoch in den Himmel. 1843 gab es noch keine für Wagen befahrbare Route über dieses Hindernis. Aber der mächtige Columbia floß nicht weit von Fort Walla Walla, und die Applegates und andere beschlossen, den Wasserweg zu wählen. Sie gaben ihre Wagen auf, bauten große Holzboote und begaben sich auf den Fluß.

Diese Fahrt erwies sich als die schlimmste Prüfung von allen. Als die Pioniere ihre Flußreise begannen, waren sie von Missouri aus fast fünf Monate auf dem Trail unterwegs gewesen; vor ihnen lagen vier weitere Wochen, keineswegs etwa ruhiger wegen des Wasserweges. Ihre Energien waren erschöpft, ihre Vorräte fast zu Ende. Obwohl sie bei den Indianern Gemüse, Wurzeln und Flußlachse einhandeln konnten, schienen sie nie genug zu bekommen: „Emigranten waren immer hungrig", erinnerte sich Jesse. „Die Kinder, die in den Booten saßen, konnten sich stundenlang damit vergnügen, die fettige Seite der trockenen Lachshäute abzunagen. Ein Emigrant, der nicht hungrig war, wurde für krank gehalten."

Mehrere furchterregende Serien von Stromschnellen unterbrachen den Lauf des Columbia, und sie wurden vielen Pionieren zum Verhängnis.

Die Tragödie brach über die Applegates herein, nachdem sie schon mehrere Tage flußabwärts geschifft waren und sich der ersten Serie der Stromschnellen näherten. Jesse war in einem Boot mit seinen Eltern, seinem Onkel Jesse, seiner Tante Cynthia und einem angeworbenen indianischen Lotsen. In einem zweiten Boot fuhren Jesses 11jähriger

Die Strapazen der langen Reise sind diesen Pionieren anzusehen, die in den Ausläufern der Rockies pausieren. In der Mittagshitze spannten die Emigranten nach fünf harten Vormittagsstunden auf dem Trail oft ihre Wagen aus, tränkten das Vieh, aßen zu Mittag, ruhten sich aus und posierten manchmal für die Kamera.

Verzaubert von dem exotischen Tierleben auf den Plains, zeichnete ein unbekannter Emigrant diese Szene, in der Präriehunde Unterschlupf suchen, Eulen nach Beute spähen und eine Schlange sich an einem Bisonschädel vorbeiwindet.

Bruder Elisha, ein anderer Bruder, Warren, und ein Vetter, Edward Applegate, beide etwa neun Jahre alt, zwei kräftige Pioniere zwischen 20 und 30 Jahren und der 70jährige Alexander McClellan. Als die beiden Boote um eine Biegung des Flusses kamen, erblickte Jesse „vor uns eine Brandung, die in unterbrochenen Linien quer über den Fluß lief, und das Boot begann in schnellem Tempo voranzuschießen". Wenige Meter hinter sich sahen Jesse und seine Begleiter das zweite Boot, das keinen Lotsen hatte, in gefährliches Wasser zum gegenüberliegenden Ufer abdriften.

„Plötzlich hörte man Angstschreie und Kreischen, und in unserem Boot brach ein unbeschreibliches Durcheinander aus. Das Boot, das wir beobachteten, verschwand, und wir sahen die Männer und Jungen im Wasser kämpfen. Vater und Onkel Jesse, die sahen, daß ihre Kinder am Ertrinken waren, wollten aus dem Boot springen, um in einem verzweifelten Versuch zu ihnen hinzuschwimmen, als Mutter und Tante Cynthia mit Stimmen, die über dem Tosen des Wassers deutlich zu hören waren, kommandierten: ‚Männer, laßt die Ruder nicht los, sonst sind wir alle verloren!' Sie ergriffen gerade noch rechtzeitig die Ruder, um das Boot von einem Felsen wegzulenken."

Das andere Boot ging unter, kam noch einmal kurz an die Oberfläche und wurde dann von einem Strudel nach unten gezogen. Elisha konnte sich schwimmend in Sicherheit bringen, und die beiden jungen Männer wurden ans Ufer getrieben, von Bettendrillich über Wasser gehalten. McClellan hatte Vetter Edward auf ein Paar Ruder gesetzt und versuchte so, ihn schwimmend ans Ufer zu ziehen. Aber nach wenigen Minuten verließen ihn die Kräfte, und Mann und Junge verschwanden unter Wasser. „Der tapfere alte Soldat hätte sich selbst retten können, wenn er den Jungen im Stich gelassen hätte", schrieb Jesse, „aber das tat er nicht." Auch Jesses Bruder Warren wurde nie wieder gesehen.

Zerschlagen und voller Kummer setzten die Überlebenden ihre Fahrt ohne weitere Unfälle flußabwärts fort. Ende November 1843 erreichten sie Fort Vancouver und legten eine Ruhepause ein, bevor sie sich der großen Aufgabe zuwandten, nun ihre zukünftige Heimat in der völlig neuen Welt von Oregons Willamette-Tal aufzubauen.

Viele andere Pioniere verunglückten auf dem Columbia, und es mangelte nicht an Versuchen, andere Routen über die Cascades zu erschließen. 1845 überzeugte Stephen Meek, ein ehemaliger Pelzjäger, fast 200 Pionierfamilien, einen aufgegebenen Indianer-Trail durch die Berge südlich des Columbia einzuschlagen, der sie auf kürzerem Weg zu ihrem Ziel führen könne. Als die Expedition fast zwei Monate später wieder auftauchte, hatten etwa 75 Pioniere den Versuch der Überquerung mit dem Leben bezahlt; einige waren verhungert, andere vergifteten sich, indem sie alkalisches Wasser tranken. Ihre tödliche Abkürzung ging als „Meeks furchtbarer Trail" in die Geschichte ein. Aber schon im Jahr darauf stellten Arbeiter eine Wagenroute über die Berge südlich des Mount Hood fertig, die zur Standardroute der Emigranten nach West-Oregon wurde.

Wie der Hauptarm des Oregon Trail blieb auch die Abzweigung nach Kalifornien auf Jahre hinaus unsicher, und immer wieder versuchten Reisegruppen, einen besseren Weg nach Westen zu finden. 1846 reisten etwa 300 Pioniere über den California Trail südlich von Fort Hall den Humboldt River entlang und über die Sierra Nevada ins Sacramento-Tal. Obwohl Hunger, Durst und Erschöpfung sie plagten, erreichten die meisten ihr Ziel ohne ernste Unglücksfälle. Einer berühmt gewordenen Gruppe von Pionieren allerdings erging es schlechter.

George Donner, der nominelle Anführer der Gruppe, war kein gewöhnlicher Emigrant. Als wohlhabender Farmer in Illinois hatte er dreimal geheiratet, 13 Kinder gezeugt und war nun, im Alter von 62 Jahren, zu einem letzten großen Abenteuer nach Kalifornien aufgebrochen. Donner reiste mit seiner dritten Frau, der 45jährigen, zierlichen Tamsen, seinen fünf jüngsten Kindern und einem Gefolge von drei Wagen, 12 Paar Ochsen, fünf Sattelpferden, zahlreichem Milch- und Fleischvieh, mehreren angeworbenen Hilfskräften, einem Hund und 10 000 Dollar in Banknoten, die in eine Steppdecke eingenäht waren. Sein älterer Bruder Jacob, 65 Jahre alt, reiste mit ähnlichem Aufwand. Ein Nachbar aus Illinois, der Kaufmann James Reed, vervollständigte mit Frau, Schwiegermutter und vier Kindern diese Gruppe. Reed, ein kräftiger 46jähriger Mann, war ebenfalls ein Liebhaber komfortablen Reisens. Er führte in zwei Reservewagen ein Sortiment ausgesuchter Lebensmittel und Getränke mit und stattete seinen Wohnwagen luxuriös aus.

Die Donners und die Reeds machten jeden erdenklichen Fehler, den Reisende nur machen konnten. Sie überlasteten nicht nur ihre Wagen, sondern brachen auch zu spät auf und mußten sich beeilen, um noch den Anschluß an das äußerste Ende der 1846er Kolonne über die Plains zu erreichen. In Fort Bridger beschlossen sie dann, eine noch unerprobte Abkürzung nach Kalifornien zu nehmen.

Diese Entscheidung trafen sie aufgrund eines Reiseführers, der im Jahr zuvor von Lansford Hastings veröffentlicht worden war, einem eifrigen Werbetrommler für Kalifornien. Hastings Bestreben war, die schwache mexikanische Regierung Kaliforniens zu stürzen; er hoffte, genug Emigranten ins Land zu ziehen, um eine Revolution zu beginnen und eine unabhängige Republik mit sich selbst als Präsidenten zu gründen. Sein Reiseführer, der zum Auswandern anspornen sollte, war der erste Schritt in diesem Plan. Er ließ den Treck nach Kalifornien wie eine kleine Spritztour erscheinen.

Die Abkürzung, die Hastings empfahl, verließ den großen Oregon Trail bei Fort Bridger, schon erheblich vor der üblichen Abzweigung nach Kalifornien bei Fort Hall. Sie verlief direkt westlich über die Wasatch-Berge, hinunter ins Salt-Lake-Tal und durch das Great Basin und stieß am Humboldt River wieder auf den Standard-Trail nach Kalifornien. Auf diese Art sparte man fast 960 Kilometer. Hastings selbst hatte seine Abkürzung nach Kalifornien nicht ausprobiert; er war 1842 auf dem normalen Oregon Trail nach Westen gekommen. Er bezweifelte seine Auffassung jedoch nie, denn 1846 zog er auf der von ihm vorgeschlagenen Route nach Osten, Gepäck und Vorräte auf Lasteseln mit sich führend. Er hatte keinerlei Schwierigkeiten. Einige Wochen vor den Donners erreichte er Fort Bridger und überredete eine Gruppe von über 200 Emigranten mit 66 Wagen, an deren Spitze der in Indianerkämpfen erfahrene Captain George Harlan stand, ihm zurück nach Kalifornien zu folgen. Er war überzeugt, daß Wagen auf dem Weg nach Westen keine größeren Schwierigkeiten haben würden als seine Maultiere auf dem Weg nach Osten.

Hastings führte die Emigranten über das Wasatch-Gebirge durch die enge Schlucht des Weber River, eine so schmale und unberechenbare Strecke, daß die Wagen das Flußbett entlang geschoben und gezogen werden mußten. Die Reisenden schafften Felsblöcke zur Seite und schlugen Unterholz weg; als das Flußbett vollends unpassierbar wurde, hievten sie ihre Wagen mit Winden über die Steilufer. Langsam quälte sich die Wagenkolonne vorwärts.

Jenseits der Berge, im Great Basin, kamen sie noch schlechter voran. Zwei Tage lang zogen die Wagen durch die wasserlose Wüste. „Was für ein Anblick!" schrieb Samuel Young: „Die Sonne ging auf in aller Pracht, und ihre Strahlen wurden von der weiten, schneeweißen Salzfläche zurückgeworfen, und so weit das Auge reichte, war absolut nichts zu sehen, kein Grashalm, kein Wassertropfen. Ochsen versagten, legten sich einfach nieder, und einige von ihnen standen nicht wieder auf; andere wurden verrückt vor Durst und waren nicht mehr zu halten, bis sie schließlich vor Erschöpfung tot umfielen. Wagen wurden aufgegeben, bis es schien, als sei alles verloren."

Die Gruppe erreichte den Humboldt River drei Wochen nach den Pionieren, die die längere Route über Fort Hall

Eine Pioniergruppe kämpft sich bergauf, um die Rockies noch vor dem ersten Schnee zu überqueren. Vorn treibt ein Mann die Ochsen mit der Peitsche an, zwei andere schieben den Planwagen, und ein aufmerksamer Reiter gibt hinten acht.

genommen hatten. Sie durchquerten ein weiteres Wüstengebiet bis zum Fuß der Sierra Nevada, hievten die Wagen mit Winden über die Berge und kamen im Sacramento-Tal in Kalifornien an, als gerade der erste Schnee zu fallen begann. Wunderbarerweise war nur ein Toter zu beklagen.

Die Donners hatten weniger Glück. Als sie in Fort Bridger ankamen und hörten, daß Hastings selbst mit einer anderen Emigrantenkolonne auf der von ihm vorgeschlagenen Abkürzung unterwegs war, sahen sie keinen Grund, ihm nicht zu folgen. Inzwischen hatten sich viele andere Pioniere ihrer Gruppe angeschlossen, und am 31. Juli 1846 brachen sie auf, ein Kontingent von 74 Männern, Frauen und Kindern mit 20 überladenen Wagen.

Sie folgten den Wagenspuren von Harlans Gruppe ins Wasatch-Gebirge, wo sie auf 13 weitere Pioniere mit drei Wagen stießen, was die Zahl der Mitreisenden auf 87 erhöhte. Bald kamen sie in Schwierigkeiten. Sie verloren vier Tage bei dem Versuch, eine Zufahrt zur Weber-Schlucht zu finden, glaubten, daß sie unpassierbar sei, und kehrten um, um einen anderen Weg über die Berge zu suchen. Sie brauchten 28 Tage, um an den Great Salt Lake zu kommen, eine Strecke von etwa 80 Kilometern. Sie fuhren weiter.

Die Wüste verlangte einen schrecklichen Wegzoll von Donners Reisegruppe. Sie verschlang sechs kostbare Reisetage, tötete fast 100 Ochsen und zwang viele Emigranten – einschließlich des Luxus liebenden James Reed –, ihre Wagen und Vorräte aufzugeben. Als die Kolonne am 30. September den Humboldt River erreichte, war Harlans Gruppe schon mindestens 500 Kilometer weiter.

Für die sich auflösende Donner-Gruppe wurde es bedrohlich spät. Am Ende mit ihren Vorräten und mit ihrem Durchhaltevermögen, verzweifelnd angesichts der Strecke, die ihnen noch bevorstand, trugen die Emigranten noch durch ständige Zänkereien und Fehden zu ihrem Elend bei. Am 5. Oktober, am Ende eines brennend heißen Tages am Humboldt River, wallten die Feindseligkeiten über. In zwei Gruppen zog sich die Reihe der Wagen dahin, und im hinteren Teil peitschte John Snyder, ein junger Fuhrmann, den alle gern mochten, wütend auf zwei verhedderte Ochsen ein. John Reed, ebenfalls hinten, befahl ihm, aufzuhören. Snyders Ärger übertrug sich auf den neuen Gegner, und er bedrohte Reed mit seiner Rindlederpeitsche. Reed zog sein Jagdmesser. Auf diese Bewegung hin drehte Snyder seine Peitsche um und drosch mit dem dicken Ende des Griffs auf Reed ein. Reed stach das Messer in Snyders Brust; dieser brach zusammen und starb innerhalb weniger Minuten.

Die Zeugen dieses Zwischenfalls standen starr. Snyder war beliebt gewesen. Reed, obwohl stillschweigend als einer der Führer akzeptiert, hielt man für arrogant und indifferent. Mehrere Leute wollten ihn auf der Stelle hängen. Nach einiger Überlegung beschloß die Gruppe, Reed aus der Kolonne auszustoßen, und zwang ihn, seine mitreisende Frau und die vier Kinder zu verlassen.

Reed ritt voraus an die Spitze des Zuges, nahm dort einen Freund mit und machte sich auf nach Kalifornien. Da sie ohne großes Gepäck reisten, versuchten die beiden Männer, mit größter Geschwindigkeit den Anschluß an Harlans Gruppe zu erreichen. Oben in der Sierra gingen ihre Vorräte zu Ende. Schwach vor Hunger, kämpften sich die beiden Männer weiter über die Berge voran. Schließlich stolperten sie am 25. Oktober in den westlichen Ausläufern der Sierra in die Wagenburg der lagernden Harlan-Gruppe; sie hatten nur von wildwachsenden Zwiebeln, ein wenig Talg aus einem weggeworfenen Schmiereimer und einigen Bohnen gelebt, die irgendeiner auf dem Trail fallengelassen hatte. Vier Tage später erreichten sie Sutter's Fort im Sacramento-Tal. Hier ruhte Reed sich aus, um wieder zu Kräften zu kommen, und begann eine Expedition zu organisieren, die seine Familie holen und der übrigen Donner-Gruppe Lebensmittel bringen sollte.

Weit hinten auf dem Trail standen die Emigranten nun kurz vor dem Hungertod. Zwei Tage nach Reeds Ausstoßung fiel ein über 60jähriger Mann namens Hardkoop weit hinter die Kolonne zurück. Zu diesem Zeitpunkt hatten schon viele ihre Wagen aufgegeben, und Hardkoop war zusammen mit anderen Männern zu Fuß durch die Wüste gewandert. Zu schwach, um Schritt zu halten, und ohne jemanden, der bereit gewesen wäre, ihn in seinem Wagen mitzunehmen, war er einfach zusammengebrochen. Niemand hatte die Kraft, zurückzugehen und nach ihm zu sehen. Nach kurzer Besprechung beschlossen die Auswanderer, ihn aufzugeben und sterben zu lassen. Einige Tage später verweigerte Patrick Breen, Vater von sieben Kindern, William Eddy eine Tasse Wasser, die dieser für seinen dreijährigen Sohn und seine einjährige Tochter erbat. Eddy drohte, Breen umzubringen, und nahm sich das Wasser mit Gewalt. Zwei Tage später wandte Eddy sich an Mrs. Breen und an Mrs. Graves um Nahrung für seine halbverhungerten Kinder und wurde scharf zurückgewiesen.

Elf Wochen nach dem Aufbruch von Fort Bridger auf Hastings Abkürzung erreichten die zerschlagenen Überbleibsel der Donner-Gruppe die üppigen Wiesen am Oberlauf des Truckee River im Ostschatten der Sierra Nevada. Es war der 20. Oktober, und früher Winterschnee leuchtete auf den Gipfeln der Sierra vor ihnen. Die Reisenden ließen ihr abgemagertes Vieh fünf Tage lang grasen und bereiteten sich dann auf die letzte große Anstrengung, die endgültige Überquerung der Berge, vor.

Margaret Reed, glücklich wiedervereint mit ihrem Mann James, hat sich von den Strapazen der Donner-Tragödie erholt. Reed wurde vor der Katastophe von der Gruppe ausgestoßen; später verdiente er als Immobilienmakler in Kalifornien ein Vermögen.

Der Trail führte etwa 80 Kilometer in die Hügellandschaft hinein und stieg dann unmittelbar hinter dem Truckee-See zu seinem höchsten und schwierigsten Punkt am Truckee-Paß an – die letzte große Barriere zwischen den Emigranten und dem Sacramento-Tal. Es war eine Frage auf Leben und Tod, diesen Paß zu überqueren, bevor weitere Schneefälle alles Vorankommen unmöglich machten.

Die ersten drei Familien, die am Truckee-See ankamen, waren die von Patrick Breen, William Eddy und Lewis Keseberg. Am 31. Oktober lagerten sie am See in drei Zentimeter Schnee und versuchten am nächsten Morgen, den Paß zu bewältigen. Um die Nachmittagszeit wateten sie durch eineinhalb Meter hohe Schneewehen und kamen nicht mehr voran. Sie kehrten zum See zurück und schlugen ein Lager auf; die Breens zogen in eine verlassene Hütte, die frühere Pioniere gebaut hatten. Ein kalter Regen fiel.

Den ganzen nächsten Tag regnete es in Strömen. Nach Einbruch der Dämmerung erreichte eine zweite Wagengruppe das Lager am Seeufer. Mit ihr kam auch Charles T. Stanton, ein kleiner, beherzter 35jähriger Junggeselle, der einige Wochen vorher nach Sutter's Fort vorausgeritten und nun mit Lebensmitteln, Maultieren und zwei indianischen Cowboys als Führer zurückgekehrt war. Am Morgen des 3. November wurde unter Stantons Führung ein zweiter Versuch unternommen, den Paß zu erklimmen. Aber der Sturm, der den Regen über den See gebracht hatte, hatte den Trail weiter oben mit noch mehr Schnee verstopft, und bald nach dem Aufbruch versanken die Wagen in Schneewehen. Die Gruppe kämpfte sich zu Fuß weiter voran, fast jeder Erwachsene trug ein Kind. Nur Stanton und ein Indianer erreichten die Paßhöhe, aber sie stiegen wieder hinab, als sie sahen, daß die anderen es nicht schaffen würden. Am Abend erhob sich ein neuer Sturm. Halb erstarrt verbrachte die Gruppe die Nacht neben einem Baum, den sie angezündet hatte. Am Tag darauf machte sie ihre Wagen wieder flott und zog zum Truckee-See zurück.

Es war nun klar, daß sie sich einigeln mußten, und eine wilde Bautätigkeit begann. Neben der alten Hütte, die die Breens weiterhin für sich beanspruchten, wurde ein Anbau errichtet, und in der Nähe entstanden zwei Doppelhütten, kleine Holzbauten mit einer Bedachung aus Kuhhäuten.

Inzwischen kämpfte der letzte Teil der Wagenkolonne acht Kilometer entfernt bei Alder Creek mit seinen eigenen Schwierigkeiten. In dieser Gruppe waren George Donner, sein Bruder Jacob, ihre Familien und Hilfskräfte und eine Witwe, Mrs. Wolfinger – im ganzen 21 Personen. An George Donners Wagen war eine Achse gebrochen. Als er eine neue fertigen wollte, hatte er sich seine Hand mit einem Meißel verletzt; mit einem Achselzucken versuchte er über die Wunde hinwegzusehen, aber sie wollte nicht heilen. Der Sturm, der die Vorhut auf ihrem Lagerplatz am See durchweicht hatte, überraschte auch Donners Gruppe am Alder Creek. Eilig errichteten sie zwei Zelte, zwei Hütten aus Buschwerk, über die sie Decken und Kleidungsstücke legten, und ein Indianer-Tipi. Darin verkrochen sie sich und beschlossen, an Ort und Stelle auszuharren.

Zwei Wochen lang fiel der Schnee. Als er endlich aufhörte, nahmen die Emigranten am Truckee-See mehrere verzweifelte Anläufe, über den Paß zu kommen. Aber sie schafften es nicht; sie waren auf der Rückseite der kalifornischen Berge gefangen und würden wahrscheinlich den ganzen Winter dort bleiben müssen. 81 Personen saßen jetzt in den zwei Lagern fest, 41 davon waren Kinder.

Auch auf der Westseite der Berge schneite es, wo John Reed, der jetzt einen Rettungstrupp anführte, versuchte, mit Nahrungsmitteln aus Sutter's Fort nach Osten über den Paß zu gelangen. Als die Retter sich durch die immer höher werdenden Schneewehen kämpften, flüchteten ihre indianischen Führer mit drei Lastpferden. Bald brachen alle anderen Lastpferde vor Erschöpfung zusammen und verendeten im Schnee; dann versagten die Reitpferde. Eine Zeitlang mühten sich die Männer noch zu Fuß vorwärts, ein einziges Maultier trug ihre übriggebliebenen Vorräte. Aber bald erkannten sie, daß es sinnlos war, weiterzumachen. Sie kehrten zum Fort zurück, wo Captain John Sutter – der nicht mehr Leute hatte, die er hätte schicken können – sie mit der Versicherung tröstete, daß die Donner-Gruppe mit dem Fleisch der Ochsen und anderer Tiere überleben könne.

Aber im Dezember war die Situation in den beiden Lagern düster genug. Das Vieh, unbewacht, war davongelaufen und im tiefen Schnee umgekommen. Die Kadaver waren unauffindbar. Das Fleisch, das noch übrig war, würde kaum über Weihnachten reichen. Einige Tassen Mehl wurden

Ohne Wagen kämpfen sich Mitglieder der Donner-Reisegruppe bergan in einem zweiten vergeblichen Anlauf, einen verschneiten Sierra-Paß zu überqueren. Zwei Männer erreichten die Paßhöhe, kehrten aber um, um die anderen nicht allein zu lassen.

Am Truckee-See rüstet sich der erste Teil der Donner-Reisegruppe, in drei hastig errichteten Blockhütten mit Ochsenfellbedachung und einer vierten, von früheren Emigranten gebauten Hütte *(hinten rechts)* den harten Winter durchzustehen.

gehütet, um eine dünne Suppe für die Kleinkinder zu machen, und etwas Zucker, Tee und Kaffee waren noch da, aber kein Salz. Die Forellen im See bissen nicht an. Das Wild hatte sich zurückgezogen. Eddy, ein 28jähriger Emigrant aus Illinois, schoß an einem Tag einen Coyoten, am nächsten eine Eule. Dann verwundete er einen Baren und schlug ihn mit dem Gewehrkolben tot, als er ihn angriff. Das meiste davon war schnell verschlungen. Die Eingeschlossenen begannen, Häute auszukochen – selbst die, die sie als Bedachung benutzten – und die Brühe daraus zu trinken. In einer Hütte schnitten Kinder eine Pelzdecke in Stücke, rösteten sie und aßen sie auf. Im Lager am Alder Creek tropfte unaufhörlich Wasser in die Zelte und Zweighütten und löschte die Feuer, die die Bewohner warm halten sollten.

Der vorrückende Winter brachte weitere Stürme und noch weniger zu essen. Allmählich begann der Tod unter den Abgeschnittenen umzugehen. Der 24jährige Baylis Williams starb als erster am 15. Dezember. Tags darauf unternahmen einige Leute aus dem Lager am Truckee-See einen weiteren verzweifelten Versuch, den Paß zu überwinden.

Zehn Männer, fünf junge Frauen und zwei Jungen brachen mit Schneeschuhen auf, die sie aus ungegerbtem Leder und den Hickory-Halsbögen der Ochsenjoche angefertigt hatten. Sie hatten eine Decke pro Mann, ein Gewehr, ein paar Pistolen, ein Beil und fingerbreite Fleischstreifen – genug für sechs Tage, wenn jeder dreimal täglich nur zwei Streifen aß. Stanton und seine beiden Indianer führten, begleitet von Eddy, dem 57jährigen „Onkel Billy" Graves und den anderen. Am ersten Tag schafften sie nur sechseinhalb Kilometer. Ein Junge, der 11jährige Billy Murphy, und ein Fuhrmann kehrten um, aber Billys Bruder Lemuel, 12 Jahre alt, kämpfte sich weiter voran.

Auf wunderbare Weise gelangte die Gruppe über den Paß zu einem offenen Abhang. Aber der klare Himmel und die baumlose Weite brachten den Reisenden nur weitere Qualen: Die Sonne auf dem Schnee blendete sie. Stanton, am schlimmsten von der gleißenden Helligkeit betroffen, begann zurückzufallen. Am Morgen des sechsten Tages – des letzten, für den sie noch Nahrung hatten – saß Stanton noch am Lagerfeuer, als die anderen schon aufbrachen. Gefragt, ob er fertig sei, antwortete er: „Ja, ich komme gleich.“ In Wirklichkeit konnte er nicht mehr weiter und wollte seine Gefährten nicht aufhalten. Er starb neben der Feuerstelle.

Die anderen gingen weiter. Eddy ernährte sich von einem halben Pfund Bärenfleisch, das er, versteckt in seinem Gepäck, entdeckt hatte, zusammen mit einer Notiz von „Deiner Dich liebenden Eleanor“. Seine Frau hatte sich selbst und ihre Kinder beraubt, um ihm diese zusätzliche Verpflegung mitgeben zu können.

Im Lager am See, wo das letzte Vieh geschlachtet und verzehrt war, nagten die zusammengekauerten Familien an gekochtem Leder und Knochen, mit Pfeffer gewürzt. Margaret Reed, 32 Jahre alt, tötete den Hund der Familie, Cash, um für ihre vier Kinder etwas zu essen zu haben.

Inzwischen quälte sich der Schneeschuh-Trupp die Westseite des Gebirges hinunter. Mehrere Tage lang waren sie gänzlich ohne Nahrung. Und jetzt begann eine Reihe grausiger Ereignisse, die in scharfem Kontrast zu Stantons ruhigem Heroismus auf dem Trail und Mrs. Eddys Nahrungsopfer für ihren Mann standen. Durch diese Vorkommnisse sollte die Donner-Gruppe einen einzigartigen Platz in den Annalen der Emigrantenbewegung erhalten.

Am Heiligabend starben während eines Schneesturms zwei Mitglieder der Schneeschuh-Vorhut an Kälte und Hunger. Mit seinen letzten Worten drängte einer von ihnen, Onkel Billy Graves, seine Töchter, seinen Körper zu essen. Am nächsten Tag, am Weihnachtstag, starb Pat Dolan. Die 11 Überlebenden verkrochen sich unter ihre Decken, halb wahnsinnig vor Hunger, aber noch unfähig, sich zu dem letzten Schritt zu überwinden und Menschenfleisch zu essen.

Am Nachmittag darauf legte sich der Sturm, und der gefürchtete Schritt wurde getan. Die Überlebenden konnten einander nicht ansehen, als sie anfingen, Fleischstreifen aus Dolans Körper zu rösten und zu essen. Nur Eddy und die beiden Indianer nahmen nicht teil. Die anderen trockneten, was sie nicht aufessen konnten, um es für später aufzuheben. Nach vier Tagen gaben Eddy und die Indianer ihrem wütenden Hunger nach und aßen einige der Streifen.

Die Gruppe kämpfte sich weiter voran. Am 26. Dezember starb der junge Lem Murphy, und kurz nach Neujahr folgte ihm Jay Fosdick. Die Hinterbliebenen zerlegten die Körper und aßen sie. Noch vorher hatte William Foster vorgeschlagen, die beiden Indianer umzubringen, um ihr Fleisch zu bekommen. Der entsetzte Eddy warnte die Indianer, und sie verschwanden. Dann schlug Foster vor, eine der Frauen zu töten. Bevor er seine Drohung wahrmachen konnte, gelang es Eddy, einen Rehbock zu schießen. Die Reisenden schnitten das Fleisch auf und trockneten es über einem Feuer; dann wanderten sie weiter. Am Trail fanden sie die beiden halbtoten Indianer liegen. Foster, der jetzt ganz offensichtlich schon geistesgestört war, zögerte kaum, bevor er sie erschoß und ihre Körper ausschlachtete. Danach lagerten Eddy und drei der Frauen immer abseits von Foster.

Am 17. Januar 1847 humpelte der bis zur Unkenntlichkeit ausgemergelte Eddy in eine amerikanische Siedlung am Ostrand des Sacramento-Tals. Seine ihm verbliebenen Gefährten hatten sich schon vor vielen Kilometern am Trail niedergelegt, um zu sterben. Eine Rettungsmannschaft von einer nahe gelegenen Ranch zog los, um sie zu suchen – Eddys blutige Fußspuren zeigten ihr den Weg –, und brachte sie mit. Von den 17 Menschen, die das Lager am See einen Monat zuvor verlassen hatten, leben nur noch zwei Männer, Eddy und Foster, und die fünf Frauen.

Jetzt wurden umfangreiche Rettungsmaßnahmen eingeleitet, um die Emigranten, die noch bei Alder Creek und am Truckee-See (später in Donner-See umbenannt) in den Lagern warteten, zu erreichen. Am 4. Februar überquerte der erste einer Reihe von Rettungstrupps die Berge in östlicher Richtung. Eddy, dessen Frau und zwei Kinder am See zurückgeblieben waren, brach mit der Rettungsmannschaft auf, aber die furchtbaren Wochen hatten ihn so geschwächt, daß er umkehren mußte. Zwei Wochen später erreichte der Trupp das Lager am See mit Paketen voller Nahrungsmittel. Eine Frau wankte aus einer der Hütten und rief: „Seid ihr aus Kalifornien oder vom Himmel?“

Die Lage in den beiden Lagern war tatsächlich grauenhaft. Dreizehn Menschen waren gestorben, darunter Eddys Frau und Tochter. Im Lager am Creek waren Jake Donner und drei der vier Hilfsleute tot. George Donner lag im Sterben; seine verletzte Hand war gangränös geworden. Viele der Lebenden schienen sich auf der Grenze zum Irrsinn zu bewegen. Im Lager am See hatte man sich an den Kannibalismus so gewöhnt, daß Patrick Breen als kurze Zwischenbemerkung neben Notizen über das Wetter in seinem Tagebuch festhielt: „Mrs. Murphy sagte hier gestern, daß sie wohl mit Milt anfangen und ihn essen würde.“

Die Retter machten sich mit 21 Personen auf den Rückweg – so vielen, wie sie ohne Risiko mitnehmen konnten. Die couragierte Tamsen Donner weigerte sich, ihren sterbenden Mann George allein zu lassen. Mrs. Reed mußte ohne ihren Sohn Tommy mitgehen, der noch zu schwach für den Weg war. Die kleine Patty Reed blieb bei ihm, um ihn zu versorgen.

Auf der Hälfte des Abstiegs über den Westhang der Sierra begegnete der erste Rettungstrupp einer zweiten Mannschaft unter der Führung von James Reed. Nachdem er seine Frau und die beiden Kinder umarmt hatte, die sie hatte mitnehmen können, setzte Reed seinen Weg nach Osten fort.

Die zweite Mannschaft nahm 17 weitere Überlebende aus den beiden Lagern mit, die meisten von ihnen Kinder. Aber sobald sie den Paß überquert hatten, wurden sie von einem Schneesturm überfallen, der sie zwei Tage und drei Nächte festhielt. Das Feuer, das sie gemacht hatten, sank viereinhalb Meter tief in den Schnee. Dann gingen ihnen die Lebensmittel aus, und Reed schrieb in sein Tagebuch: „‚Hunger, Hunger!' schreien die Kinder, und nichts da, was man ihnen geben könnte. ‚Wir frieren!' rufen die Mütter. Die Nacht bricht schnell herein, und mit ihr wird der Hurrikan stärker." Der fünfjährige Isaac Donner starb. Und als der Sturm sich endlich legte, konnte Reed die Familien Breen und Graves nicht zum Aufbruch bewegen. Er mußte sie im Schnee zurücklassen, wo sie sechs Tage blieben, bis sie von einem dritten Rettungstrupp aus Kalifornien gefunden wurden. Bis dahin waren auch Elizabeth Graves und ihr fünfjähriger Sohn Franklin gestorben. Körperteile von ihnen fanden die Retter in einem Topf kochend, als sie schließlich auf sie stießen, und Elizabeths kleine Tochter jammerte kläglich neben dem halbverschlungenen Leichnam ihrer Mutter.

Zu diesem Rettungstrupp gehörten Eddy und William Foster, die sich jetzt von ihrer schrecklichen Reise nach Sutter's Fort erholt hatten. Beide hatten kleine Söhne im Lager am See zurückgelassen – aber sie kamen zu spät, um sie zu retten. Lewis Keseberg, ein Deutscher, der erst zwei Jahre vorher nach Amerika ausgewandert war und der bei weitem die meiste Bildung in der Donner-Gruppe besaß, sagte den Männern, was aus ihren Jungen geworden war: Er hatte sie, so sagte er, gegessen. Eddy und Foster nahmen George Donners drei Kinder mit und kehrten schnell wieder um. Donner, der nicht mehr gehen konnte, blieb zurück, um dort zu sterben; Tamsen blieb bei ihm. Lavina Murphy, fast erblindet, blieb bei Keseberg, dessen Frau schon der erste Rettungstrupp mitgenommen hatte.

Als die vierte Rettungsmannschaft Mitte April die Hütten am See erreichte, war der einzige Überlebende, den die Männer dort noch antrafen, der gespenstische Keseberg; er lag neben einem Topf, in dem die Leber und Lungen eines kleinen Jungen simmerten, während ganze Ochsenbeine, vom schmelzenden Schnee jetzt freigegeben, unberührt in seiner Nähe lagen. Das Rindfleisch, erklärte er seinen Rettern, war „zu trocken zum Essen".

Von den 81 Reisenden, die in der Nacht zum 31. Oktober östlich des Passes ihre Lager aufgeschlagen hatten, überlebten insgesamt nur 47. Eine der Überlebenden war die junge Virginia Reed, die später einer Cousine zu Hause einen Brief mit folgendem präzisen Rat für künftige Reisen nach Westen schrieb: „Nimm niemals eine Abkürzung und beeile dich, sosehr du irgend kannst."

Überlebende der Donner-Katastrophe tauchen aus ihrer unter Schneemassen begrabenen Hütte auf, als der erste von vier Rettungstrupps das Lager am See erreicht. Für einige kam jede Hilfe zu spät. Ein Mann notierte: „Starker Frost gestern nacht; 7 Männer kamen gestern mit Vorräten aus Kalifornien."

4 Endlich am Ziel

Wenn ihr Wettlauf mit den Wüsten, Flüssen und Bergen schließlich gewonnen war, verwandelten sich die Emigranten in Siedler auf der Suche nach den Wohltaten des Gelobten Landes. Aber die Suche zog sich lange hin, und manche harte Realität strafte idyllische Visionen des Siedlerlebens wie die auf der Seite links Lügen.

Das erste Problem, das die Ankömmlinge zu bewältigen hatten, war die Wahl des Ortes, an dem sie sich niederlassen und ihr Heim bauen wollten – eine Aufgabe, die immer schwieriger wurde, da mehr und mehr Emigranten ins Land strömten. Viele der Pioniere, die nach Oregon wollten, kamen gerade zu Beginn der Regenperiode an und mußten sich auf ihrer Suche durch Meilen von Morast hindurchquälen. Die mühsame Sucherei wurde noch durch den geschwächten Zustand der Zugtiere verlangsamt, deren Kräfte der Überlandtreck aufgezehrt hatte. Die Familien, ihrer Planwagen gründlich überdrüssig, mußten dennoch wochenlang in ihnen wohnen bleiben, während sie ihre Blockhütten bauten, was schon an sich keine einfache Sache war. Lebensmittel waren knapp, denn das Wetter lud nicht zur Jagd ein, und die Männer hatten sowieso wenig Zeit dafür übrig. Da die Siedler alles überflüssige Gepäck auf dem Trail hatten abwerfen müssen, besaßen sie kaum mehr Kleidung als die, die sie auf dem Leib trugen; und das Angebot an Stoffen in Oregons wenigen Läden war spärlich genug. Es gab jedoch auch Vorzüge. Ein Pionier schrieb: „Ich habe noch nie eine so anständige Bevölkerung erlebt wie in Oregon. Sie waren ehrlich, weil es nichts zu stehlen gab; nüchtern, weil es keinen Alkohol gab; Geizhälse gab es nicht, denn es gab kein Geld; und sie waren fleißig, weil es hieß: Arbeiten oder verhungern."

Auffällig gutgekleidete Kinder begrüßen auf dieser Lithographie von Currier & Ives, dem süßlichen Phantasieprodukt einer Künstlerin im fernen New York, die von unwahrscheinlich erfolgreicher Jagd zurückkehrenden Siedler.

Erschliessung eines unberührten Landes

An einem klaren Sonntagmorgen im April 1843 machte Gustavus Hines, ein Oregon-Siedler, einen Spaziergang am bewaldeten Südufer des Columbia. Hines, 34 Jahre alt und Mitglied der Methodistenmission im nahen Willamette-Tal, wurde von Einsamkeit und Zweifeln geplagt. Unter einem wilden Apfelbaum, der sich über den Fluß beugte, ließ er sich nieder, um auszuruhen und seine Phantasie weit zurück bis nach Hause, nach New York, schweifen zu lassen, das er vor vier Jahren verlassen hatte. Wie er später seinem Tagebuch anvertraute, dachte er weniger an seine Familie und Freunde, die er dort zurückgelassen hatte, als an die Freuden und Bequemlichkeiten der Zivilisation, von denen ihn hier die Breite eines ganzen Kontinents trennte: „. . . an geschäftige Städte mit ratternden Rädern und Hufgetrappel auf dem Pflaster; an lächelnde Dörfer und Städtchen mit ihren schönen befestigten Straßen; an Eisenbahnen und Dampfschiffe; an Kirchen, die man zu Gottes Ehre erbaut hatte."

Gus Hines kehrte mit einem Schaudern zur Gegenwart zurück. „Ich fand mich umgeben von der Stille des Todes", schrieb er, „nur das Gemurmel des trüben Wassers des Columbia war zu hören, der unter mir vorbeifloß." Er war „ein freiwillig Verbannter in einem Land der Dunkelheit".

Dasselbe Gefühl des Isoliertseins, das an Gus Hines nagte, bedrückte auch andere frühe Siedler im pazifischen Nordwesten. Waren die paar Amerikaner, die in Kalifornien lebten, eine winzige Minorität im Vergleich mit der dort ansässigen Gemeinde spanischsprechender Viehzüchter, so hatten die ersten Pioniere im ausgedehnten Oregongebiet buchstäblich überhaupt keine Nachbarn. Im Jahre 1840 zählte die Bevölkerung dieser Gegend, Indianer und Pelzhändler nicht mitgerechnet, nur 200 Menschen.

Aber neue amerikanische Siedler begannen ins Land zu strömen – bald sollten es Tausende sein. Die fast überirdische Stille der pazifischen Wälder sollte widerhallen vom Klang der Äxte und Sägen, vom Brüllen des Viehs und dem Knirschen der Pflüge. Bevor das Jahrzehnt verstrichen war, hatten die Pioniere das Land mit Weizenfeldern und Milchfarmen überzogen, Sägemühlen gebaut, Städte gegründet, eine Regierung gebildet und den Nordwesten in eine der reichsten und blühendsten Provinzen Amerikas verwandelt.

Das immense Vakuum des Oregongebiets zog in jenen frühen 1840er Jahren bei weitem den größten Zustrom an Pionieren an. Allein seiner Größe nach erschien das Land überwältigend: 650 000 Quadratkilometer unberührter Waldflächen, Berge, Hochebenen und Prärien. Seine einzigen Siedlungen waren die Hauptniederlassung der Hudson's Bay Company bei Fort Vancouver, einige Handelsposten der Gesellschaft im Landesinnern und einige verstreute protestantische und katholische Missionen. Im Gegensatz zu Kalifornien, wo 300 Jahre spanische Besiedlung das Land wohnlich gemacht hatten, war das Oregongebiet von jeglicher Zivilisation unberührt. Nirgends sonst schien die Wildnis so rauh und einsam, nirgends sonst begannen die Pioniere ihr Aufbauwerk so aus dem völligen Nichts.

Die Kulisse hätte nicht großartiger sein können. Die meisten Ankömmlinge wollten ins große Willamette-Tal, ein breites Prärie- und Waldgebiet südlich des Columbia River, begrenzt von der hohen Kette der Cascade Range im Osten und dem Küstengebirge im Westen. Der fruchtbare alluviale Boden und das freundliche Klima des Tals brachten unglaublich reiche Ernten hervor und inspirierten ähnlich üppige Siedlerprosa: „Stell dir ein immergrünes Tal von 240 Kilometern Länge und 65 Kilometern Breite vor", sagte ein Siedler, „einen schiffbaren Fluß, der mitten hindurchfließt von einem Ende zum anderen, mit zahlreichen Nebenflüßchen zu beiden Seiten, deren kleinere aus den Ausläufern der Berge, deren größere vom waldigen Gebirge herabströmen, das reiche Ackerland des Tals, das in günstiger Folge abwechselt mit Wald und Weideland, und unzählige Quellen reinen, weichen Wassers." Aufs Ganze gesehen war es „das schönste Arme-Leute-Land der Erdkugel". Auf dem Willamette River, der von den Cascades herab bis zum

Ein robuster Oregon-Siedler hält inne bei der Arbeit, um seinen Durst zu stillen – eine idealisierende Darstellung aus dem Jahre 1868 von Vater und Sohn beim gemeinsamen Roden der Wildnis um das neuerrichtete Heim der Familie herum.

Zusammentreffen mit dem Columbia jenseits von Fort Vancouver floß, schwammen weiße Schwäne, und Seehunde tummelten sich mit den Gezeiten in seiner Strömung. Rotwild, Grizzlybären und Vielfraße lebten in den Wäldern, Waldhühner und Wachteln nisteten im Gebüsch, und Lachs, Forelle und Stör bevölkerten in großer Zahl die Gewässer.

Nie wurde der Sommer drückend heiß oder der Winter zu kalt. Im Januar und Februar fiel leichter Schnee, schmolz aber schnell wieder. Öfter regnete es – ein durchdringendes Nieseln, das Ende Oktober begann und nicht mehr aufzuhören schien. „Manchmal sah man zwanzig Tage hintereinander die Sonne nicht", schrieb Peter Burnett, ein 36jähriger autodidaktischer Rechtsanwalt aus Missouri, der 1843 nach Oregon auswanderte. Aber das feuchte Klima war ein Segen für die Farmer. „Die reichlichen Regenfälle machen die Erde der Felder fruchtbar und halten sie immer frisch und produktiv", bemerkte Burnett.

Die Fruchtbarkeit des Bodens war schon getestet worden, bevor 1843 die ersten Siedler ankamen. Fast zwei Jahrzehnte lang hatte die Hudson's Bay Company um Fort Vancouver herum Ackerbau betrieben und Vieh gehalten, um ihre Pelzjäger zu versorgen. Die Resultate waren so überzeugend – 136 Tonnen Weizen wurden allein 1837 geerntet –, daß die Gesellschaft überschüssiges Mehl, eingesalzenes Rindfleisch, Schinken und Butter nach Alaska exportierte und dort an die Russen verkaufte. Als die Emigranten ins Land zu strömen begannen – die meisten von ihnen kamen mit den Oktoberregenfällen an und hatten ihre sämtlichen Vorräte auf dem Trail aufgebraucht –, konnte die Gesellschaft sie mit vorgestreckten Lebensmitteln und Vorräten über den Winter und bis zur nächsten Ernte bringen.

Weitere Hilfe für die Neuankömmlinge kam von den Methodistenmissionen im Willamette-Tal. Jason Lee, der stämmige Geistliche, der 1834 mit der ersten Missionarsgruppe über Land getreckt war, herrschte jetzt über eine blühende Methodistenkolonie in der Nähe von French Prairie, einem 72 Kilometer aufwärts am Willamette River gelegenen Ort. Die Mission hatte flußabwärts bei Willamette Falls einen Laden eröffnet, wo die Siedler Korn, Kleidung und einige dringend benötigte Werkzeuge kaufen konnten. 1843 gab es in Willamette Falls auch schon einen Blechschmied, einen Grobschmied, eine Sägemühle, eine Getreidemühle und ein Dutzend Häuser – alles zusammen Oregons größter Ort, der damit natürlich Anspruch auf einen großartigen neuen Namen erhob: Oregon City.

Aber auch eine Stadt von zwölf Häusern und eine philanthropische Hudson's Bay Company konnte nicht alle Bedürfnisse der etwa 1000 Pioniere erfüllen, die 1843 nach Oregon strömten, oder der 2000, die im Jahr darauf kamen,

Siedler ziehen den letzten behauenen Baumstamm über zwei Balken hoch – dann stehen die Wände dieses neuen Heims in Idaho. Nachbarn kamen meilenweit, um bei solchem Hüttenbau zu helfen, der innerhalb eines Tages beendet sein konnte. Der Besitzer aber hatte vorher schon Wochen mit solchen Vorbereitungsarbeiten zugebracht, wie Stämme zu behauen und zum Bauplatz zu schleppen.

Ein Ochsengespann, Veteranen der langen Reise nach Westen, bei der Arbeit in der rauhen Wildnis Oregons, wo es mit seiner Muskelkraft ein Feld von schweren Felsblöcken befreit, das seine Besitzer, Pioniere, für die Frühjahrsaussaat vorbereiten.

noch der 3000 im übernächsten Jahr. In den meisten Fragen waren die Pioniere auf sich selbst gestellt. Eine schwerwiegende Tatsache jedoch wirkte sich zu ihren Gunsten aus: Sie waren Amerikaner mit einer Pioniervergangenheit. Was sie taten, hatten vor ihnen auch schon ihre Eltern getan.

Jeder, der sich auskannte, wußte, daß zum Beispiel ein Applegate-Junge in allen Pionierfragen fit war: einer der Gründe dafür, daß Jesse Applegate in der Wagenkolonne von 1843 durch demokratische Wahl die Viehherde anvertraut worden war *(S. 90–91)*. Sein Vater, Daniel Applegate, war Pfeifer bei George Washingtons Soldaten im Revolutionskrieg gewesen. Nach dem Krieg emigrierte seine Familie in das damalige westliche Frontier-Gebiet Amerikas, Kentucky. 1820 zog Daniel mit seiner eigenen Familie weiter nach St. Louis. Seine Söhne – Jesse, Charles und Lindsay – begannen am westlichen Rand von Missouri das Land zu bebauen. Und jetzt waren sie hier, mit Frauen und Kindern, um Oregons Willamette-Tal zu besiedeln.

Aber wie die anderen Oregon-Pioniere stellten sich die Applegates jetzt einer viel größeren Herausforderung als je zuvor. Durch 3200 Kilometer Wildnis von jeglicher Zivilisation getrennt, waren sie völlig auf sich selbst angewiesen und hatten mit dem auszukommen, was das Land ihnen gab. Und anfangs gab es ihnen wenig genug. Aus Mangel an nahezu allen Werkzeugen und Geräten konnten Arbeiten, für die man normalerweise nur eine oder zwei Wochen brauchte, zu Monaten schwerster Schufterei werden. Die Herausforderung lag weniger darin, eine glorreiche Zukunft in einem neuen Land aufzubauen; sie lag schlicht darin, den ersten Winter zu überleben.

Die Applegates hatten es glücklicher getroffen als die meisten Pioniere in jenem ersten Winter 1843, denn sie fanden eine fertige Unterkunft vor. 32 Kilometer südlich von Willamette Falls entdeckten sie drei leerstehende Blockhütten, die Jason Lee ein Jahrzehnt zuvor für sein erstes Missionszentrum gebaut hatte. Lee hatte die Gegend längst verlassen und einen größeren Komplex in Salem errichtet. So zogen die Applegates hinein. Einige andere Siedler lebten bereits in der Nähe, und Lindsay Applegate erhielt von einem von ihnen den Auftrag, ein Boot zu bauen.

Lindsay nahm seine Bezahlung für diese Arbeit in Naturalien, die hauptsächlich aus Schweinefleisch und Erbsen bestanden. Sein siebenjähriger Sohn Jesse erinnerte sich später, „eine Stunde oder länger in einem riesigen Faß Erbsen herumgewatet zu sein", und bemerkte, daß seine Nachbarn ausschließlich davon zu leben schienen.

Im nächsten Herbst zog Lindsay mit seiner Familie flußabwärts, baute seine eigene Hütte und rodete ein Stück Land. Er hatte etwas Weizen mitgebracht, der auf den Feldern der verlassenen Mission gewachen war und nun in Mehl zum Backen verwandelt werden sollte. Mit drei Sack Weizen machte sich Lindsay auf den Weg durch die Wälder zur nächstgelegenen Getreidemühle, die der Methodistenmission in Salem gehörte. Er brauchte eine Woche, um die Mission zu erreichen, sein Korn zu mahlen und mit drei Säcken Mehl zurückzukehren. Am nächsten Morgen erwachte der kleine Jesse von Pfannkuchenduft. „Das war das zweite Mal, daß ich vollkommene Seligkeit empfand", schrieb er später. Das erste Mal war im Herbst davor, als Jesse den köstlichen Geruch gebratenen Specks im Haus des Missionars einsog, der die Applegates zu ihrer ersten richtigen Mahlzeit im Willamette-Tal eingeladen hatte.

Den meisten Siedlern aber stand zunächst die elementare Aufgabe des Hausbaus bevor. Sie besaßen nur die allereinfachsten Werkzeuge, dazu eine grenzenlose Bereitschaft, unendliche Mengen von Schweiß zu vergießen. „Wochen harter Arbeit waren nötig, um Bäume zu fällen, das Buschwerk zu beseitigen und den Bauplatz vorzubereiten", erinnerte sich Charlotte Cartwright, die 1845 ankam. „Bäume wurden in der richtigen Länge zugeschnitten und ein Ende des Stammes mit der Zimmeraxt glattgehauen und eingekerbt, so daß man sie an den Ecken zusammenfügen konnte und sie fest aufeinanderlagen. Für die Fußböden wurden Stämme gespalten und mit dem Breitbeil geglättet." Roh zugehauene Hölzer als Sparren auf unbehauenen Stämmen bildeten das Dach. Dann kamen die Feinarbeiten: „Kamin und Schornstein wurden aus Reisig gebaut und innen wie außen mit einer dicken Lehmschicht verschmiert. Die Fenster waren eine Art Schiebetüren in der Wand, ohne Glas." Die Türen bestanden aus mit Pflöcken verbundenen groben Planken und hingen in hölzernen oder ledernen Angeln; manchmal wurde eine Bisonhaut vor die Tür gehängt, um die Winterkälte abzuhalten.

Mit demselben Erfindungsreichtum bauten die Pioniere auch eine Grundausstattung an Möbeln. Ein Schaukelstuhl aus Ohio konnte die Überlandreise überleben, aber der eichene Eßtisch war wahrscheinlich an irgendeiner Steigung abgeworfen worden. Ein neuer Tisch wurde aus schweren Planken gebaut, die mit Holzpflöcken verbunden wurden. Ein Bett wurde normalerweise in eine Hüttenecke eingebaut und hatte ein Bein als Stütze. „Große Mengen Moos, das man von den Bäumen abstreifte, ergaben gute Matratzen", berichtete ein Siedler. „Mit Bisonfellen und Wolldecken zusammen waren das bequeme Betten."

Gewöhnlich wurden als Geschirr dieselben Zinnteller benutzt, die schon auf dem Weg nach Westen gedient hatten. Sie waren fast unersetzlich. Matilda Sager Delaney, die im Jahre 1844 ausgewandert war, erinnerte sich an einen Mann, der, „um nicht den Verlust seiner Teller zu riskieren, diese an den Tisch nagelte. Wenn er sie abwaschen wollte, drehte er den Tisch auf die Seite, nahm den Besen und heißes Wasser und wusch sie gründlich."

Ein großes Problem, entdeckten die Siedler, war die Kleidung. In Oregon wuchs keine Baumwolle, und noch gab es auch keine Schafe, die man hätte scheren können. Stoffe für Kleidungsstücke waren selten und teuer. Jesse Applegates Tante Melinda versuchte mit mäßigem Erfolg, das Haar von Wölfen und Coyoten zu Garn zu verspinnen. „Wölfe konnte man nicht lebend scheren", schrieb Jesse, „und ein Mann konnte in einem Monat nicht genügend erlegen, um einen Pullover zu machen."

Öfter zerschnitten die Siedler Zelte und Wagenplanen zu Mänteln, die mit Fellen oder Stoffresten gefüttert wurden. Oder sie nahmen Zuflucht zum alten Behelf der Mountain Men – dem Wildleder. Aber das erwies sich alles andere als ideal in dem ewig feuchten Klima Oregons, erinnerte sich der kleine Jesse Jahre später: „Die Hosen nahmen nach wiederholtem Durchnässen und Trocknen eine starre Form an, die unveränderbar war. Diese Mißgestaltung trat nicht in Erscheinung, solange ein Mann saß – was aus eben diesem Grund seine bevorzugte Haltung war; aber wenn er stand, erschien es dem an diesen Anblick noch nicht gewöhnten Auge, als habe er sich noch nicht ganz erhoben."

Pionierkinder gingen in Oregon barfuß, genau wie viele Erwachsene auch, wenn ihr auf dem Trail zerfetztes Schuhwerk nicht mehr zu reparieren war. Peter Burnett erinnerte sich, daß seine alten Stiefel, nachdem er 1,2 Hektar Land gepflügt, Weizen eingesät und das Feld umzäunt hatte, „ihren Geist aufgaben, und ich hatte keine Zeit, nach Ersatz zu suchen. In der ersten Woche waren meine Füße sehr wund; aber dann bekamen sie eine Hornhaut, so daß ich ohne alle Beschwerden arbeiten konnte und fast auf alles treten konnte, außer auf Dornen." Schließlich beschloß Burnett, für sich und seine Familie Schuhe anzufertigen. Das Rindleder,

War ihre bescheidene Hütte gebaut und ihr Land gerodet, begannen die Neuankömmlinge in Oregon mit dem Bau eines Zaunes, um das Vieh beisammenzuhalten. Hier fällt ein Mann einen Baum, während die anderen die Latten zusammensetzen.

das er benutzte, war nur oberflächlich gegerbt, so daß das Leder innen noch roh war. „Um die Schuhe weich genug zu halten, damit man sie tagsüber tragen konnte", schrieb er, „mußte man sie jede Nacht in Wasser einweichen."

Hätte er die Zeit und das Geld gehabt, um die Rekordpreise für die Importwaren zu zahlen, hätte Burnett nach Fort Vancouver oder Oregon City reisen können, um dort Schuhe, Stoff, Werkzeug oder Lebensmittel einzukaufen. Aber für eine Familie in der Wildnis bedeutete so ein Markttag eine Reise von 50 Kilometern oder mehr pro Hin- und Rückweg. Eine Hausfrau, die ihre letzte Nähnadel verlor, mußte vielleicht Monate warten, ehe ihr Mann die Zeit fand, ihr eine neue zu besorgen.

So lernte die Pionierfrau zu improvisieren. Sie kochte Seife aus Tierfett und Lauge. Sie gewann Farbstoff aus Baumrinde, brühte Tee aus Salbeiblättern und verkochte Karotten mit Zuckersirup zu Marmelade. Ein Zucker-Zwiebel-Gemisch wurde zu Hustensirup; in Wasser aufgelöstes Schießpulver diente als nützliches Augenwasser, und der ausgepreßte Saft einer Zwiebel, die in Tabakblätter eingewickelt im Ofen gebacken worden war, wurde bei Ohrenleiden angewandt. Wenn Pionierkinder sich erkälteten oder Fieber bekamen, rieb ihre Mutter ihnen die Haut mit Gänsefett und Terpentin ein, was ein Standardmittel für alle möglichen Beschwerden zu sein schien. „Es war der typische Geruch eines Klassenzimmers", erinnerte sich ein Siedler.

Diese Hausmittel müssen zumindest eine Zeitlang ihre Wirkung getan haben. William Allen, ein Arzt, kam 1851 nach Oregon City, schon eine ganze Weile nach den ersten Emigranten, in der Hoffnung, eine Praxis eröffnen zu können. Aber niemand schien seine Dienste zu brauchen. „In Oregon gibt es kaum Krankheiten", klagte er. „Ich bin der Meinung, daß die Leute hier aus Altersschwäche sterben; aber sie sagen, daß sie erst nach Osten übers Gebirge gehen müssen, um überhaupt zu sterben." Um seinen Unterhalt zu verdienen, gab der Azt bekannt, daß er auch bei Tanzvergnügen als Violinspieler zur Verfügung stände.

Irgendwann mußte aber auch der genügsamste Siedler einmal in die Stadt. Dort verkaufte er überschüssigen Weizen oder tauschte ihn gegen Werkzeug, Stoffe und Lebensmittelvorräte ein. Und selbst in den frühen Jahren fand er die Preise erschreckend hoch, oft drei- oder viermal so hoch wie zu Hause in den Staaten üblich. Joel Palmer, der 1845 eine Wagenkolonne als Captain über den Oregon Trail geführt hatte, besichtigte auch Oregon City, bevor er wieder nach Osten aufbrach, um seine Familie nachzuholen. Als wirtschaftlich denkender Mann nickte er zustimmend, als er einen Handwerker zerbrochene Gebisse von Pferdegeschirren zu Küchenartikeln einschmelzen sah; aber er war empört darüber, daß „ein gewöhnliches grobes Baumwolltaschentuch, das man in Cincinnati für fünf oder zehn Cent haben kann, *fünfzig* Cent kostete". Einige Jahre später notierte Dr. Allen sein Erstaunen über die Preise in Oregon City: Mehl 31 Dollar der Zentner, Butter ein Dollar das Pfund, Eier ein Dollar das Dutzend.

Nur wenige Siedler hatten genug Geld, um das zu bezahlen. Tatsächlich war Bargeld so rar, daß jeder tauschte – die wichtigsten Tauschartikel waren Weizen und Wolldekken. Oft waren die Gegenstände, nach denen ein Siedler suchte, einfach nicht zu bekommen. Peter Burnett hatte in seiner Eigenschaft als Frontier-Anwalt ein Guthaben von 49 Dollar bei einem Gemischtwarenladen in Oregon City verdient; er beschloß, es sich in Waren auszahlen zu lassen, da der Ladenbesitzer, wie alle, kaum Bargeld hatte.

„Herr Richter, im Moment habe ich leider kaum etwas anzubieten", sagte der Ladeninhaber zu Burnett. „Ich würde vorschlagen, daß Sie warten, bis meine neuen Waren aus Honolulu ankommen."

Burnett stimmte zu, und als die Schiffsladung drei Monate später schließlich eintraf, kam er mit einer Liste dringend benötigter Dinge zurück. Er berichtete über das Gespräch mit dem Kaufmann:

„Ich fragte ihn, ob er irgendwelche Satinstoffe habe? Nein. Kaliko? Nein. Irgendwelchen braunen Baumwollstoff? Nein. Ich fragte ihn, was er denn habe. Er sagte: Werkzeug."

Widerstrebend kaufte Burnett für 13 Dollar Werkzeug – nichts davon stand auf seiner Einkaufsliste – und bemerkte, daß es doppelt soviel kostete, wie man in Fort Vancouver dafür verlangte. Jetzt bekam er es „satt, solche Preise für Artikel zu zahlen, die ich gar nicht brauchte", und fragte den Ladenbesitzer, „ob er braunen Zucker habe und zu welchem Preis. Er sagte: reichlich, zu zwölfeinhalb Cent das Pfund." Der Preis schien angemessen, und so ließ sich Burnett den Rest seines Guthabens in Zucker auszahlen und „ging nach Hause in dem Gefühl, genug Zucker für lange Zeit zu haben", nämlich 288 Pfund.

Neben den materiellen Bedürfnissen gab es noch etwas anderes, wonach sich jeder Siedler in den einsamen Wäldern Oregons sehnte: die Gesellschaft anderer Menschen. Unter Umständen wanderte eine Pionierfamilie sonntags meilenweit durch die Wälder, um am Gottesdienst einer der Missionen teilzunehmen – ein Anlaß, der Frömmigkeit mit der Gelegenheit verband, mit anderen Pionieren über die Ernte und sonstige Vorkommnisse zu schwatzen. Als die Besiedlung des Tales allmählich dichter wurde, versammelten sich an Samstagabenden die Familien, die in erreichbarer Nähe wohnten, wenn alle Pflichten erledigt waren, im Haus eines Siedlers zu einer Runde Virginia Reels und anderen Tänzen.

Entscheidender für die Entwicklung eines Gemeinschaftsgefühls war die Bildung einer Regierung. Oregons erste zivile Körperschaft entstand aus einer Art spontanem *Town Meeting* und hatte, wie alles im Leben der Siedler, provisorischen Charakter, der die Bedürfnisse des Augenblicks widerspiegelte.

Die Versammlung entwickelte sich aus einer Beerdigungsfeier, die 1841 im Methodistenzentrum in Salem stattfand. Einer der frühesten Siedler, Ewing Young, hatte bei seinem Tod beträchtlichen Besitz, aber keine bekannten Erben hinterlassen. Als die Pioniere überlegten, was mit dem Eigentum, das sowohl großen Landbesitz als auch Viehbestand umfaßte, geschehen sollte, führte die Diskussion zu grundsätzlicheren Fragen. Auf das Drängen der Missionare hin, die entschlossen waren, die amerikanischen Interessen im Tal zu wahren, wurde eine Resolution verfaßt, die „den Entwurf einer Verfassung und eines Gesetzeskodex für die Regierung der Siedlungen südlich des Columbia“ forderte. (Nördlich des Flusses übte die in britischem Besitz befindliche Hudson's Bay Company de facto die Rechtsprechung aus.) Jason Lee wurde zum Präsidenten und Gustavus Hines zum Sekretär des Projektes gewählt.

Am nächsten Tag wurde die Versammlung fortgesetzt, erweitert durch neue Mitglieder: eine Gruppe franko-kanadischer Pelzjäger, ehemalige Angestellte der Hudson's Bay Company, die sich in French Prairie angesiedelt hatten. Mit ihnen kam eine Gruppe katholischer Priester aus einer Mission in der französischen Siedlung. Dokumente wurden herumgereicht, und alle kamen überein, zu einem noch festzusetzenden Zeitpunkt eine Verfassung auszuarbeiten.

Die folgenden beiden Jahre gingen die Siedler ihrer normalen Beschäftigung nach. Dann versammelten sie sich Anfang 1843 erneut, diesmal, um eine Treibjagd gegen die Wölfe, Bären und Pumas zu organisieren, die ihr Vieh bedrohten. Die Wolfstreffen, wie sie genannt wurden, führten im Mai zu einer Versammlung in Champoeg in der Nähe von Willamette Falls, von wo aus Weizen aus dem Tal verschifft wurde. Wiederum erhoben die amerikanischen Siedler die Forderung nach Gründung einer Regierung. Die französischen Siedler mit ihrer ehemaligen Bindung an die Hudson's Bay Company hielten sich zurück. Zwei Parteien zeichneten sich ab: für eine Regierung und dagegen. Nach langen Auseinandersetzungen rief Joe Meek, ein stämmiger Mountain Man, nach einer Abstimmung. Einem Augenzeugenbericht zufolge zog Meek mit einem Stock eine Linie auf der Erde und rief: „Alle, die für eine Organisation sind, hierher!“ Von den 102 anwesenden Männern überschritten

Zwei Pionierjungen stehen vor ihrem stabilen Zuhause in der Wildnis – komplett mit Fenstern, einem Dach aus Zedernschindeln und einem massiven steinernen Kamin. Der Schornstein bestand aus Reisig, das mit Lehm verschmiert worden war.

Zum Lob der Pionierfrau illustrierte eine Zeitschrift im Osten einige ihrer zahlreichen Pflichten. Klagen über ihr Los waren selten und kurzgefaßt: „Gebuttert und gebacken, gewaschen und gebügelt", schrieb eine und fügte hinzu: „Sehr müde."

PFLÜGEN

MAISAUSSAAT

52 den Strich und gründeten damit – mit einer Stimme Mehrheit – Oregons erste offizielle Regierung.

Dann entwarfen die Siedler ein Staats-Grundgesetz, eine Verfassung und einige grobgefaßte Gesetze. Zu den wesentlichsten vorgesehenen Punkten gehörte Religionsfreiheit, das Recht auf Gerichtsverfahren und das Verbot von Sklavenhaltung, öffentlichen Gebäuden und Steuern. Schließlich mußte man doch Steuern zulassen, aber da Bargeld knapp war, genügte die Zahlung in Weizen.

Von größter Wichtigkeit für jeden Siedler war, daß eine Regelung für das Beanspruchen von Landbesitz verabschiedet wurde. Die meisten frühen Pioniere hatten bei ihrer Ankunft in Oregon einfach ein passendes Stück Wildnis gerodet und angefangen, es zu bebauen. Keine Grenzen wurden festgelegt, nichts wurde irgendwo amtlich eingetragen, es gab keinerlei Begrenzung, wieviel Land ein Mann beanspruchen konnte. Jetzt entwarfen die Pioniere, um ihren Landbesitz zu legitimieren, ihr eigenes äußerst großzügiges Gesetz über den Landbesitz. Jedem wurde eine Quadratmeile zugebilligt – 256 Hektar –, vorausgesetzt, er steckte das von ihm beanspruchte Land ab, ließ es registrieren und baute innerhalb von sechs Monaten dort eine Hütte.

Auf den Champoeg-Versammlungen und den folgenden Treffen wurde der Besitzer des Missionsgeschäftes in Oregon City, George Abernethy, zum ersten Provisorischen Gouverneur gewählt. Jesse Applegate wurde nach seiner Ankunft mit der 1843er Viehkolonne Mitglied der Gesetzgebenden Versammlung, ebenso Peter Burnett. Burnett erhielt später einen Sitz am Obersten Gericht des Bundesstaates.

Ein Problem, für das die neue Regierung keine Lösung zu finden schien, waren die Schwierigkeiten mit den Indianern. Zuerst hatte echte Freundlichkeit zwischen den meisten Siedlern und ihren indianischen Nachbarn geherrscht. Indianer erschienen an den Hüttentüren, um Pelze und Lachse im Austausch gegen Tabak und Schießpulver anzubieten. Indianerkinder begannen nach und nach, die Missionsschulen zu besuchen. Der kleine Jesse Applegate und sein Bruder Elisha lernten, sich im Chinook-Dialekt mit ihren indianischen Spielgefährten zu unterhalten.

Aber als mehr und mehr Pioniere nach Oregon kamen, die Wildnis zurückdrängend und das Land beanspruchend, entstanden unvermeidliche Reibungsflächen und Animositäten. Der Frieden wurde unsicher und zerbrechlich, und die Siedler im Hinterland, vom Schutz anderer Weißer abgeschnitten, wurden immer gereizter. Eine Mrs. Comstock, die im Umpqua-Tal wohnte, bekam eines Mittags in den 1850er Jahren einen furchtbaren Schreck, als sie aufsah und einen Indianer erblickte, der sie unbeweglich durch die offene Hüttentür anstarrte. Sie war allein mit ihrer einjährigen Tochter Mary Lettie. Sie reagierte schnell, schob den Eßtisch in Sichtweite der Tür und deckte ihn für vier Personen. Dann, „ohne den mürrischen Kerl draußen auch nur im geringsten zu beachten, ging ich zur Haustür und rief: ‚Essen ist fertig!' " Der Indianer sprang eilig davon.

SPINNEN

WASCHEN

Einfache Neugierde mag den Indianer an Mrs. Comstocks Tür geführt haben, und die meisten Zwischenfälle westlich der Cascades endeten ähnlich unsensationell. Aber in den einsamen, verstreuten Siedlungen östlich der Cascade Range war es einige Jahre zuvor zu einer spontanen Orgie von Blutvergießen gekommen. In den 1840er Jahren gab es nur drei einsame amerikanische Enklaven auf den großen, öden Hochflächen dieses Gebietes. Alle drei waren vom *American Board of Commissioners for Foreign Missions* mit der ausdrücklichen Absicht gegründet worden, den Indianern Gotteslehre und Zivilisation näherzubringen. Eine der Siedlungen, in der Südostecke des heutigen Staates Washington gelegen, wurde von dem energischen Dr. Marcus Whitman und seiner Frau Narcissa verwaltet.

Nach seinem wegweisenden Wagentreck nach Oregon 1836 hatte sich Whitman für seine Mission einen Platz bei den Cayuse-Indianern auf dem Nordufer des Walla Walla River ausgesucht, 35 Kilometer stromaufwärts von der Stelle, wo er in den Columbia mündete. Verglichen mit den fruchtbaren Tälern westlich der Cascades, war das Land öde – Beifußflächen, verstreute Pappelwäldchen und Grasprärien. Die Cayuse nannten es Waiilatpu – „den Ort des Raigrases". Marcus baute eine einfache Holzhütte mit einer Küche, einem Kamin, zwei kleinen Schlafzimmern und einer Vorratskammer. Dann zogen er und Narcissa für den Winter dort ein. Am 14. März 1837 brachte Narcissa ein Mädchen zur Welt, Alice Clarissa.

Die Trailgefährten der Whitmans, Henry und Eliza Spalding, bauten ihre Mission 180 Kilometer östlich in Lapwai, einem ebenso unwirtlichen Landstrich, und machten sich daran, Gottes Wort unter den intelligenten und aufnahmewilligen Nez-Percé-Indianern zu verbreiten. Zwei Jahre später, 1839, schickte das Missionskomitee aus Boston eine weitere Predigergruppe, die bei den Spokane-Indianern weit nördlich von Waiilatpu eine dritte Mission gründeten.

Der wichtigste Außenposten war jedoch immer die Missionsniederlassung der Whitmans in Waiilatpu, die von den dreien dem OregonTrail am nächsten lag. Als immer mehr Pioniere auf ihrem Weg zum Willamette-Tal dort vorbeizogen, hatte Marcus ein größeres Missionshaus gebaut, eineinhalb Stockwerke hoch, aus sonnengetrockneten Adobe-Ziegeln; er hatte eine Mühle und eine Schmiede errichtet und eine Anzahl weiterer zusätzlicher Gebäude. Man hatte mit dem Schulunterricht der Indianerkinder begonnen. Die Mission schien zu gedeihen.

Aber das ganze Missionsunternehmen zeigte eine Hauptschwäche: die beständigen Fehlschläge bei der Christianisierung der Indianer. Zuerst schienen die Cayuse eifrig bereit, alles über den Gott des weißen Mannes zu erfahren; aber das Gelernte schien nicht zu haften. „Einige möchten uns fast tadeln dafür, daß wir ihnen von den ewigen Wahrheiten erzählen", notierte Narcissa in ihrem Tagebuch. „Einer sagte, alles sei gut gewesen, solange sie nur Jagen, Essen, Trinken und Schlafen kannten; jetzt sei es schlecht."

Insbesondere hörten die Missionare nicht auf, die Indianer zu drängen, zur Ehre Gottes Häuser zu bauen und Farmer zu werden – eine trübe Aussicht für die Cayuse, die ein stolzer und unabhängiger Stamm von Jägern und Fischern waren.

Vielleicht hatten die Cayuse auch eine gewisse Unaufrichtigkeit in der Ethik des weißen Mannes entdeckt. Joel Palmer, der 1845 in die Gegend kam, war entgeistert, als ein Cayuse-Häuptling, Tiloukaikt, eines Abends an seinem Lagerfeuer auftauchte und ihn tadelte, weil er Karten spielte. „Nicht gut, nicht gut!“ sagte Tiloukaikt, der die Regeln guten Benehmens in der Whitmanschen Mission gelernt hatte. Der gedemütigte Palmer beschloß, das Kartenspiel aufzugeben.

Weitere Verständigungsschwierigkeiten ergaben sich aus der Tatsache, daß einige Missionare versuchten, die komplizierten Zusammenhänge christlichen Denkens zu lehren, ohne sich zu bemühen, die Sprache der Indianer zu lernen. Mary Walker, die von ihrem Zuhause in Baldwin, Maine, über 5600 Kilometer zur Spokane-Mission gereist war, gab offen zu: „Statt mich mit wirklichem Interesse darum zu bemühen, ihre Sprache zu lernen, bin ich fast an allem anderen mehr interessiert, und da ich nicht mag, daß andere besser sind als ich, fühle ich eine boshafte Befriedigung darin, daß sie sich ebensowenig darum bemühen wie ich.“

Mary Walker fand Beschäftigungen genug, den täglichen Kampf ums Überleben eingeschlossen. Die Strapazen des Pionierdaseins zehrten an den Kräften der Missionare und schwächten ihren christlichen Eifer ganz erheblich. 1840 versuchte Marys Mann, Elkanah, dem Missionskomitee in einem Brief diese Situation zu erklären. Er schrieb, daß sie so hart von ihren täglichen Pflichten bedrängt würden – Brunnengraben, Kerzenziehen, Seifenkochen, Brotbacken, Waschen, Nähen, Melken, Kinderaufziehen –, daß sie das, wofür sie eigentlich in erster Linie nach Westen gekommen waren, völlig aus dem Blick verloren. „War wieder bis 12 Uhr nachts mit Bügeln, Kochen usw. beschäftigt“, notierte Mary am 26. November 1840 in ihrem Tagebuch. Viel größeren Ärger allerdings hatte sie an einem regnerischen Märztag, als Dach und Schornstein ihrer Hütte einstürzten.

Mary erinnerte sich aber auch an fröhlichere Anlässe. 1843 hatten sie und Elkanah in ihrer Hütte eine herrliche Hochzeitsfeier für einen gewissen Mr. McPherson und Miss Charlotte ausgerichtet. „Mit Kuchen und kaltem Wasser“ wurde den Jungvermählten von ihren abstinenzlerischen Gastgebern zugeprostet. Es hätte auch Musik auf diesem Hochzeitsfest geben können, wäre nicht vorher schon ein Mißgeschick passiert. Ein Predigerkollege von Walker hatte, bevor er die Ostküste verließ, seine Baßgeige per Schiff nach Oregon geschickt. Das Instrument kam in gutem Zustand in Fort Vancouver an, wenn auch zwei Jahre später,

Diese Skizze der Waiilatpu-Mission, Schauplatz des Whitman-Massakers, stammt von einem überlebenden Kind. Sie zeigt (1) das Missionshaus, (2) die Schmiede, (3) die Unterkunft für Emigranten, (4) die Mühle, (5) den Fluß und (6) den Obstgarten. Die indianischen Arbeiter der Mission lebten in den Zelten rechts.

Diese Darstellung des Mordes an Marcus Whitman, eher dramatisch übertrieben als korrekt, zeigt das Opfer ruhig lesend, während seine Frau Narcissa versucht, sich in den Arm des indianischen Angreifers zu stürzen. Tatsächlich war aber Narcissa gar nicht im Haus, als sich dieser Überfall ereignete.

nachdem der Missionar selbst längst Oregon erreicht hatte. Aber während einer Ruhepause auf dem Transport über Land zur Spokane-Mission hatte ein Indianer sein Pferd an die Lattenkiste gebunden, in der die Geige lag. Das Pferd wurde von irgend etwas erschreckt und raste plötzlich davon, die Kiste polternd hinter sich herschleifend. Von der Baßgeige hatte man nie wieder etwas gehört.

Am „Ort des Raigrases" wandte Marcus Whitman in dem Maße, wie immer mehr Emigrantenkolonnen auf dem nahe gelegenen Oregon Trail vorbeizogen, seine Energien mehr der Hilfe für die Neuankömmlinge als der Bekehrung der Indianer zu. Seine Mission wurde zu einem wichtigen Rastplatz, wo erschöpfte Reisende Nahrung und Kleidung fanden, Unterkunft in einem der Missionsgebäude und medizinische Versorgung beim Doktor selbst. Die Schule für Indianerkinder wurde erweitert und nahm nun auch Emigrantenkinder auf. Narcissas eigene Tochter war mit zwei Jahren in den Walla Walla River gefallen und ertrunken; Narcissa begann nun, Waisen zu adoptieren, deren Eltern auf dem Trail gestorben waren, und viele andere verwahrloste Kinder, die Bemutterung nötig hatten. Joe Meek aus dem Gebirge hatte seine halbwüchsige Tochter bei Narcissa gelassen, sein Freund Jim Bridger ebenfalls.

Alarmiert sahen die Cayuse, was da alles in die Mission hineinströmte. Sie begannen zu argwöhnen, daß der weiße Mann nicht nur gekommen war, um ihnen zu predigen, sondern für immer die Jagdgründe ihrer Ahnen zu beanspruchen. Zum Groll der Indianer trug insbesondere noch der Umstand bei, daß die Pioniere eine neue und furchtbare Geißel mitgebracht hatten: die Masern. Weiße Kinder schienen diese Krankheit ohne große Schwierigkeiten zu überleben, aber den Indianern – Erwachsenen wie Kindern – fehlte die natürliche Immunität, und so starben sie mit schrecklicher Unausweichlichkeit.

Im Herbst 1847 brach auch am „Ort des Raigrases" eine Masern-Epidemie aus. Zu diesem Zeitpunkt lebten dort 74 Menschen, die meisten von ihnen auf der Durchreise auf ihrem Weg weiter nach Westen. Die Unterkünfte waren zum Bersten voll: 23 Personen im Missionshaus, acht in der Schmiede, 29 in einem Gebäude, das für die Durchreisenden errichtet worden war, und zwölf in einer Hütte bei der Sägemühle, eine Halbtagesreise entfernt. Zwei Jugendliche lebten in Hütten auf dem Missionsgelände.

Die Masern breiteten sich schnell bis zu den nahen Cayuse-Lagern aus und forderten furchtbaren Tribut. Auf dem Höhepunkt der Epidemie starben täglich vier oder fünf

Whitmans Cayuse-Mörder, Tomahas und Tiloukaikt, saßen vor dem Massaker von 1847 dem Maler Paul Kane Modell. Über Tomahas schrieb Kane: „Er war eine wilde Erscheinung, was seinem Charakter durchaus entsprach."

Tomahas

Tiloukaikt

Kinder, und um die Mitte des November war mehr als der halbe Stamm der 350 Cayuse umgekommen. Marcus Whitman bemühte sich verzweifelt, die Leiden zu lindern, aber seine Anstrengungen waren vergebens.

Nach der Sitte der Cayuse konnte jeder Medizinmann, dem es nicht gelang, den Tod abzuwehren, mit seinem eigenen Leben zur Rechenschaft gezogen werden; im Stamm ging das Gerücht, Whitman sei nicht nur ein machtloser Medizinmann, sondern sogar einer, der absichtlich Krankheit verbreite und die Indianerkinder vergifte, während er vorgebe, sie zu behandeln. Man mußte ihm das Handwerk legen, ehe es zu spät war.

Die Nacht des 28. November war frostig-kalt. Whitman ritt 40 Kilometer durch scheußliches Wetter, besuchte Indianerlager und behandelte die Masernkranken. Dann kehrte der Arzt nach Hause zur Mission zurück, wo 11 von den 42 Missionskindern krank waren. Den Rest der Nacht blieb er auf und versorgte sie. Das Morgengrauen des 29. November, ein Montag, brachte tiefhängenden Nebel und Nieselregen. Whitman briet sich in der Küche ein Steak zum Frühstück.

Die anderen Männer auf dem Missionsgelände brachen zu verschiedenen Arbeiten auf: drei zum Schlachthaus, um ein geschlachtetes Rind zu zerlegen, einer zum Unterricht in die Schule, einer zur Mühle im Hof der Mission, einer, um Whitman einen Tuchanzug zu nähen. Whitman verbrachte den Morgen mit verschiedenen Hausarbeiten und Lesen. Um die Mittagszeit erschien ein Indianer an der Küchentür mit der erschreckenden Nachricht, daß drei weitere Kinder an Masern gestorben waren: Eins davon war ein Kind von Häuptling Tiloukaikt, desselben, der Joel Palmer wegen seines Kartenspiels gerügt hatte. Zwei weitere Kinder des Häuptlings waren der Krankheit schon vorher zum Opfer gefallen. Whitman ergriff seine King-James-Bibel und eilte durch das trübe Wetter zum Friedhof der Mission.

Später am Nachmittag, als er nach Hause zurückgekehrt war und mit Narcissa zusammen ein verspätetes Mittagessen eingenommen hatte, erschien der trauernde Tiloukaikt selbst in Begleitung mehrerer anderer Indianer – einer von ihnen hieß Tomahas – am Missionshaus und wollte den Doktor sprechen. Whitman empfing die Männer in der Küche. Während Tiloukaikt den Arzt ins Gespräch verwickelte, trat Tomahas hinter ihn und ließ einen bronzenen Tomahawk auf seinen Schädel niedersausen. Tiloukaikt hackte und schlug auf sein Gesicht ein. Dann hielt ein anderer Indianer ein Gewehr an Whitmans Hals und feuerte. Jim Bridgers Tochter, Mary Ann, die die Whitmans adoptiert hatten, befand sich auch in der Küche. Sie rannte hinaus und schrie: „Sie bringen Vater um!" Aber als Narcissa einen Augenblick später hineinstürzte, atmete Whitman noch.

Überall auf dem Gelände mordeten Indianer: den Müller, den Lehrer, den Schneider und die drei Metzger. Menschen flohen in alle Richtungen, einige zum Haupthaus, wo sie sich im Schlafzimmer in der oberen Etage verbarrikadierten, einige in andere Verstecke, einige einfach fort in den Nebel des immer dunkler werdenden Nachmittags. Gerade als Narcissa sah, wie ihrem Mann das Bewußtsein schwand, traf sie eine durch das Fenster gefeuerte Kugel in die Brust. Schwer verwundet, schleppte sie sich nach oben in ein Schlafzimmer unter dem Dach und begann dort, für die Kinder und die Indianer zu beten. In diesem Moment drangen weitere Indianer in das Haus ein und befahlen den im Schlafzimmer zusammengedrängten Menschen, nach unten zu kommen. Dann erschien ein alter indianischer Freund der Whitmans und sagte ihnen, daß das Haus niedergebrannt werden solle und er ihnen helfen wolle, fortzukommen. Fast ohnmächtig von dem Blutverlust, ließ Narcissa zu, daß man sie auf einem Sofa hinaustrug. Plötzlich durchlöcherte ein Kugelhagel ihren Körper, und sie wurde in den kalten Schmutz geworfen. Der befreundete Indianer hatte die Weißen in einen Hinterhalt geführt; ein anderer Indianer zerrte Narcissas Leichnam wieder hoch und schlug mit einer Reitgerte in das leblose Gesicht.

Die ganze Nacht und die nächsten Tage hindurch machten die Cayuse-Krieger Jagd auf die weißen Überlebenden, bis

In den 1830er Jahren noch eine kleine Siedlung, sieht man Oregon City 1857 sein Wachstum als Handelszentrum der Pioniere an. Dutzende von Handwerkern und Ladenbesitzern gingen ihren Geschäften an der Hauptstraße der Stadt nach; die von Wagenspuren zerfurchte Durchgangsstraße führte am Ostufer des Willamette River entlang und an der turmgeschmückten Methodistenkirche vorbei.

Auf Feldern, die erst wenige Jahrzehnte vorher der Wildnis abgerungen worden waren, ziehen 32 Pferde eine Dreschmaschine durch ein Meer von Weizen. Ein früher Siedler sagte, Oregon sei „einer der fruchtbarsten Orte der Welt".

die Zahl ihrer Opfer 11 Männer, eine Frau und zwei Kinder umfaßte. Drei weitere kranke Kinder, von niemandem mehr versorgt, starben an Masern. Ein Cayuse-Krieger vergewaltigte mehrere der überlebenden Frauen und größeren Mädchen. Etwa einen Monat später gelang es Beamten von einem 32 Kilometer entfernten Außenposten der Hudson's Bay Company am Columbia, die verbleibenden 47 Gefangenen auszulösen. Als sie und alle anderen Missionare im östlichen Oregon unter Begleitschutz den Columbia hinunter in Sicherheit gebracht worden waren, zündeten die Cayuse zuerst alle Gebäude am „Ort des Raigrases" an und verließen dann, um Sanktionen zu entgehen, ihr Stammesland und die Gräber ihrer Kinder und zerstreuten sich in die Berge.

Wie ein Donnerschlag wirkte die Nachricht vom Whitman-Massaker im Willamette-Tal. Der Provisorische Gouverneur, George Abernethy, rief nach Freiwilligen, um die Cayuse zu bestrafen. 500 Pioniere erschienen, ihre Gewehre in der Hand. Eine Gruppe Abgesandter brach nach Washington, D.C., auf, um Bundeshilfe anzufordern. An ihrer Spitze ritt Joe Meek.

Meek hatte mächtige Freunde in Washington. Trotz der ungehobelten und prahlerischen Art eines typischen Frontiersman gehörte der 37jährige ehemalige Pelzjäger doch einer Patrizierfamilie in Virginia an; seine Cousine, Sarah Childress, war mit dem Präsidenten der Vereinigten Staaten, James Polk, verheiratet. Meek kam am 28. Mai 1848 in Washington an – zerlumpt, bärtig, noch in seinem vom Trail verschmutzten Wildlederhabit. Ohne sich lange mit Umkleiden aufzuhalten, stieg er die Treppen zum Weißen Haus hinauf und verlangte seinen angeheirateten Vetter, den Präsidenten, zu sehen. Indem er sich selbst als Außerordentlichen Gesandten und Bevollmächtigten Minister der Republik Oregon am Regierungssitz der Vereinigten Staaten vorstellte, erzählte er Polk die Geschichte des Massakers. Dann präsentierte er die Forderung der Siedler, daß Oregon zum Territorium der Vereinigten Staaten erklärt werden solle – ein Status, der dem Land das Recht auf Schutz durch die Vereinigten Staaten geben würde. Am nächsten Tag trug Polk dem Kongreß diesen Antrag vor.

Der Kongreß debattierte, erörterte, erwog Folgen. Die Vereinigten Staaten besaßen bereits einen Rechtsanspruch auf das weite Oregongebiet, zwei Jahre zuvor in dem Vertrag mit Großbritannien abgesichert, der das bis dahin geltende Abkommen über gemeinschaftliche Besetzung ablöste (*S. 51*). Der Erwerb eines so immensen Gebietes brachte Probleme politischer und verwaltungstechnischer Art mit sich, die Zeit brauchten. Aber am 14. August – noch keine neun Monate nach dem Whitman-Massaker – wurde ein Gesetz verabschiedet, das Oregon zum US-Territorium

Eine Karikatur aus *Harper's Weekly* von 1866 macht sich lustig über Asa Mercer und seine Schiffsladung heiratsfähiger Damen aus Neuengland, die er für den Nordwesten angeworben hatte, wo seit jeher ein bedrückender Frauenmangel herrschte.

IS WASHINGTON TERRITORY IN DANGER?

THE MODERN ARK, THE MODERN NOAH, AND THE MODERN "WATERFALLS" THAT ARE ABOUT TO DESCEND UPON WASHINGTON TERRITORY.

THE MODERN NOAH (*loq.*). "There, my dear young ladies, I think I see something."
CHORUS OF 400 UNMARRIED WOMEN. "Oh! please, Sir, is it a Man?"
THE MODERN NOAH. "No, bless ye! not a Man: it's a Gull."
MARY ANN (*aside.*) "Oh, dear! I wonder when we'll see a Man!"

Im Gegensatz zu den meisten der von Mercer angeworbenen Damen weigerte sich Elizabeth Ordway, eine geistreiche Suffragette, „die Vorteile gesegneter Unabhängigkeit aufzugeben". 1869 wurde sie Seattles erste Volksschullehrerin.

erklärte. Joe Meek, zum U.S.-Marshal ernannt, machte sich auf den Rückweg, um seinen Posten beim neuen Territorial-Gouverneur einzunehmen, einem General aus dem Mexikokrieg namens Joseph Lane.

In der Zwischenzeit hatte die etwa 500 Mann starke Pioniermiliz die übriggebliebenen Cayuse-Indianer bis ins Gebirge hinein verfolgt. Die Jagd sollte sich über zwei Jahre hinziehen. Dann stellten sich schließlich fünf Cayuse-Krieger – unter ihnen auch Tiloukaikt und Tomahas –, um Frieden für ihren Stamm zu erkaufen. Alle fünf wurden summarisch verurteilt und gehängt. Man berichtet, daß Tiloukaikt gefragt wurde, warum er sich ergeben habe. Er nannte seinen Grund: „Haben eure Missionare uns nicht gelehrt, daß Christus starb, um sein Volk zu retten? Auch wir sterben, um unser Volk zu retten."

Nachdem das Indianerproblem vorübergehend unter Kontrolle gebracht war und man einen stolzen neuen Status als Territorium erhalten hatte, begann Oregon allmählich, zivilisatorischen Glanz zu entfalten. Kaum mehr als ein Jahrzehnt nach Ankunft der ersten Siedler entwickelten sich die kleinen Siedlungen am Lauf des Willamette River zu geschäftigen Städten mit gut sortierten Läden, Gerbereien, Grob- und Silberschmieden, Schneidergeschäften, Hotels und Kirchen mit weißen Glockentürmen. Portland, das im Jahre 1844 noch fast gänzlich aus unberührtem Waldgebiet bestand, rühmte sich innerhalb von sechs Jahren seiner 821 Einwohner, die es zu der am augenfälligsten gedeihenden Gemeinde der Gegend machten.

Die Blockhütten der frühen Siedler wichen ordentlichen Holzhäusern mit Glasfenstern, gestrichenen Rahmen und tapezierten Wänden. Die Bewohner Oregons vertauschten ihre moosgefüllten Matratzen und Bisondecken mit Federbetten und kauften Spiegelkommoden und Lehnstühle bei örtlichen Schreinern. Ein kleines Dampfschiff schnaufte den Willamette River hinauf und hinunter und transportierte Waren und Menschen.

Post kam regelmäßig zu Schiff um Kap Hoorn herum an und wurde an die 40 Postbüros des Territoriums verteilt. Franklins Buchladen in der Hauptstraße von Portland garantierte die Lieferung einer ganzen Reihe örtlicher Zeitungen, aber auch der *New York Tribune, der Harpper's Monthly,* der *Saturday Evening Post* aus Philadelphia und sogar des *Dispatch* aus Keokuk, Iowa. Die Siedler verschlangen allen Lesestoff geradezu mit Heißhunger. Bücher und Zeitungen waren in den ersten Jahren so rar gewesen, daß sich ein alter Pionier rühmte, er habe die Familienbibel so oft durchgelesen, bis die Seiten dünn wurden.

1850 lebten in Oregon schon über 13 000 Siedler, was – verglichen mit einer Bevölkerungszahl von 200 ein Jahrzehnt vorher – einfach wie Übervölkerung gewirkt haben muß. Etwa weitere 7000 Menschen kamen 1851 an, so schätzte der *Oregon Spectator,* und weitere 11 000 im Jahr danach.

Diese Überschwemmung hätte man herzlich willkommen geheißen, wenn nicht ein überwältigender Prozentsatz der Neuankömmlinge männlichen Geschlechts gewesen wäre. Wie in den meisten Frontier-Gebieten herrschte in Oregon ein schrecklicher Frauenmangel. Junggesellen mit der deprimierenden Aussicht auf ein einsames Leben fernab in der Abgeschiedenheit der Wälder ließen es sich einiges kosten, um diesem Schicksal zu entgehen. Manchmal heiratete einer ein Indianermädchen, nachdem er ihrem Vater eine Anzahl Wolldecken gezahlt hatte. Nach einem Bericht Theodore Winthrops betrug der Brautpreis in Wolldecken: „. . . fünf für eine Billige und Unsaubere, eine Arbeitssklavin; zehn für eine ganz Leidliche, eine Köchin und Korbflechterin; zwanzig für ein schönes Exemplar von Squaw, die *kamas*-Betten anfertigen konnte; fünfzig für ein ausgesuchtes Exemplar mit schönem rotem Teint, geschickt im Besticken von Wildleder."

Schüler einer Schule in Oregon unterbrechen den Unterricht, um sich mit ihrer Lehrerin und einem Besucher dem Photographen zu stellen. In den 1860er Jahren erhielten weniger als die Hälfte der Kinder im Nordwesten eine Schulbildung.

Frauen fast jeden Alters waren als Partnerin akzeptabel. „Bald nach meiner Ankunft in Oregon 1851", erinnerte sich ein Siedler, „machte ich die Bekanntschaft eines interessanten Mädchens von etwa acht oder neun Jahren, das ich wie ein Kind streichelte und liebkoste. Ich fragte: ‚Kommst du von zu Hause und bist auf dem Weg zur Schule?'"

„‚Aber nein!', antwortete sie. ‚Ich bin verheiratet.'"

„Verwundert schob ich sie von meinem Knie und sagte: ‚Ich dachte, du seist ein Kind.' Bevor dieses Kind achtzehn war, war sie mehrere Male verheiratet und geschieden."

Nachdem Oregon Territorialstatus erlangt hatte und US-Gesetzen unterstand, wurden Frauen kostbarer denn je. 1850 verabschiedete der Kongreß ein Gesetz, den *Donation Land Act*, das das zulässige Maß beanspruchten Landbesitzes von 260 kostenlosen Hektar pro Person auf 130 Hektar senkte. Aber das neue Gesetz erlaubte einem Pionier auch, weitere 130 Hektar für seine Frau zu beanspruchen, was seinen potentiellen Landbesitz wieder auf das Maß aus der Zeit vor der Gesetzesreform brachte.

Der Bedarf an Frauen, der sowieso schon hoch war, schnellte spontan in unglaubliche Höhe. Fails Howard zum Beispiel, ein gewitzter Junggeselle aus dem Willamette-Tal, war nicht bereit, sich gutes Land entgehen zu lassen. Als er von einer Familie in Greenstreet hörte, die mehrere Töchter habe, ging er dorthin, stellte sich vor und erkundigte sich bei der ersten Tochter, die er kennenlernte, Marilda, ob sie ihn heiraten und ihm helfen wolle, 260 Hektar zu bekommen. Die romantische Marilda wies seine leidenschaftslose Werbung glatt ab. Unverzagt wandte Howard seine Aufmerksamkeit daraufhin Marildas Schwester Parmelia zu, die entschieden mehr Geschäftssinn besaß. Howard hatte seinen Antrag kaum wiederholt, als Parmelia schon ja sagte.

Nirgends herrschte ein so bedrückender Frauenmangel wie in dem Gebiet nördlich des Columbia, das sich 1853 von Oregon abspaltete, um das separate US-Territorium Washington zu werden. Hier herrschte zwischen männlicher und weiblicher Bevölkerungsquote das hoffnungslose Verhältnis von neun zu eins, so daß es im Volksmund hieß, in Washington seien „die Männer erstaunlich billig und die Frauen so teuer". Gegen Ende der 1850er Jahre hatte sich die Lage so wenig gebessert, daß die Junggesellen zu Versammlungen aufriefen, um die Öffentlichkeit auf ihre Misere aufmerksam zu machen. 1858 veröffentlichte der *Puget Sound Herald* einen offenen Brief an alleinstehende Frauen im Osten und wies auf die große Sehnsucht der Männer Washingtons nach dem Ehestand hin: „Viele, die ohne freundliches Heim unglücklich leben, würden keine Zeit verlieren, sich mit einer der schönen Töchter Evas zu verbinden, wenn sie uns nur für würdig erachtete, uns mit ihrer Gegenwart zu beglücken." Dieser ergreifende Appell hatte jedoch keinen sichtbaren Erfolg.

Auf diese Situation traf ein 22jähriger Junggeselle, Asa Mercer, als er frisch vom College in Ohio in Seattle ankam. Intelligent, mit guten Manieren und unerschütterlichem Selbstbewußtsein ausgestattet, verbrachte Mercer seine ersten Jahre dort mit dem Aufbau der winzigen Territorial University (später in University of Wyoming umbenannt), deren erster Präsident er wurde. Dann wandte er sein unternehmerisches Talent der Lösung der Frauenfrage zu.

Mercer begriff, daß das Problem des mangelnden Gleichgewichts von männlicher und weiblicher Bevölkerung beide Seiten des Kontinents betraf. Denn während es im Territorium Washington viel zu viele Männer gab, herrschte im Nordosten der Vereinigten Staaten ein geschätzter Frauenüberschuß von etwa 30000; darunter waren auch viele Witwen aus dem Bürgerkrieg. Die Lösung, befand Mercer, bestand in einer gewissen Umschichtung der Bevölkerung: Man mußte die Frauen aus dem Osten nach Westen bringen. So schiffte er sich 1864 nach Massachusetts ein, um seine Theorie unauffällig auf die Probe zu stellen.

Um die empfindlichen Gefühle der Bevölkerung im Osten nicht zu verletzen, die an der Vorstellung eines Exportunternehmens großen Stils mit heiratsfähigen Frauen hätte Anstoß nehmen können, brachte Mercer sein Anliegen in Form einer Werbekampagne für Lehrerinnen vor: „Im Territorium Washington herrscht großer Mangel an *Lehrern,* auch an *Musiklehrern*", versicherte er seinem neuenglischen Vortragspublikum; und wenn die anwesenden Damen etwas für ihr Land sowie für sich selbst tun wollten, sollten sie sich nach dorthin verpflichten. Elf junge Damen waren dazu bereit und ließen sich im selben Frühjahr von Mercer nach Seattle bringen. Außer einer oder zweien waren bald alle als Lehrerinnen angestellt – und glücklich verheiratet.

Staatsmännisches Denken solcher Art verdiente Anerkennung, fanden die erfreuten Washingtoner, und Mercer wurde umgehend in die Territoriale Legislative gewählt. 1865 brach Mercer, ein Empfehlungsschreiben des Territorial-Gouverneurs schwenkend, zu einem neuen Beutezug auf. Diesmal sprach er ganz offen. Was Washington brauchte, seien Frauen, sagte er. Mehrere hundert junge Damen ließen sich für die Sache begeistern. Für etwaige spitzzüngige Kritiker ließ Mercer wissen, die in die Liste aufgenommenen Damen seien in bezug auf Intelligenz, Bescheidenheit und Tugend „mit großer Sorgfalt ausgewählt".

Trotz solcher Versicherungen erschienen Mercers Zusammenführungspläne einigen Leuten im Osten als gefährlich unorthodox. Der *New York Herald* druckte eine diffamierende Kolumne – „einen langen, skurrilen Artikel", wie Mercer es bezeichnete, „der mich verleumdet und behauptet, alle Männer am Puget Sound seien heruntergekommen und sittenlos, und daß man die Mädchen alle in Häuser mit schlechtem Ruf stecken würde. Der alte Ausspruch, daß eine Lüge schon tausend Meilen weit ist, während die Wahrheit sich noch die Stiefel anzieht, erweist sich wieder einmal als wahr." Viele von Mercers angeworbenen Damen lasen den Artikel und machten sich Gedanken. Am Tag der Abreise erschienen knapp hundert von ihnen an Bord des Steamers S.S. *Continental* zur Reise nach Westen.

Unterwegs tat Mercer sein möglichstes, um seine Damen zur Wahrung von Sitte und Anstand anzuhalten, aber mit wenig Erfolg. Um für die Tugend seiner Schutzbefohlenen garantieren zu können, verbot er jeglichen Kontakt zwischen ihnen und der Crew des Schiffes – eine Verfügung, die oft genug von beiden Seiten übergangen wurde. Wenn er für 10 Uhr abends ein Ausgangsverbot ansetzte, wurde das überhaupt nicht zur Kenntnis genommen, sondern die Damen promenierten auf Deck an ihm vorbei und trällerten: „Geht zu Bett! Geht zu Bett!" Und als Mercer, obwohl mitleidlos von seinen Anbefohlenen verspottet, sich in eine von ihnen verliebte und ihr den Hof machte, wies sie ihn kühl ab und nannte den 25jährigen Verehrer in Gegenwart ihrer kichernden Freundinnen „Alter Daddy".

Aber als die S.S. *Continental* Seattle erreichte, wurde Mercers Projekt sofort ein großer Erfolg. Um die Ankunft von „Mercers Schönen" mitzuerleben, waren fast alle 300 Einwohner der Stadt am Kai erschienen. „Die jungen Herren der Stadt waren sehr zuvorkommend", schrieb Ida May Barlow aus New York entzückt. „Einer der jungen Männer sprang vor und half mir beim Aussteigen."

Nur einen einzigen kleinen Wermutstropfen gab es in der allgemeinen Freude. Eine von Mercers Schönen, die älter als die anderen war, hatte ihr Gebiß verloren, als sie sich in einem Anfall von Seekrankheit über Bord beugte, und mußte nun ihre potentiellen Verehrer zahnlos begrüßen. Alle anderen schienen absolut glücklich. Viele von den Damen fanden innerhalb kürzester Zeit Ehemänner. Mercer, der nach der erfahrenen Zurückweisung nun erheblich im Ansehen stieg, heiratete eine andere junge Frau, die ebenfalls auf der S.S. *Continental* mit ihm gekommen war.

Ida May Barlow heiratete den Mann, der ihr aus dem Boot geholfen hatte, Albert Pinkham aus Seattle. Die Hochzeit wurde am 14. August 1866 im Occidental Hotel von Seattle gefeiert, und fast alle jungen Leute der Stadt waren dazu eingeladen. Die meisten Reisegefährtinnen von Ida May fanden ebenfalls häusliches Glück, und innerhalb weniger Jahre erblickte eine neue Generation von Amerikanern im pazifischen Nordwesten das Licht der Welt.

Ein Klub, der sich die Zusammenstellung von Augenzeugenberichten über die Besiedlung Oregons zum Ziel gesetzt hat, ruft seine Mitglieder zum Treffen auf. Das lateinische Motto unter dem Adler bedeutet: „Man fliegt mit eigenen Flügeln."

PIONEER ASSOCIATION!

Alis volat propriis.

THE FIFTH ANNUAL RE-UNION OF THE

OREGON

PIONEER

WILL BE ASSOCIATION! HELD ON

THE STATE FAIR GROUNDS!

SALEM, OREGON.

June 15th and 16th, 1876.

GRAND PARADE At 10 1-2 o'clock A. M., on the 15th, under the direction of Thos. C. Shaw, Chief Marshal, lead by the Northwest Brass Band of Portland.

ANNUAL ADDRESS, At 11 o'clock A. M., by Hon. R. P. Boise, followed by a PICNIC DINNER, AT 1 O'CLOCK.

PIONEER LADY'S ADDRESS, by Mrs. Jennie E. Dawne, followed by a MUSICAL ENTERTAINMENT, in the Pavilion, by Pioneer Young Ladies and Gentlemen.

A GRAND BALL will be given in the Pavilion, on the evening of June 15th. Tickets, $2 00

GOOD MUSIC ENGAGED.

DESCRIPTIVE ADDRESS and ROLL CALL of 1844, by Hon. John Minto PIONEER POEM, by Capt. O. C. Applegate, followed by a MUSICAL ENTERTAINMENT, by the Pupils of the Schools of Salem.

Arrangements have been perfected by the different Transportation Companies to return home free on the Certificate of the Secretary of the Association, who will provide ALL with the same, on application at his office, on the grounds. Programmes on the Ground.

For further Particulars, apply to the Secretary.

J. HENRY BROWN, Secretary. JOHN W. GRIM, President.

CAMPING FACILITIES will be provided for all who wish to Camp on the Ground.

A. G. Walling, Steam Book, Card and Poster Printer, and Bookbinder, Portland, Oregon.

5 | Die Odyssee der Saints

Unter all den Motiven, die ganze Familien dazu brachten, auszuwandern und ein besseres Leben im Westen zu suchen, war das stärkste wohl der Wunsch nach Befreiung von religiöser Verfolgung. Und keine Emigrantengruppe litt mehr – und gewann letzten Endes mehr – als die Anhänger der Kirche Jesu Christi der Heiligen der Letzten Tage: die Mormonen.

Die Sekte wurde 1830 von Joseph Smith gegründet, der behauptete, in direktem Kontakt zum Allmächtigen zu stehen, und hatte bald viele Anhänger. Aber sie zog auch die Feindseligkeit der Ungläubigen auf sich, die die theokratische Regierungsform der Mormonen, ihre Gütergemeinschaft und ihre Praxis der Polygamie als Bedrohung amerikanischer Werte ansahen.

Die lange Wanderschaft der Mormonen begann schon 1832, als der Mob über die Gemeinde herfiel, die sie in Ohio gegründet hatten. Im Jahr darauf kam es zu Gewalttätigkeiten in der Gegend von Independence, Missouri, wohin etwa 1200 Saints – „Heilige" – mit dem Ziel gezogen waren, die Frontier-Siedlung zu ihrem religiösen Zentrum zu machen. Nach einer Serie von Angriffen durch die Bewohner Missouris (*rechts*) zur Flucht gezwungen, suchten die Saints Zuflucht in Illinois, wo sie die Modellstadt Nauvoo bauten. Aber gerade das Gedeihen Nauvoos erweckte erneut den Groll der Umgebung. Nachdem Joseph Smith unter einem fadenscheinigen Vorwand ins Gefängnis geworfen und dort 1844 durch Milizsoldaten ermordet worden war, beschlossen die Saints, noch weiter nach Westen ins Unbekannte zu ziehen. Drei Jahre später erreichten sie ihr endgültiges Heiligtum im Salt-Lake-Tal.

Ein Jahrzehnt später reiste Carl Christensen, ein dänischer Maler und Mormone, denselben Trail entlang, den jene ersten Pioniere benutzt hatten. Um die späteren Generationen der Saints an ihr Erbe zu erinnern, stellte er die Prüfungen und Triumphe der Mormonen in zahlreichen Bildern dar, von denen fünf hier folgen.

Ein Pöbelhaufen plündert 1833 eine Mormonensiedlung in der Nähe von Independence in Missouri und setzt

damit der Hoffnung des Propheten der Saints, Joseph Smith, ein brutales Ende, daß dieser Ort eines Tages „die Hauptstadt der westlichen Hemisphäre" würde.

Vor der blühenden Stadt Nauvoo am Mississippi nehmen Joseph Smith und seine Kirchenältesten eine Parade der privaten Mormonenarmee ab. Im Jahre 1844

befahl der Gouverneur von Illinois die Entwaffnung der 4000 Mann starken Truppe, und einige Monate später wurde die Charta von Nauvoo widerrufen.

Ein Mörder prallt zurück, als Strahlen überirdischen Lichts auf den Leichnam Joseph Smiths fallen. Der Mormonenführer wurde am Nachmittag des 27. Juni 1844

ermordet, als der Mob des Gefängnis von Carthage in Illinois stürmte, in dem er und sein Bruder Hyrum unter der Anklage des Verrats festgehalten wurden.

Im Frühling 1847 rüsten sich die Wagen zum Aufbruch aus dem Winterquartier, dem Sammelplatz der Mormonen am Missouri, zur langen Reise nach Westen.

Ungefähr 600 der 3500 Lagerbewohner fielen der Cholera und anderen Krankheiten zum Opfer; sie wurden auf dem Hügel oberhalb des Platzes beerdigt.

Teilnehmer eines Mormonentrecks brechen ihr Nachtlager ab und rüsten zum Aufbruch – die Vorhut überquert bereits den Platte River (Nebraska). Der

neue Führer der Saints, Brigham Young, antwortete auf Fragen nach dem Ziel – ihrem westlichen Zion – nur, er würde es erkennen, sobald er es sähe.

Das dürre Land der Verheissung

Mie meisten Emigranten auf dem Weg zu den 1200 Kilometer weiter westlich liegenden grünen Weiden Kaliforniens eilten durch das Salt-Lake-Tal, so schnell sie nur konnten. Aber die Pioniergruppe, die am Morgen des 23. Juli 1847 die stille, sonnenversengte Ebene erreichte, kam, um zu bleiben. Gegen halb zwölf Uhr mittags, knapp zwei Stunden, nachdem sie sich einen Lagerplatz gesucht hatten, hievten die ersten Mormonen, die je Utah betraten, bereits drei Pflüge und eine Egge von ihren Wagen, spannten reisemüde Ochsen davor und begannen, Furchen in die trockene Erde zu reißen.

Aber dieser Versuch, sofort mit dem Bebauen des Landes zu beginnen, schlug fehl. Der Boden des Tals, das hoch am westlichen Abhang der Rocky Mountains lag, war so hart gebrannt, daß die eisernen Pflugscharen zerbrachen. Während sich die Männer zum Reparieren ihrer Geräte nach einem Schattenplatz umsahen – „es gab keinen einzigen Baum, den man mit Recht so hätte nennen können", sagte später ein Mitglied der Gruppe –, schlugen ihre Brüder Weidengebüsch ab und verschoben Felsblöcke, um einen kleinen Fluß zu stauen, der aus den verschneiten Höhen der Berge gespeist wurde, die sie soeben herabgestiegen waren.

Als das Schmelzwasser zurückfloß und den Talboden überschwemmte, wurde die Erde, die jetzt bei 35° C dampfte, weicher. Am Mittag des nächsten Tages, eines Samstags, hatten die Männer zwei Hektar gepflügt, Kartoffeln gepflanzt und Mais, Rüben, Bohnen und Buchweizen gesät. Gerade als sie ihre Arbeit beendeten, benetzte ein sommerlicher Regenschauer die Saat und kühlte die Rücken der Ankömmlinge – 143 Männer, drei Frauen, zwei Jungen, 66 Ochsen, 93 Pferde, 52 Maultiere, 19 Kühe, 17 Hunde und eine große Menge Hühner. Die Menschen hoben ihre verschmutzten Gesichter zu den Wolken empor, um Gott für diese Segnung ihrer Arbeit zu danken.

Dieses Photo von Brigham Young wurde im Jahre 1853 aufgenommen. Young verfügte über absolute Macht als Präsident der Kirche der Heiligen der Letzten Tage und als Gouverneur des neu aufgenommenen Territoriums Utah.

Fromm, fleißig, puritanisch – und zuweilen polygam –, hatten die Mormonen, Mitglieder der Kirche Jesu Christi der Heiligen der Letzten Tage, eine einzige Sehnsucht. Als ihre Wagen die Hänge des Wasatch-Gebirges hinunterpolterten in die glitzernde Öde des Salt-Lake-Tals hinein, war ihr einziger Wunsch, zufriedengelassen zu werden. In der kurzen 17jährigen Geschichte ihrer Kirche hatten sie schon genügend Verfolgung und Martyrium kennengelernt. Vielleicht würden sie hier endlich die Einsamkeit und Abgeschlossenheit finden, in der sie ihren Traum erfüllen könnten: Gottes Königreich auf Erden zu errichten.

Seit ihr Prophet und erster Führer, Joseph Smith, im Jahre 1830 die Sekte gegründet hatte, war dieser Traum bereits dreimal zerstört worden. In Ohio, Missouri und Illinois hatte die Wut des Pöbels die Saints aus ihren Häusern und von ihren Farmen vertrieben. Aber ihre Qualen hatten sie nicht entmutigt, sondern im Gegenteil zu einer so festen Gemeinschaft verbunden, daß ihre Emigration nach Westen so sorgfältig geplant und ausgeführt wurde wie keine andere in der amerikanischen Pioniergeschichte; so fest, daß sie es wagen konnten, das abschreckende Salt-Lake-Tal zu bebauen; so fest, daß sie ein Jahrzehnt später den Präsidenten der Vereinigten Staaten und seine Armee zu einer Kraftprobe herausfordern konnten.

Aber während dieser ersten Tage in Utah im Juli 1847 kämpften die Mormonen einzig ums Überleben. Sie trugen eine große Last, denn das Schicksal ihrer ganzen Kirche hing von ihren Anstrengungen ab. In den Wagenspuren der Vorhut zogen 1800 weitere Gläubige in Gruppen von 10, 50 oder 100 Personen nach. Zu diesen, die schon unterwegs waren, kamen noch etwa weitere 13 000 wohldisziplinierte Mormonen, die, in einer Reihe von Lagern auf den Prärien von Nebraska und Iowa zusammengedrängt, geduldig auf das Zeichen aus dem Westen warteten, das das Signal für sie sein sollte, ebenfalls aufzubrechen.

Aber auch in Utah wurde den Mitgliedern der Vorhut viel Geduld abverlangt. Nachdem sie gepflügt und gesät hatten, warteten sie jetzt auf den Erfolg ihrer Arbeit. Oft erschien das Resultat zweifelhaft, wenn sie über ihre Pflanzungen

Auf einem Porträt, das zwei Jahre vor seiner Ermordung 1844 entstand, strahlt Joseph Smith Zuversicht aus. Als Gründer der Mormonenkirche war der Farmerssohn berufen als „Seher, Mittler, Prophet und Apostel Jesu Christi".

hinweg auf ein Meer kniehohen Beifußgestrüpps blickten, wo das einzige Zeichen von Leben ein Schwarm daumendicker Grillen war, die an welkenden gelben Blüten nagten. Ein entschlossener Optimist konnte nur seine „glückliche Enttäuschung" über den Ort ausdrücken, und eine Frau wurde „herzkrank" beim Anblick ihrer neuen Heimat. „Schwach und erschöpft, wie ich bin", vertraute sie ihrem Tagebuch an, „würde ich doch lieber tausend Meilen weiter laufen, als an einem so trostlosen und öden Ort wie diesem zu bleiben." Als die Mormonen das Tal erforschten, das sich 32 Kilometer in westöstlicher und doppelt so weit in nordsüdlicher Richtung erstreckte – hier brüteten Sand- und Salzflächen in der Hitze, dort strömten sumpfige Niederungen übelriechende Dämpfe aus oder blubberten heiße Schwefelquellen –, erschien die Aussicht auf Überleben recht düster.

Brigham Young jedoch, der nach der Ermordung Joseph Smiths dessen Nachfolger als Oberhaupt der Kirche geworden war, zweifelte keinen Augenblick daran, daß dieser Platz zur Besiedlung geeignet war. Nach der Überlieferung der Sekte hatte Young noch im Gebirge, als er von dort oben aus die Gegend überblickte, eine Vision der zukünftigen Stadt Gottes. „Dies ist der richtige Platz", erklärte er zuversichtlich.

Der dynamische 46jährige Yankee war aber auch ein Pragmatiker reinsten Wassers. Horace Greeley, der Herausgeber der *New York Tribune,* beschrieb ihn später einmal als „offen, gutherzig, ein ziemlich stämmiger Mann, der das Leben zu genießen schien und keine Eile hatte, in den Himmel zu kommen". Young hatte seine Herde nicht nur aufgrund gläubiger Zuversicht in dieses Tal geführt. Zu Hause in Illinois hatten er und andere Mormonenälteste sorgfältig einen Bericht über dieses Gebiet von dem Armee-Kundschafter John Charles Frémont aus dem Jahre 1845 studiert. Sie waren besonders beeindruckt von seiner Schlußfolgerung, daß das Salt-Lake-Tal, hartgebrannt wie es war, „wertvolles, nahrhaftes Gras" hatte und für „zivilisierte Besiedlung" nutzbar gemacht werden könne.

Und wahrhaftig, innerhalb einer Woche nach Ankunft der ersten Gruppe von Siedlern begann die Wüste zu leben. Die Saat stand bald fünf Zentimeter hoch über dem bewässerten Boden, und die Saints wagten jetzt zu hoffen, daß dieses wirklich ihr ersehntes Gelobtes Land sei. „Wie ein Stein aus einer Schleuder sind wir niedergefallen", sagte der epigrammatisch veranlagte Young, „und wir fanden uns gerade an diesem wunderbaren Ort wieder, an dem der Herr Sein Volk versammeln möchte."

Aber, wie die Mormonen aus den Anstrengungen des ersten Tages gelernt hatten: Das Salt-Lake-Tal war nur so lange ein wunderbarer Ort, wie man es bewässern konnte. Young und seine Gefährten waren deshalb lebhaft an seinem Bewässerungspotential interessiert. Mehr als genug Wasser, das wußten sie, gab es im Osten und Süden im Wasatch-Gebirge. Dort fingen 4000 Meter hohe Gipfel regelmäßig die Feuchtigkeit der Winde ab, die vom Pazifik ins Land wehten, und schickten sie in Dutzenden von Gebirgsflüssen sprudelnd bergab in die ausgedörrten Ebenen. Aber wie die Dinge lagen, als die Saints ankamen, versickerte das Wasser der Flüsse entweder bald nach Verlassen der Hügel oder ergoß sich müde in einen seichten Fluß, der die Ostseite des Tales entwässerte. Sein Lauf führte von einem großen Süßwassersee, dem Utah-See, nach Norden und verlor sich durch salziges Sumpfgebiet in den Great Salt Lake. Die Saints erkannten schnell die Ähnlichkeit mit Palästinas Wassersystem, wo das Süßwasser des Sees Genezareth den Jordan hinab zum Toten Meer fließt. Sie nannten ihren Fluß den Jordan des Westens.

Der Great Salt Lake – der zusammengeschrumpfte Überrest eines prähistorischen Wasserbeckens, das einst bis zur halben Höhe der umliegenden Berge reichte – lag etwa 32 Kilometer nordwestlich des ersten Lagerplatzes der Saints. Als eine Gruppe von 16 Männern, die das Tal erkundeten, an das Seeufer kam, sprang der kräftig gebaute Brigham Young als erster in das Wasser, worauf die ganze Gesellschaft sich dem Badevergnügen hingab. „Das Wasser", schrieb einer von ihnen später, „war warm und sehr klar und so salzig, daß diejenigen, die nicht schwimmen konnten, wie Korken auf der Oberfläche trieben und selbst dann nicht untersanken, wenn sie es versuchten."

Frühere Erkundungsmärsche hatten die Männer in unfruchtbare Wüsten und zu bewaldeten Bergschluchten geführt. Bereits vier Tage nach Ankunft der Mormonen in Utah setzte Brigham Young sich mit seinen Beratern zusammen, um die neuen Erkenntnisse auszuwerten. Das Great Basin, die riesige Landsenke, in der das Salt-Lake-Tal lag, bestand zu 95 % aus Wüste und Bergen. Und im Tal

Dieser Band der Mormonengesetze wurde in der nur kurze Zeit bewohnten Siedlung der Saints am Missouri veröffentlicht. Die meisten Exemplare des Werkes wurden jdoch zerstört, bevor sie die Druckerei verließen: Am 2. August 1833 wurde das Gebäude von einem aufgebrachten Mob in Brand gesteckt.

selbst, notierte Young sorgfältig, gab es sehr wenig Wild (selbst die Ute-Indianer kamen nur dorthin, um Grillen als Nahrung zu sammeln). Aber die ersten allereinfachsten Bewässerungsversuche hatten gezeigt, daß das Tal fruchtbar war. Das Wichtigste aber: Es wurde „von niemandem anders begehrt". Die meisten stimmten dafür, dort zu bleiben. Young hatte, wie er sagte, die ganze Zeit gewußt, daß die Saints, „wenn der Herr ihnen offenbaren würde, dies sei der Ort, auch mit unfruchtbarem Felsen zufrieden sein würden".

Am frühen Abend nach der Abstimmung führte Young seine Berater auf einen Spaziergang in die Nähe der Zelte und Wagen der Vorhut. An einer Stelle zwischen der nördlichen und südlichen Gabelung des Flusses, den die Saints gestaut hatten, schlug er wie Moses mit seinem Stock auf den Boden zu seinen Füßen und sagte: „Hier wird der Tempel unseres Gottes erstehen." Der Tempelbereich (*S. 184–187*) sollte 16 Hektar umfassen, was Young aber einige Tage später auf vier Hektar reduzierte. Die übrige Stadt sollte sich von dort aus in alle Richtungen erstrecken und ein Gebiet von fünf Quadratkilometern bedecken.

Youngs Vorstellungen vom Stadtplan waren nicht weniger präzise. Die Siedlung sollte in 135 Blöcke von je vier Hektar aufgeteilt werden, und jeder Block würde wiederum aus acht Parzellen zu je einem halben Hektar bestehen. Die

Dieser Bisonschädel, eine Trailmarkierung der Mormonen, trägt ermutigende Worte Brigham Youngs. Neben anderer Hilfe für nachfolgende Emigranten errichteten die Saints Brücken und schafften Felsbrocken aus dem Weg.

Straßen sollten in nordsüdlicher und westöstlicher Richtung verlaufen und die prächtige Breite von acht Ruten haben, das heißt 40 Metern. Die Bürgersteige sollten sechs Meter breit werden. Alle Häuser würden sechs Meter von der Straße zurückliegen, und jedermanns Vorgarten würde mit Obstbäumen und schönen Grünpflanzen geschmückt. Kanäle sollten das Wasser für die Bepflanzung und für den Haushaltsbedarf jeder Familie führen. Die landwirtschaftlichen Flächen würden außerhalb der Stadtgrenzen liegen.

Young setzte auch fest, wie die Parzellen außerhalb der Stadt verteilt werden sollten. Der Stadt am nächsten sollten Parzellen von je zwei Hektar für Mechaniker und Handwerker liegen. Weiter draußen im Randgebiet würden die Parzellen der Farmer von jeweils 16 oder 32 Hektar liegen. Young meinte, daß sein Plan die beste Nutzung des Landes garantieren würde, sah aber gleichzeitig ein Problem voraus – und mit ihm seine Lösung: Um „Härtefälle zur vermeiden, die irgendein System der Landverteilung zur Folge haben könnte, soll in geheimer Abstimmung verfahren oder das Los geworfen werden wie im alten Israel".

Aus den Beratern, die ihn an diesem Abend in respektvollem Schweigen umstanden, wählte Young ein Zwölferkomitee aus, das den Grundriß der Stadt entwerfen sollte. Der Präsident gestattete ihnen, bis zum nächsten Morgen mit dem Beginn der Arbeit zu warten. Da es keine weiteren Fragen gab, zogen sich die Männer zurück.

Ein Merkmal von Youngs außerordentlicher Führungsbegabung war, daß er mit gleicher Intensität große Pläne entwerfen und sich für die Kleinigkeiten des täglichen Existenzkampfes interessieren konnte. Auch in späteren Jahren, als Salt Lake City eine der Hauptstäde des Westens geworden war, reservierte er eine Stunde täglich für die individuellen Sorgen einzelner Saints – zum Beispiel für die Beratung eines Farmers über den besten Zeitpunkt für die Zeugung einer Preiskuh oder um eine Frau namentlich nach dem Ergehen ihres achten Kindes zu fragen.

Nachdem er den Standort des Tempels festgelegt und die Gestalt der zukünftigen Stadt umrissen hatte, wandte der Präsident der Mormonen seine Aufmerksamkeit dem Problem der Unterkünfte für den bevorstehenden Winter zu. Obwohl ein Teil der Arbeitskräfte weiterhin bewässerte und pflügte, wurden alle übrigen beim sofortigen Bau eines Forts eingesetzt. Ihre erste Aufgabe war, eine befahrbare Piste bis zum City Creek Canyon freizumachen, der 12 Kilometer nördlich des Lagers lag und die nächste Bauholzquelle war. Über diese Piste sollten Ochsen Fichten- und Kiefernholz schleppen, für die Wände des Forts und für Rahmen und Dächer der Häuser. Ziegel, das wichtigste Baumaterial, sollten aus Lehm geformt werden.

Bald waren 92 Mann damit beschäftigt, Ziegel herzustellen und Tausende davon in der heißen Augustsonne zum Trocknen auszulegen. Innerhalb eines Monats entstand ein massives Fort mit 29 Holzhäusern, einer Schmiede, einem Corral und einem Gemeinschaftsspeicher. So viel wurde geschafft, daß Brigham Young sich nicht scheute, am Morgen des 26. August, keine fünf Wochen nach seiner Ankunft in Utah, mit einer Abordnung von 106 Männern aufzubrechen und hunderte beschwerlicher Kilometer auf dem Trail zurückzuwandern, auf dem sie vor kurzem erst nach Westen gekommen waren. Sie wollten den 13000 Saints, die erwartungsvoll in den Lagern in Iowa und Nebraska ausharrten, von den positiven Erfahrungen im Salt-Lake-Tal berichten und dann dieses große Volk zu seinem neuen Königreich Gottes auf Erden geleiten.

Was die Mormonen vertrauensvoll als irdisches Paradies ansahen, war in Wirklichkeit die feindseligste Umgebung, mit der jemals amerikanische Pioniere konfrontiert waren. Dennoch hatten sie mit bemerkenswerter Arbeitsökonomie dort Fuß gefaßt, und eine nicht weniger beeindruckende Sorgfalt kennzeichnete die weitere Besiedlung. Nur die strikteste Disziplin – einer der wichtigsten Grundsätze des Mormonentums – ermöglichte all dieses; bewußt oder unbewußt hatten sich die Saints seit Gründung ihrer Sekte zu ihrem historischen Sprung nach Westen gerüstet.

Das Mormonentum entstand in einer Zeit erwachenden religiösen Eifers in Amerika. Es war eine Zeit, in der Hall Jackson Kelley unzweideutig behaupten konnte, daß Jesus ihm erschienen sei und ihm befohlen habe, Oregon zu christianisieren; eine Zeit, in der Missionare wie Narcissa und Marcus Whitman die Berufung fühlten, das Licht der Bibel in die dunklen Ecken des Nordwestens zu tragen, und eine Zeit, in der im zivilisierten Osten die Fehden der rivalisierenden protestantischen Sekten schwelten.

Joseph Smith, ein armer Farmerssohn aus Vermont, der Anfang des 19. Jahrhunderts im Staate New York aufwuchs, war sehr empfänglich für die überladene religiöse Atmosphäre um sich herum. Seine Mutter förderte diese Neigung; sie glaubte fest daran, daß ihre Kinder mystische Kräfte von der Seite ihrer Familie geerbt hätten.

Ihre Hoffnungen schienen sich zu verwirklichen, als Joseph im Alter von 17 Jahren erzählte, er habe einen von Gott gesandten Engel gesehen. Der Engel hieß Moroni, und er befahl dem jungen Mann, unter der Grasnarbe an einem Abhang nicht weit vom Haus der Smiths in Palmyra zu graben. In dem Loch, berichtete Joseph, entdeckte er ein Bündel Tafeln, die die Größe von Buchseiten und die Dicke von leichtem Metallblech hatten. Sie waren aus reinem Gold und mit Drahtringen zusammengebunden.

Vier Jahre lang verbot Moroni Joseph, die Tafeln herauszunehmen. Als er sie schließlich aus der Erde holte, sah er, daß sie mit Hieroglyphen bedeckt waren, die er als „reformiertes Ägyptisch" erkannte. Neben den Tafeln fand er auch eine kristallene Brille. Als er sie aufsetzte, lösten sich für Joseph die Symbole des reformierten Ägyptisch in englische Sprache des 17. Jahrhunderts auf – allen Lesern der King-James-Bibelfassung wohlvertraut.

Nur Joseph, hatte Moroni gewarnt, durfte die Tafeln anschauen. So diktierte er ihren Inhalt in seinen eigenen Worten seiner jungen Braut Emma und anderen Gläubigen, die außer Sichtweite der Tafeln auf der anderen Seite einer aufgehängten Wolldecke saßen. Die Geschichte, die sich ergab, war so ungewöhnlich wie die Entdeckung der goldenen Tafeln selbst.

Dieser Erzählung zufolge hatte Gott 600 Jahre vor Christus einige seiner Gläubigen aus Israel fortgeschickt und ihnen befohlen, die Gegend zu kolonisieren, die dann als Nordamerika bekannt wurde. Im Laufe der Zeit spalteten sie sich in zwei Stämme: das eine ein „helles und erfreuliches Volk", das andere ein „wildes, gewalttätiges und blutdurstiges Volk", das Gott wegen seiner Wildheit verfluchte, indem er seine Gesichter rotbraun färbte – was erklärte, wie die Indianer nach Amerika kamen. In den folgenden Kriegen zwischen den beiden Stämmen vernichteten die Barbaren die hellhäutigen Menschen. Die Goldtafeln versteckte Moroni, der einzige hellhäutige Überlebende der letzten schrecklichen Schlacht. Wer immer sie finden würde, hatte die Pflicht, die wahre Kirche Jesu Christi wiedererstehen zu lassen und Gottes Königreich auf Erden zu erbauen, bevor Christus wiederkam, um sein tausendjähriges Reich zu beginnen.

Als der Inhalt der Tafeln vollständig diktiert war, veröffentlichte Joseph Smith das Werk als das Buch Mormons – so genannt, weil die goldenen Tafeln angeblich hauptsächlich von Mormon beschrieben worden waren, Moronis Vater, der der Historiker des hellhäutigen Volkes war. Am 6. April 1830, elf Tage, nachdem das Buch vom Buchbinder gekommen war, gründeten Smith und fünf Bekehrte, darunter sein Bruder Hyrum, die Kirche Jesu Christi. Die Worte „der Heiligen der Letzten Tage" wurden vier Jahre später hinzugefügt.

Joseph predigte, daß sich die Rechte des Individuums dem Wohle der Organisation zu beugen hätten – in diesem Fall einer Mormonentheokratie mit Joseph als absolutem, wenn auch wohlwollendem Diktator. Als Lohn für ihren absoluten Gehorsam wurde den zukünftigen Saints – „Heiligen" – versichert, sie seien das auserwählte Volk, das doppelten Gewinn haben würde: das Leben in einer irdischen Gottesstadt und danach das Leben im innersten Kreis des himmlischen Paradieses. Innerhalb eines Jahres hatten Joseph und seine fünf Jünger über tausend Anhänger gewonnen.

Brigham Young, der damals als Zimmermann, Maler und Glaser im westlichen New York arbeitete, lernte schon im Jahre 1830 die Botschaft der Mormonen kennen, aber er trat der Gemeinde nicht sofort bei. Zwei volle Jahre lang studierte er Mormons Buch, bevor er sich entschied. Dann gab es kein Schwanken mehr. „Ich wußte, daß es die Wahrheit war", erinnerte er sich, „ebenso wie ich wußte, daß ich mit meinen Augen sehen oder mit meinen Fingern fühlen konnte." Umgehend wurde er durch vollständiges Untertauchen in Wasser getauft und „erhielt das Amt eines Ältesten, bevor noch meine Kleider ganz trocken waren". Es war ein zukunftsträchtiger Tag in der Geschichte der Mormonen, denn als Joseph Smith 12 Jahre später ermordet wurde, war es Brigham Young, der fast im Alleingang seine Kirche vor der Vernichtung bewahrte.

Ein gewaltsamer Tod Smiths war bei der missionarischen Aufgabe, die dieser sich selbst gesetzt hatte, nicht verwunderlich. Von seinen unorthodoxen religiösen Lehren abgesehen, stellte er öffentlich viele der heiligsten Prinzipien Amerikas in Frage, zum Beispiel die Trennung von Kirche und Staat und die Unverletzlichkeit der individuellen Freiheit. Außerdem faszinierte Smith das Problem einer gemeinschaftlichen Wirtschaftsgrundlage. Schon 1831 verkündete er einen Beschluß – er wurde später modifiziert –, der den Besitz eines jeden Saint zum gemeinschaftlichen Besitz der Kirche erklärte. Für eine junge Nation, die

Eine Wagenkolonne fährt auf dem letzten Abschnitt der Reise nach Utah 1867 in den Echo-Canyon ein. Zu dieser Zeit wand sich ein stark ausgefahrener Trail, flankiert von den Masten des transkontinentalen Telegraphensystems, durch das zerklüftete Wasatch-Gebirge, das zwischen Fort Bridger und Salt Lake City liegt.

Ein jungvermähltes Mormonenpaar steht vor seinem Heim in den Ausläufern des Wasatch-Gebirges. Ein Zeltanbau dient als Erweiterung der kleinen, grob zusammengezimmerten Hütte, die vorher als Junggesellenwohnung genügend Raum bot.

überschwenglich den Gedanken freien Unternehmertums verfolgte, schwätzte dieser Mann baren Unsinn.

Das Mißfallen der Ungläubigen an den Saints und an den Ideen ihres Propheten wurde immer größer. Und die Saints, überzeugt von ihrer göttlichen Auserwähltheit, hielten sich abseits und lehnten alle Außenstehenden ab – die „Heiden", wie sie sie nannten, indem sie den biblischen Ausdruck für die nichtchristlichen Stämme entlehnten. Natürlich schlugen die so Ausgeschlossenen zurück.

In Kirtland, Ohio, 18 Kilometer östlich vom Erie-See, wo der Prophet 1831 die erste kleine Mormonensiedlung gegründet hatte, äußerten sich die feindseligen Gefühle gegen die Saints ein Jahr lang nur in leisem Murren im privaten Kreis und in Zeitungsartikeln. Dann zerrte eines Samstagsnachts im März 1832 der Mob Joseph aus seinem Bett.

„Verfluchter, ruf deinen Gott um Hilfe an, *wir* werden keine Gnade zeigen!" rief wutentbrannt ein Farmer und spuckte ihm ins Gesicht. Sie prügelten, würgten, stachen und kratzten Joseph, zogen ihn aus und teerten und federten ihn; der Kastration entkam er nur deshalb, weil niemand bereit war, das Messer zu halten. Er konnte sich noch ins Haus zurückschleppen, wo er die schmerzhafte Prozedur der Reinigung von Teer und Federn ertrug. Am nächsten Morgen hielt er von seiner Kanzel herab eine sanftmütige Predigt, die mit keinem Wort den Überfall erwähnte.

Einige Mormonen hielten es noch sechs weitere Jahre in Kirtland aus; andere versuchten, sichere Kolonien weiter westlich in Missouri zu gründen, aber auch dort wurden sie wieder vom Mob ausgeplündert. 1838 entschied der Gouverneur von Missouri, Lillburn Boggs: „Die Mormonen müssen wie Feinde behandelt werden und ausgerottet oder aus dem Staat gejagt werden." Er mobilisierte die Staatsmiliz, um diese Anweisung ausführen zu lassen.

Die Saints ließen all ihre Habe im Stich und flohen erneut, diesmal nach Osten, nach Illinois. Als Führer des Exodus bestimmte Smith Brigham Young, der schnell in der Mormonenhierarchie aufgestiegen und Präsident des Rates der Zwölf Apostel der Kirche geworden war.

Umgeben von seinen fünf Frauen und seinen Kindern, sitzt ein Farmer in Utah vor einem der Häuser, die er für sie gebaut hat. Die Mormonen bekannten sich erst 1852 öffentlich zur Polygamie und gaben sie im Jahre 1890 offiziell auf.

Viele der verstörten, aber hartnäckigen Mormonen überquerten den Missouri bei Quincy. Eine Einwohnerin der Stadt, Mary Jane Selby, sah sie in ihren „Erinnerungen eines kleinen Mädchens aus den vierziger Jahren" noch deutlich, wenn auch voll Verachtung vor sich: „In Quincy gab es mehrere nicht sehr erfreuliche Ereignisse", schrieb sie. „Eins war die Ankunft einer großen Anzahl von Mormonenflüchtlingen, die aus Missouri vertrieben worden waren, ein anderes unwillkommenes Ereignis, an das ich mich erinnere, der Einbruch der Cholera."

Die Verachtung verwandelte sich allmählich in widerwillige Bewunderung, als die Heiden sahen, wie die Mormonen die seltsame Stadt Commerce am Mississippi aufbauten, die sie in Nauvoo umbenannten – ein hebräisches Wort, das einen schönen und friedlichen Ort meint. Keine „gottlosen oder unschicklichen Reden" wurden in Nauvoo geduldet. Seine Unternehmen gediehen, und um 1844 war es bereits die größte Stadt von Illinois und hatte eine Bevölkerung von fast 15 000. Aber für Smith war es viel mehr als nur eine blühende Stadt: Es war sein göttliches Lehen, und er selbst war das Gesetz. Als Gegenleistung für das Stimmpotential, über das er bei Wahlen in Illinois verfügte, billigte die Regierung Nauvoo die Autonomie eines Stadtstaates zu, mit dem Recht auf eine eigene Bürgerwehr, die teilweise mit vom Staat gelieferten Waffen ausgerüstet war.

Aber auch als es den Saints gut ging, schwelten die alten Antagonismen; sie kamen 1844 zum Ausbruch, als Smith seine Kandidatur zum Präsidenten der Vereinigten Staaten auf der Grundlage einer „Theodemokratie" bekanntgab. Als wäre diese Bedrohung der konstitutionellen Trennung von Kirche und Staat noch nicht genug, wurde jetzt eine noch größere Bedrohung amerikanischer Werte sichtbar: Überall hörte man Geflüster über die vielen Frauen des Propheten und seiner engsten Berater.

Einige Jahre früher hatte der Prophet seine letzte Offenbarung erfahren: daß ein Mann die geistliche Pflicht hatte, so viele Frauen zu heiraten, wie er versorgen konnte. Diese Offenbarung wurde nicht vor 1843 schriftlich nieder-

DESERET STORE.

Mormonen aus dem südlichen Utah kommen zum Deseret Store und General Tithing Office in Salt Lake City, um ihre jährliche Verpflichtung zu erfüllen, ein Zehntel ihres Einkommens an die Kirche abzuliefern. Da Bargeld rar war, zahlten die Saints meist in Vieh, Landwirtschaftserzeugnissen oder Handwerksarbeiten.

gelegt, und auch dann wurde sie nur den Kirchenältesten mitgeteilt. Ihre öffentliche Verkündigung ließ noch weitere neun Jahre auf sich warten. Aber die Praxis der Polygamie auf höchster Ebene der Mormonenführung war ein offenes Geheimnis. Smith selbst soll 60 Frauen gehabt haben.

Was andere Polygamie nannten, bezeichnete Smith selbst lieber als himmlische Ehe, ein Ausdruck, der sich aus der Mormonenlehre herleitete, daß Familien im Jenseits wiedervereinigt würden und jeder Mann und all seine Frauen die eheliche Verbindung wieder aufnehmen würden, um geistige Nachkommenschaft zu zeugen. In dieser Welt jedoch war das praktische und sofortige Ziel der Vielweiberei die Zeugung von so vielen Mormonenkindern wie möglich.

Smiths Zögern, diese Praxis allgemein bekannt werden zu lassen, war verständlich. Sie traf die Wurzeln der konventionellen Gesellschaft, die monogame Familieneinheit. Sogar einige seiner Mormonengefährten lehnten sie ab, und Smith sah sich bedrängt von Heiden wie von reformerischen Mitgliedern seiner eigenen Kirche. Die andersdenkenden Mormonen gründeten eine Zeitung, den *Nauvoo Expositor*, die nicht nur die Polygamie des Propheten angriff, sondern auch seinen Anspruch auf das Staatsamt.

Smith befahl, die Zeitungsredaktion zu zerstören, und der Auftrag wurde schleunigst ausgeführt. Das war ein deutlicher Wink für die Heiden. Ihr Ziel hieß jetzt Pressefreiheit, und mit diesem Schlachtruf warfen sie Smith und seinen Bruder Hyrum in Carthage in Illinois wegen Verletzung der Verfassung ins Gefängnis. Am 27. Juni 1844 drangen Soldaten der Staatsmiliz mit geschwärzten Gesichtern in das Gefängnis ein und erschossen Joseph gerade in dem Augenblick, als er aus einem Fenster des zweiten Stockwerks springen wollte. Hyrum wurde bei dem Versuch, die Mörder abzuwehren, getötet.

Die Mormonengemeinschaft in Nauvoo schwankte, brach aber nicht zusammen. Beim öffentlichen Begräbnis waren die Särge von Joseph und Hyrum zur Hälfte mit Sand gefüllt; ihre Körper waren schon heimlich unter dem Tempel der Stadt begraben worden, um möglicher Leichenschändung zuvorzukommen. Brigham Young, der später zum Präsidenten der Kirche gewählt wurde, gelang es, das Volk wieder aufzurichten und es zusammenzuhalten. Tatsächlich lebten sie noch ein Jahr relativ friedlich in Nauvoo, unbehelligt von den Heiden, die selbst von Joseph Smiths gewaltsamem Tod schockiert und der Gewalt überdrüssig waren. Aber im Sommer 1845, als offensichtlich wurde, daß der Weinstock der Kirche nicht mit seinen Wurzeln gestorben war, verlangten die Heiden, daß die Mormonen Illinois noch vor dem nächsten Frühjahr verlassen sollten. Dies war der entscheidende Wendepunkt in der Geschichte der Mormonen: Young und seine Berater beschlossen, daß Auswandern in den Far West die einzige Hoffnung der Saints sei.

In diesem Winter verwandelte sich jedes Haus in Nauvoo in eine Werkstatt zur Herstellung von Wagen, Zelten und anderer Reiseausrüstung, und im Austausch gegen Tiere, Nahrungsmittel und Munition wurde Besitz an die Heiden verkauft. Unter unablässigem Druck begannen die Mormonen Anfang des Frühjahrs 1846, Nauvoo gruppenweise zu verlassen. Aber im September waren 500 von ihnen, die noch nicht zum Weggehen bereit waren, immer noch in der Stadt. Jetzt hatten die Heiden von Illinois, trotz des versöhnlichen Entschlusses der Mormonen, das Land zu verlassen, endgültig die Geduld verloren. Der Pöbel brach in die Stadt ein, stahl Waffen, plünderte Häuser und trieb die letzten Saints über den Mississippi in die Südostecke von Iowa.

So fabelhaft geplant wie die 2250-Kilometer-Reise von Nauvoo zum Salt-Lake-Tal war kein anderes Emigrationsunternehmen von Westpionieren. Langsam durchquerten die Saints Iowa in kleinen, gut zu bewältigenden Abschnitten. Jede Abteilung war in militärischem Stil sorgfältig in Gruppen und Untergruppen aufgeteilt. Zuständigkeiten und Pflichten waren klar. Die ersten Gruppen pflügten Felder und säten. Spätere Gruppen ernteten und hinterließen neue Anpflanzungen für die nachfolgenden. Im Herbst 1846 hatten mehrere tausend Flüchtlinge die 640 Kilometer zu den Winterquartieren zurückgelegt, die Brigham Young unterwegs im Indianergebiet am Missouri hatte anlegen lassen, genau westlich von Council Bluffs. Dort schlugen die Flüchtlinge ihr Lager für einen wahren Elendswinter auf. Trotz der sorgfältigen Planung schwanden die Nahrungs- und Brennstoffvorräte dahin, und die Cholera und einige andere Krankheiten forderten an die 600 Todesopfer. Aber im Frühling 1847 waren Young und seine Vorausabteilung zum endgültigen Vorstoß auf die Rocky Mountains bereit.

Die Vorhut von 148 Personen verließ das Winterquartier am 17. April; ihr folgte später im Sommer eine weit größere Emigrantengruppe. In weiser Voraussicht hatten die Mormonen sich eine Route nördlich des Platte River ausgesucht, um Distanz zu möglicherweise feindlich gesinnten Emigranten aus Missouri zu wahren, die auf dem Südufer den Oregon Trail entlangzogen.

Die Vorhut der Mormonen erlitt keinerlei Verluste; auch gab es keine Zweifel darüber, was unterwegs erlaubt war und was nicht. Brigham Young achtete scharf darauf. Er tanzte gern, und er liebte das Gebet. An vielen Abenden tanzten die Reisenden, allabendlich beteten sie. Der schlimmste Teil der Reise, darin waren sich alle einig, war die letzte steile Strecke von 58 Kilometern, bevor sie das Salt-Lake-Tal erreichten. Es war derselbe enge, fast unpassierbare Trail über das

„Lasst sie ihre Lenden gürten und herwandern"

Von allen Trecks nach Westen stellte keiner die menschliche Willenskraft auf eine so harte Probe wie der Zug der 3000 konvertierten Mormonen aus Europa, die zwischen 1856 und 1860 die 2100 Kilometer von Iowa zum Salt-Lake-Tal zu Fuß zurücklegten und ihren Besitz in zweirädrigen Handkarren mitschleppten.

Diese strapaziöse Art des Reisens war Brigham Youngs Idee. Eine Mißernte hatte die Kirche alle Mittel für den Kauf von Wagen und Ochsen gekostet, um die Konvertiten nach Westen zu bringen. Da erklärte Young: „Laßt sie zu Fuß mit Handkarren kommen; laßt sie ihre Lenden gürten und herwandern, und nichts soll sie hindern oder aufhalten."

Die ersten Gruppen, die 1856 diesem Rat nachkamen, büßten schwer für Planungsfehler. Am Sammelplatz in Iowa benutzten die Mormonenhandwerker, die die Karren bauten, noch grünes Holz und verzichteten auf Eisenachsen und -reifen, um Kosten und Zeit zu sparen. Die meisten Karren waren bis obenhin mit der maximalen Ladung von 350 bis 450 Pfund an Habseligkeiten belastet, als die Pilger gruppenweise in militärischer Ordnung loszogen. Die Familien teilten sich in die Mühe, Vater und Mutter zogen, die Kinder schoben.

Die hölzernen Achsen der Karren waren bald vom Sand aufgerieben und rissen in der Sommerhitze. Die Erschöpfung kostete schwere Opfer. Archer Walters, ein englischer Zimmermann, schrieb ein bitteres Reisetagebuch: „15. Juni: Stand um 4 Uhr auf, um einen Sarg für den Sohn meines Bruders John Lee zu machen, den 12jährigen William Lee. Andacht zur üblichen Zeit, während der ich einen weiteren Sarg für Schwester Prators Kind machen mußte . . . 17. Juni: Schafften etwa 27 Kilometer. Machte einen kleinen Sarg für Bruder Job Wellings Sohn und reparierte ein Karrenrad."

Einige Pilger gaben auf: Zwei Mädchen aus einer Gruppe blieben zurück, um zwei beschwipste Bergleute zu heiraten, die in einer Hütte am Weg lebten. Zwei Gruppen, die spät im Jahr aufbrachen, gerieten in die Winterstürme, und Kälte und Hunger kosteten 200 Leben, bevor die Retter kamen. Aber die große Mehrzahl der Wanderer überlebte und hörte Salt Lake Citys Willkommensmusik. Wie sich zeigte, hatten viele die anstrengende Reise schneller bewältigt, als wenn sie mit Wagen und Ochsen gefahren wären – wenn ein sechsjähriges Mädchen auch meinte, sie habe wohl eine Million Schritte gemacht, bis sie endlich ans Ziel gekommen sei.

Mormonen mit Handkarren durchwaten einen Präriefluß und rasten in grüner Ebene, die noch nichts von den vor ihnen liegenden Strapazen ahnen läßt.

Bewässerungsgräben, die Wasser für die Haushalte und Gärten führten, bildeten 1861 die seitliche Einfassung der Hauptstraße von Salt Lake City. Den frühen Siedlern wurde das Wasser rationiert: zwei Wochenstunden für jeden halben Hektar.

Wasatch-Gebirge von Fort Bridger aus, den die Donner-Gruppe im Sommer davor eingeschlagen hatte und der sie fast vernichtet hatte.

Bevor jedoch der erste Herbst der Saints in diesem Tal vorüber war, hatten Hunderte weiterer Mormonenwagen die halsbrecherische Schlucht, die den Zugang zu ihr bildete, geglättet und ausgefahren. Diese zweite Emigrantenwelle kam die letzten schwierigen Kilometer des Abstiegs voller Zuversicht und Entschlossenheit hinab. Die Leute hatten Grund dazu: Unterwegs auf dem Trail waren sie Brigham Young begegnet, der wieder ostwärts reiste. Er hatte ihnen eine gute Botschaft gebracht. In dem Tal, das sie erwartete, reiften schon Mormonenernten; es würde ihnen allen Heimat und Nahrung bieten. Haltet durch!

Youngs Optimismus war jedoch verfrüht. Keine richtige Ernte hatte eingebracht werden können, als schon das kalte Wetter einsetzte. Bald zwang der Hunger die Saints, nach Wurzeln zu graben. Die Familie von Lorenzo Young, Brighams Bruder, war gezwungen, Kuhhäute zu Suppe auszukochen. Lorenzos Frau Harriet hatte ein schönes Porzellanservice mitgenommen, und Lorenzo war froh darüber. „Nie habe ich ein größeres Bedürfnis nach einem einladend gedeckten Tisch empfunden", erinnerte er sich lange Zeit später, „als in jenen Tagen der Leimsuppen."

Nur mit Mühe gelang es den Saints, einen zweiten Hungerwinter zu überleben – er war so schlimm wie der bei Council Bluffs –, aber als 1848 der Frühling kam, stiegen ihre Hoffnungen erneut. Wieder streuten sie ihre Saat aus und sahen erwartungsvoll einem ertragreichen Sommer entgegen – und standen alsbald vor einer neuen Krise. Bald nach der Aussaat fielen die Heuschrecken, die überall im Tal umherschwärmten, in die Mais- und Weizenfelder ein und drohten die Ernte zu zerstören. „Der Frost heute morgen, zusammen mit den Verwüstungen der Heuschrecken vor einigen Tagen", schrieb eine Frau am 28. Mai 1848 in ihr Tagebuch, „verursacht viel Seufzen und manch lange Gesichter bei denen, die vorübergehend vergessen, daß sie Saints sind." Aber im Juni kamen täglich die Seemöwen vom Great Salt Lake, um sich an den Heuschrecken zu delektieren, und ein Teil der Saat überlebte. Obwohl es für hungrige Seemöwen ganz normal war, nach Heuschrecken zu haschen, sahen die Saints Gottes Hand in allem, was lebte, und das „Möwenwunder" fand schnell Eingang in die Überlieferung der Mormonen.

Die meisten Erfolge der Saints in diesem zweiten Sommer und in den darauffolgenden Jahren wurden durch gemeinschaftliche Anstrengung errungen. Tatsächlich basierte fast alles, was die Saints in Utah zustande brachten, auf ihrer Bereitschaft zu guter Zusammenarbeit. Brigham Young, der über das Salt-Lake-Tal hinaus auf andere Landstriche des Great Basin sah, war entschlossen, auch den letzten Hektar davon in Anspruch zu nehmen, der sich zur Besiedlung und Kultivierung eignete. Und ihm war klar: Je mehr Hände sich an dieser Aufgabe beteiligen ließen, um so eher würde das Königreich Gottes auf Erden vollendet.

Young, auch hier der brillante Planer, sah sich sofort nach der gewünschten Verstärkung um. Mormonenmissionare waren schon in England und Nordeuropa tätig. Er befahl ihnen, ihre Bekehrungsziffern unter den Armen und Unterdrückten zu steigern und die Konvertierten so schnell wie möglich zu ihnen zu schicken. Mitte der 1850er Jahre kamen englische, skandinavische und deutsche Familien zu Tausenden, voller Sehnsucht nach einem Leben in einem Reich, das jedem seiner treuen Untertanen einen neuen Anfang und ein glückliches Ende versprach.

Als die Gläubigen in das Salt-Lake-Tal strömten, wurden sie zur Gründung neuer Siedlungen nördlich und südlich des Seegebiets eingeteilt. Jede Gruppe von Neuankömmlingen wurde schnellstens in die Mormonengesellschaft integriert. Beherrschte ein Neuer ein Handwerk, ermutigten seine Gemeindeältesten ihn, es auszuüben. War er Bauer, wurde ihm Land zugeteilt, und seine Nachbarn brachten ihn und seine Familie unter und verpflegten sie mit, bis er seine eigene Hütte bauen, seine Felder pflügen und säen konnte.

Welche Arbeit ein Neuankömmling auch wählte, einen Teil seiner Arbeitskraft mußte er in Gemeinschaftsprojekte stecken. Wie ein Pionier sich ausdrückte: „Jeder mußte sein Scherflein beitragen zum Besten von Frauen, Männern und Kindern." In den ersten Jahren war kein Projekt so eindrucksvoll und von so entscheidender Wichtigkeit wie das Bewässerungssystem der Mormonen.

Etwas Regen fiel zwar im Salt-Lake-Tal, aber die Menge war kaum ausreichend für brauchbare Ernten, die bis zu einem Meter Regenfälle im Jahr brauchen. Die Wasserversorgung mußte durch künstliche Bewässerung gesteigert werden, mit der die Emigranten bis dahin nahezu gar keine Erfahrung hatten. Aber bald lernten sie durch mehr oder weniger erfolgreiches Experimentieren, wie man die Flüsse in den Bergen der Umgebung anzapfen konnte.

Die erste Überlegung galt dem Verlauf der Dämme und der Haupt- und Seitenkanäle. Je höher in den Bergen man mit dieser Arbeit begann, desto mehr Wasser konnte man abfangen und desto weiter in die Felder konnte es geleitet werden. Aber Dämme in so großer Höhe bedeuteten auch monatelange Kanalarbeiten und eine längere Wartezeit, bis das Wasser das durstende Ackerland erreichte. So baute man in den Anfängen tiefer gelegene Systeme, die nur die Felder versorgten, die in der Nähe der Schluchten lagen.

Das Aufstauen des schnellfließenden Schmelzwassers aus dem Gebirge war schon an sich ein Kunststück, obwohl zumindest einmal Hilfe von unerwarteter Seite kam. „Der Fluß war voller Biber", erinnerte sich einer der Dammbauer, „und die Biber, sobald sie begriffen, daß da ein Damm gebaut werden sollte, fingen an, nachts zu arbeiten. Sie teilten Weiden in Stücke von 90 bis 120 Zentimeter Länge, manchmal noch länger, flochten sie dort, wo der Damm entstand, im Wasser zusammen und verschmierten das Ganze mit Schlamm. Die Biber übernahmen die Nachtschicht und waren dadurch eine große Hilfe."

Wenn ein Damm hielt – und die Gefahr, daß er nicht halten würde, bestand immer –, konnte die Arbeit an den Kanälen beginnen. Zuerst wurden parallele Furchen in den Boden gepflügt, wobei man in allmählichem Abstieg dem natürlichen Gefälle des Tals folgte. Dann wurde ein beschwerter, A-förmiger Schlitten – *go-devil* genannt – durch die aufgelockerte Erde gezogen, die er beidseits der Furche zu hohen Wällen aufhäufte. Ein solcher Kanal war 1,20 Meter tief, unten 1,50 Meter und oben 2,40 Meter breit.

Das Gefälle des Kanals mußte sorgfältig bemessen sein. Wenn es zu schwach war, versandete der Kanal bald; war es zu steil, kam das Wasser in einem schlammigen Sturzbach heruntergerauscht und wusch die Rinne aus. Die Faustregel hieß, daß die optimale Neigung ein Gefälle von 1,27 Zentimetern auf fünf Meter Kanalstrecke war. Für dieses komplizierte Maß benutzten die Mormonen ein grobes, aber sinnvolles Meßgerät: einen Rahmen aus drei Latten, die ein breites, gedrungenes H bildeten. Eins seiner beiden Beine war 1,27 Zentimeter länger als das andere. Wenn das

Bei einem Ausflug von Mormonenkolonisten auf das Colorado-Plateau 1870 benutzten Brigham Young (mit Zylinder) und seine Gesellschaft die Gelegenheit zu

Kanalbett ausgehoben war, wurde der Jakobsstab in Längsrichtung daraufgesetzt, das längere Bein talwärts; die Arbeiter glichen den Kanalboden dann durch Auffüllen oder Abkratzen so aus, bis der fünf Meter lange Querbalken des H waagerecht stand, was sich leicht prüfen ließ, indem man einfach ein randvolles Gefäß mit Wasser daraufstellte. Wenn das Wasser nicht überlief, bedeutete das, daß der Kanal genau die gewünschte Neigung hatte.

Wenn das Bewässerungssystem erst richtig funktionierte, wurde den Haushalten und Feldern im Tal eine bestimmte Menge Wasser zugeteilt: Jedem Hektar standen im Jahresdurchschnitt 25 Zentimeter zu. Als die Saints begannen, sich vom Salt-Lake-Tal aus fächerförmig auszubreiten und neue Siedlungen zu gründen, zog immer auch jemand mit, der wußte, wie man das Wasser vom Gebirge herunterleitete und seinen Verbrauch regulierte. 1865 waren 277 Kanäle mit einer Gesamtlänge von 1678 Kilometern gebaut, die 61 600 Hektar vorher unfruchtbaren Bodens bewässerten.

Der Bau von Bewässerungssystemen war nur eins der zahlreichen Gemeinschaftsunternehmen der Mormonen. Eine Gruppe Arbeitswilliger baute Straßen, Brücken und sogar ein ausgedehntes Telegraphensystem: Im Sommer 1876 hörte die ganze amerikanische Nation von General George Custers Niederlage bei Little Big Horn zuerst über die privaten Telegraphendrähte der Saints.

Auch die Industrie wurde nicht vernachlässigt. „Produziert selbst, was ihr verbraucht", war Brigham Youngs Rede. So baute sein Volk Getreidemühlen und Sägemühlen, Eisengießereien und Gerbereien, und um 1853 summten in Salt Lake City die Manufakturen für Flanell, Halbwollstoffe,

einem Gruppenporträt. Die Saints gründeten Hunderte von Außenposten, einige so weit entfernt wie San Bernardino in Kalifornien und Fort Lemhi in Idaho.

Köper, Steingut und Schneidewaren. Trotz der Reihe eindrucksvoller Erfolge der Saints bei der Nutzung der Ressourcen ihrer neuen Heimat gab es auch einige Mißerfolge. Young schickte 309 Familien ins südliche Utah mit der besonderen Aufgabe, Baumwolle anzupflanzen, aber der alkalihaltige Boden und abwechselnde Überschwemmungen und Dürreperioden sowie Invasionen von Heuschrecken ließen das Experiment scheitern. Auch sein Versuch, eine Seidenindustrie ins Leben zu rufen, schlug fehl.

Im großen und ganzen waren die Saints überaus erfolgreich. Aber alles, was sie erreichten, wurde bedroht durch Probleme, die aus der Festlegung der Kirche auf das Prinzip der Vielehe entstanden. Die potentiellen Möglichkeiten, durch Polygamie das Great Basin zu bevölkern, waren beeindruckend. Eine Mormonenzeitung in England veröffentlichte eine arithmetische Übung, die zeigen sollte, daß ein gewissenhafter Mormone mit 40 Frauen – Mr. Fruchtbar nannte die Zeitung ihren hypothetischen Mann – im Alter von 78 Jahren Gottes Königreich 3 508 441 Saints geschenkt haben könnte. Auf der anderen Seite hätte ein Heide mit nur einer Frau und fünf Söhnen in derselben Zeit nur 152 Nachkommen produziert.

Wahrscheinlich waren Mormonen Versuchungen genauso ausgesetzt wie andere menschliche Wesen, und es ist zweifellos richtig, daß Heiratsmotive manchmal mehr durch die Libido als durch die Liturgie bestimmt wurden. Aber für einen gläubigen Mormonen war die Ehe mit mehr als einer Frau ein Akt des Glaubens und so geheiligt wie die Taufe. Bevor die Heiratszeremonie mit einer weiteren Frau – Besiegelung genannt – vollzogen wurde, mußte die erste Frau des Mannes ihr Einverständnis geben.

Selbst als die Kirche im Great Basin schon fest etabliert war und ihre Ältesten sich sicher genug fühlten, um offen zur Polygamie aufzurufen, waren weniger als 20 Prozent der Mormonen mit mehr als einer Frau verheiratet, und mindestens zwei Drittel dieser Ehen waren nur Bigamien. Viele Mormonenfrauen lehnten die Polygamie ab – wie auch Joseph Smiths erste Frau Emma. Als sie das Schriftstück las, das diese Offenbarung verkündete, bekam sie einen Wutanfall und warf es ins Feuer.

Brigham Young hatte solche Art häuslicher Scherereien nicht. Als die Rocky Mountains ihn von den Mißfallensäußerungen der Heiden abschirmten, heiratete er 27 Frauen; weiteren etwa 50 weiteren Frauen verband er sich „nur für die Ewigkeit" (das heißt, er würde sie später wiedersehen, mit ihnen aber nicht in irdischer Ehe leben), und mit noch 150 anderen, die bereits im Jenseits weilten, ging er die „Besiegelung" ein. Von allen seinen irdischen Gattinnen wurde ihm nur eine untreu, die neunzehnte. Dennoch erreichte er bei weitem nicht das Ziel des hypothetischen Mr. Fruchtbar. Dieser hatte 400 Kinder, Young zeugte nur 56 – 31 Töchter und 25 Söhne.

Inzwischen blickte das übrige Land außerhalb der Mormonenfestung im Westen mit wachsendem Abscheu auf diese Praxis. Gerüchte über die Vielweiberei der Saints wurden von den „Neunundvierzigern" bestätigt, die auf ihrer Suche nach dem kalifornischen Gold durch das Gebiet kamen. Und Armee-Kundschafter, die 1849 ausgeschickt wurden, um das Tal zu beobachten, schickten weitere Berichte über das Ehesystem nach Hause. Einer von ihnen, Captain Howard Stansbury, schrieb:

„Die weiteste Kluft zu den Sitten und Gewohnheiten aller übrigen Christen zeigt sich bei diesen seltsamen Leuten in ihren privaten und häuslichen Beziehungen. Ich spreche von dem sogenannten System der ‚Gattinnen im Geiste', dessen Praxis man ihnen schon in Illinois vorwarf und das schließlich wesentlich dazu beitrug, die öffentliche Meinung in jenem Staat gegen sie einzunehmen. Damals, meine ich, leugneten sie hartnäckig, daß eine solche Praxis bei ihnen existiere, und auch jetzt wird es nicht offen zugegeben als etwas, das durch ihre Doktrin oder Disziplin sanktioniert wird. Aber daß es bei ihnen tatsächlich Polygamie gibt, kann wohl auch dem oberflächlichsten Beobachter nicht verborgen bleiben, wenn er nur kurze Zeit bei ihnen zugebracht hat. Ich habe selbst gehört, wie der Präsident der Kirche persönlich von der Kanzel herab verkündete, daß er das Recht habe, tausend Frauen zu nehmen, wenn er es für richtig erachte; und er forderte jedermann öffentlich heraus, ihm mit der Bibel das Gegenteil zu beweisen."

Wie vorherzusehen, wurde das System der Vielehe zu einer Quelle ständiger Spannungen zwischen den Mormonen und der US-Regierung. Als sich die Saints 1849 um den Status eines Bundesstaats bewarben, war die Polygamie ein Hauptargument gegen ihre Aufnahme. Ein zweites Problem waren die geradezu märchenhaften Gebietsforderungen, die die Mormonen für ihren Staat stellten.

Die Grenzen des Mormonenstaates, wie Brigham Young und sein Rat sie zogen, sollten fast ganz Utah, Nevada und Arizona und Teile von Oregon, Idaho, Wyoming, Colorado und Südkalifornien einschließen – alles in allem ungefähr ein Sechstel des amerikanischen Gesamtgebietes. Besonders der kalifornische Anteil erschien Young geradezu lebenswichtig. Dieses Gebiet hätte den Saints mit San Diego einen Seehafen gegeben; ohne ihn, das war ihnen klar, würden sie immer ökonomisch abhängig vom heidnischen Amerika bleiben. Die Saints schlugen vor, dem angestrebten Staat den ehrenvoller Namen der Honigbiene zu geben, dieses heroischen Tier-

Eine zeitgenössische Karikatur mokiert sich über die Polygamie der Mormonen: Brigham Young hat sich auf den Schrank gerettet, während seine eifersüchtigen Frauen unter dem Geheul einer ganzen Krippe voller Babys zwei neue Bräute attackieren.

chens, dem Symbol unaufhörlichen Fleißes. In Mormons Buch wird die fleißige kleine Arbeiterin *deseret* genannt, und die Mormonen fanden, daß „Der Staat Deseret" wunderbar zu ihrer Gesellschaft passen würde.

Der Kongreß in Washington dachte anders. 1850 votierten nach reiflichen Überlegungen die Abgeordneten nicht für den Status eines Bundesstaats, sondern eines Territoriums. Anstelle des immensen Gebietes, das die Mormonen angestrebt hatten, sollte das neue US-Territorium eine wesentlich kleinere Fläche umfassen: das gesamte heutige Utah und Nevada und die Hälfte von Colorado und Arizona. Kein Hafen gehörte dazu, auch der Name Deseret wurde abgelehnt. Der Kongreß stimmte für den Namen Utah, nach den Ute-Indianern, die dort lebten.

All dies versetzte den Hoffnungen der Mormonen einen schweren Schlag. Der Status als Bundesstaat hätte ihnen eine Vertretung in der Hauptstadt der Nation garantiert. Der Territorialstatus aber schaffte eine Herr-Diener-Beziehung zwischen Washington und Salt Lake City. Millard Fillmore, der damalige Präsident der Vereinigten Staaten, war vernünftig genug, Brigham Young zum Territorial-Gouverneur zu machen, aber die meisten anderen Bundesbeamten – besonders die Richter – waren Heiden aus dem Osten.

In den Augen der Mormonen überboten sich diese Hüter des Gesetzes gegenseitig an Verständnislosigkeit, Niedertracht und Feindseligkeit ihnen gegenüber. Also ignorierten die Mormonen die Bundesgerichte und legten ihre Streitigkeiten privat bei. Die Richter ihrerseits kehrten schäumend vor Wut nach Washington zurück und behaupteten dort, die Mormonen verhielten sich illoyal gegenüber der Bundesregierung, verachteten den Kongreß und hätten keinen Respekt vor dem Präsidenten. 1855 drang die gesamte Presse darauf, man solle Young sein Staatsamt nehmen.

Young war nun schon 10 Jahre lang Oberhaupt der Kirche und der weltlichen Regierung gewesen. Seine Reaktion auf seine mögliche Entlassung lautete in einer Predigt an sein Volk kategorisch: „Ich bin Gouverneur und werde es weiterhin sein, *und keine Macht der Welt kann das verhindern, bis der Allmächtige sagt: ‚Brigham, du sollst nicht länger Gouverneur sein.'"*

1857 übernahm es der neugewählte Präsident der Vereinigten Staaten, James Buchanan, für Gott den Allmächtigen zu sprechen. Buchanan war damals in großen Schwierigkeiten: Eine erbitterte nationale Debatte über die Sklaverei und wachsende Spannungen zwischen dem Norden und dem Süden, die innerhalb von nur vier Jahren im Bürgerkrieg zum Ausbruch kommen sollten, setzten ihm zu. Teilweise war es der Rat von Freunden, der ihn zu dem Beschluß verleitete, Young als Gouverneur abzusetzen. Einer dieser Freunde, Robert Tyler, selbst Sohn eines früheren US-Präsidenten, schrieb Buchanan einen Brief:

„Philadelphia, 27. April 1857

Sehr verehrter Herr Präsident!

Die Öffentlichkeit fühlt sich immer stärker von dem Problem des *Mormonentums* beunruhigt. Allgemein reift der Wunsch, daß das Mormonentum (das sich jetzt bereits in unseren großen Städten im Norden zu rühren beginnt) unterdrückt und gänzlich ausgelöscht werden sollte.

Meine Meinung ist, daß wir das Negerproblem mit einem Kreuzzug gegen die Mormonen, der bundesweit Aufregung verursachen wird, überspielen können. Ich bin sicher, daß die Nation, wenn Sie in ihrer zupackenden Art die Sache in feste, furchtlose und entschlossene Hände nehmen, sich mit entschiedenem Enthusiasmus um Sie scharen wird und man im Donner des Gewitters, das wir verursachen werden, die Pfiffe der Abolitionisten kaum hören wird.

Immer Ihr ergebener
Rob. Tyler"

Einige Monate nach Empfang von Tylers Brief ernannte Präsident Buchanan Alfred Cumming, den früheren Bürgermeister von Augusta in Georgia, zum neuen Gouverneur des Territoriums Utah. Da die Reaktion der Mormonen vorherzusehen war (ein Sprecher der Saints erklärte, daß der 216 Pfund schwere Cummings „mehr Kotelett als Gehirn" habe), beschloß Buchanan, mit militärischem Druck nachzu helfen. Von Fort Leavenworth in Kansas schickte er eine Armeeinheit von 2500 Soldaten nach Utah, um sicherzustellen, daß die Mormonen ihren neuen Gouverneur mit dem gebührenden Respekt empfingen.

Die Mormonen, die sich noch sehr gut an die Ausschweifungen der Milizsoldaten in Missouri und Illinois erinnerten, konnten durchaus nicht sicher sein, was die Bundessoldaten – darunter viele frisch rekrutierte aus dem sozialen Abschaum der Städte im Osten und aus dem westlichen Frontier-Gebiet – bei ihrer Ankunft im Salt-Lake-Tal tun würden. Brigham Young jedenfalls reagierte mit donnerndem Zorn:

„Weh, Weh über die Männer, die gegen alles Recht herkamen, um mich und mein Volk zu zerstören!" rief Young im August 1857 der auf dem Tempelplatz versammelten Gemeinde zu. „In Nauvoo, als ich Auge in Auge mit meinen Feinden stand, habe ich geschworen, ich würde sie zur Hölle schicken, wenn sie sich in meine Angelegenheiten mischten; und das werde ich wahr machen."

Bezugnehmend auf die Behauptung, daß Cumming und die ihn unterstützende Armee nur für Frieden sorgen sollten, brüllte Young: „Ich würde ihnen so wenig trauen wie einem Wolf im Schafspelz!" Unverzüglich mobilisierte er die Mormonenmiliz, entwarf aber auch Pläne für eine allgemeine Evakuierung und für die Niederbrennung Salt Lake Citys. Als Realist hatte er nicht vor, es auf eine Mann-zu-Mann-Konfrontation mit der US-Armee ankommen zu lassen.

Inzwischen griffen andere Mormonen, die in der Einsamkeit Süd-Utahs lebten, zur Selbsthilfe – mit tragischem Ausgang. In diesem Herbst war eine Gruppe von 137 Pionieren, die in Kalifornien siedeln wollten, nach Utah und in das dort herrschende emotionale Chaos gekommen. Sie alle waren Heiden aus Arkansas und Missouri, die meisten kamen als Familie. Wie schon unzählige andere Emigrantenkolonnen dieses Jahres waren sie Anfang August durch Salt Lake City gezogen, nachdem sie bei Fort Bridger vom Oregon Trail abgezweigt waren. Da es schon spät für sie wurde und die Katastrophe der Donner-Gruppe ihnen vor Augen stand, waren sie weiter ins südliche Utah gewandert, um nicht in eine Schneefalle in den weiter nördlich gelegenen Pässen der High Sierra zu geraten.

Wie oft auf dem Trail, hatte sich der Wagenkolonne alles mögliche Gesindel angeschlossen, und so hinterließen die Emigranten überall auf ihrem Weg durch das Territorium Feinde. Das Gerücht eilte ihnen voraus, sie hätten vergiftetes Rindfleisch an Indianer verkauft und einen indianischen Brunnen vergiftet. Außerdem hatten sie die Mormonensiedler beleidigt, die ihnen begegnet waren. Sie riefen ihre Ochsen Brigham und sagten, daß Mormonenfrauen Huren seien; ein Mann aus Missouri hatte angeblich sogar damit geprahlt, daß er beteiligt gewesen sei, als man bei ihnen im Gefängnis von Carthage Joseph Smith getötet habe.

Als die Mormonen am Trail sich weigerten, den Emigranten Vorräte zu verkaufen, verloren diese ihren unfrohen Humor. Jetzt waren sie vollauf damit beschäftigt, mühsam ihre Nahrungsmittel zu strecken, und zuerst bemerkten sie die Indianerbande gar nicht, die sich an ihre Fersen geheftet hatte. Am 6. September jedoch, an einem Sonntagnachmittag, waren die Indianer gar nicht zu übersehen, als die Emigranten ihr Lager an einem Ort aufschlugen, der Mountain Meadows genannt wurde. An die 200 Krieger hatten das Lager umzingelt, und bei Tagesanbruch des Dienstags griffen sie an. Die Emigranten warfen Erdwälle auf, und die Indianer schossen aus dem Hinterhalt auf jede

Über dem Eingang zu Brigham Youngs offiziellem Wohnsitz, nach dem Symbol der Honigbiene „Bienenkorb" genannt, prangt ein hölzerner Adler.

In diesem Haus neben der Residenz des Mormonenführers wohnten seine Frauen in 20 Wohnungen, erkennbar an den 20 Giebeln des Obergeschosses.

In einer Zeichnung aus *Harper's Weekly* von Mountain Meadows, dem Ort, an dem 120 Emigranten im Jahre 1857 von einer Bande von Mormonen und Indianern erschossen wurden, machen sich Wölfe über menschliche Überreste her.

Bewegung in der Wagenburg. In der folgenden Nacht wagten sich dann drei der Weißen aus dem Lager, um Hilfe zu holen, aber sie gerieten in eine Falle und wurden von bewaffneten Mormonen, die mit den Indianern Hand in Hand arbeiteten, umgebracht.

Am nächsten Tag entwarfen die Mormonen der Gegend wie in einer Art Wahnsinn, den sich später weder die Saints selbst noch irgend jemand sonst erklären konnte, einen brutalen Plan. Er sollte die Spuren der Schießerei verwischen, die Beleidigungen rächen und außerdem die Sünden jener Heiden büßen, die damals im Osten unschuldige Saints ermordet hatten. Die Motive waren komplex, aber der Plan war einfach: Die Mormonen und die Indianer wollten jeden Emigranten in Mountain Meadows umbringen, der sprechen konnte. Die Saints wollten dann behaupten, die Indianer hätten allein gehandelt. Nachdem sie um Führung und Kraft gebetet hatten, gingen zwei Mormonen mit einer weißen Flagge zum Lager der Auswanderer und machten folgenden Vorschlag: Wenn die Pioniere sich bereit erklärten, ihre Wagen, ihr Vieh und ihre Waffen als eine Art von Wiedergutmachung den Indianern zu überlassen, und wenn einige Männer sich der Verurteilung für ihre Überschreitungen auf dem Weg durch Utah stellen würden, sollten die Mormonen alle anderen im Lager – Männer, Frauen und Kinder – aus der Indianerfalle herausführen.

Die Emigranten, durch die Belagerung offensichtlich zermürbt, nahmen die harten Bedingungen an. Als sie einer nach dem anderen ihr provisorisches Fort verließen – Frauen und Kinder zuerst, die entwaffneten Männer zuletzt –, ertönte laut ein Mormonensignal: „Halt! Tut eure Pflicht!" Auf dieses Zeichen hin sprangen die Indianer aus dem Gebüsch am Wegesrand – „wie ein heulender Tornado", erinnerte sich später ein Mormone, der Augenzeuge gewesen war – und töteten mit Messern und Äxten Frauen und Kinder. Mormonen, die die Rolle der Eskorte gespielt hatten, drehten sich um und erschossen auf der Stelle die männlichen Emigranten. Als der Staub sich legte, sah man 120 Leichen verstreut am Boden; die einzigen Überlebenden waren 17 Kinder, die man für zu jung gehalten hatte, um über das Geschehene berichten zu können.

Brigham Young hatte gehört, daß sich in Mountain Meadows Ärger zusammenbraue – etwa 550 Kilometer von

Salt Lake City entfernt –, und er hatte den dort ansässigen Mormonen einen Brief geschickt, in dem er ihnen ausdrücklich jeden Zusammenstoß mit den Pionieren untersagte. Er kam zwei Tage nach dem Gemetzel an. Obwohl Details erst später bekannt wurden, war das Massaker von Mountain Meadows der schlimmste Fall von Gewalttätigkeit im Mormonenkrieg, wie er später genannt wurde.

Als das von Präsident Buchanan geschickte Kontingent der US-Armee auf das Tal zumarschierte, entwickelte sich ein Nervenkrieg aus Finten und Abwehrbewegungen, in dem Young seinen Feinden unmißverständlich eines klarmachte: Wenn nötig, würden die Saints es den Holländern gleichtun, die 1672 Holland unter Wasser setzten, um es vor den Franzosen zu retten, und die Mormonensiedlungen in Schutt und Asche legen. Wie ein Mann es ausdrückte: „Wir müssen freudigen Herzens unser Eigentum zerstören, um unsere Feinde zu enttäuschen."

Die Vorbereitungen für diesen Fall begannen im Herbst 1857. Kirchliche Dokumente, Vieh, Farmgeräte, anderer Besitz und 550 Tonnen Weizen wurden in der Mormonenstadt Provo eingelagert, 70 Kilometer südlich von Salt Lake City. Eine Abteilung der Mormonenmiliz jagte nach Osten, um zwei Mormonensiedlungen auf der anderen Seite der Rocky Mountains niederzubrennen – Fort Bridger, das die Saints Jim Bridger abgekauft hatten, und Fort Supply –, bevor die US-Armee dort ankam. Sie verbrannten auch alles Grasland dort, wo die Armee vielleicht zu lagern versuchen würde. Als sich die Bundessoldaten näherten, wurden sie aus dem nahen Hügelland ständig von Mormonenguerillas belästigt, die ihre Tiere wild machten und ihre Verpflegungswagen anzündeten. Obwohl nur wenig Blut vergossen wurde, verursachte der Angriff ein totales Durcheinander bei den Soldaten. Die entmutigten Truppen mußten den Winter schlecht und recht in der Nähe der rußigen Überreste von Jim Bridgers Fort verbringen.

Anfang des Frühjahrs kam man zu einem Kompromiß, zur ungeheuren Erleichterung von nahezu allen Beteiligten. Die öffentliche Meinung in Amerika, beeindruckt von der Bereitschaft der Mormonen, für die Verteidigung ihres Glaubens alles zu opfern, war zugunsten der Saints umgeschlagen. Daraufhin „vergab" Präsident Buchanan ihnen den begonnenen Aufstand. Brigham Young antwortete: „Ich suche niemandem zu gefallen. Wenn ein Mann vom Mond kommt und sagt, er verzeiht mir dafür, daß ich ihm einen Tritt gegeben habe, . . . werde ich seine Entschuldigung annehmen. Es wird mich in keiner Weise berühren."

Im Austausch für die Vergebung akzeptierte Young Albert Cumming als Gouverneur des Territoriums Utah und stimmte widerwillig zu, daß die Armee das Salt-Lake-Tal betreten dürfe, aber unter der Bedingung, daß keine Truppen in Salt Lake City selbst einquartiert würden. Um seiner Entschlossenheit Nachdruck zu verleihen, daß man die Stadt dem Erdboden gleichmachen würde, wenn man mit dieser Klausel Spott treiben würde, befahl er seinen Leuten die Evakuierung. Die einzigen Saints, die in der Stadt blieben, waren diejenigen, die das Feuer legen sollten, wenn die Truppen sich dort niederlassen würden. Am 26. Juni 1858 – zufällig am Vorabend des 14. Jahrestages der Ermordung Joseph Smiths – hallten die breiten Straßen von Salt Lake City wider von den Fußtritten von 2500 US-Soldaten. Kein Rauch kam aus den Schornsteinen, und nicht ein einziges Mormonengesicht war zu sehen.

An die 30 000 Mormonen hatten ihre Gottesstadt verlassen, während die verhaßten Soldaten auf sie zumarschierten. Gespannt warteten die Saints in Wagen und provisorischen Hütten in einem Lager außerhalb von Provo. Wenn, wie sie fürchteten, die US-Armee gekommen war, um die Mormonenkirche zu vernichten, waren sie zu erneuter Flucht bereit, vielleicht sogar bis nach Kanada oder Mexiko. Aber wie abgesprochen marschierten die Truppen zeremoniell in Salt Lake City ein und dann wieder hinaus zu einem 70 Kilometer entfernten Lager. Am 1. Juli begannen die Saints, aus der Wüste zurückzukehren.

Drei Jahre lang blieben die US-Truppen im Salt-Lake-Tal. Sicherlich hätten die Mormonen die Soldaten lieber abziehen sehen, aber ironischerweise trugen die Unterhaltsbedürfnisse des Militärs nicht unerheblich zum Wohlstand der Gegend bei. 1861 verließ die Armee das Tal überstürzter, als sie einmarschiert war. Abraham Lincoln war James Buchanan als Präsident gefolgt, und der Bürgerkrieg war in vollem Gange. Es gab dringendere Probleme als die Frage, wie viele Frauen ein Saint heiraten dürfe. Obwohl der Kongreß und der Oberste Gerichtshof immer wieder Anläufe nahmen, die Polygamie zu verbieten, wurde diese Frage erst im Jahre 1890 gelöst, als die Mormonenkirche selbst ihre Billigung dieser Praxis widerrief.

Einige Monate nach Lincolns Amtsübernahme besuchte T.B.H. Stenhouse, der Vertreter der Mormonen in Washington, das Weiße Haus, um Lincolns Haltung gegenüber den Saints zu erforschen. „Stenhouse", antwortete Präsident Lincoln nach einer langen Pause, „als ich ein Junge war auf unserer Farm in Illinois, gab es eine Menge gefällter Bäume, die wir wegschaffen sollten. Gelegentlich war darunter auch ein umgestürzter Stamm. Er war zu hart zum Spalten, zu naß zum Verbrennen und zu schwer, um ihn beiseite zu schaffen; so pflügten wir einfach um ihn herum. So werde ich es auch mit den Mormonen machen."

Das war alles, was die Saints je verlangt hatten.

Eine Bekleidungsfabrik, 1863 bei Parley's Canyon gebaut, war Teil von Brigham Youngs Kampagne, „unabhängig von unseren Feinden zu werden".

Monumente des Glaubens und der Inbrunst

Granitblöcke von bis zu fünf Tonnen Gewicht warten auf den Transport vom Steinbruch zum Tempel.

Einige Tage nach seiner Ankunft im Salt-Lake-Tal markierte Brigham Young ein Areal von vier Hektar für den Tempelplatz, das zukünftige geistliche Zentrum des Königreichs Gottes auf Erden. Hier sollten zwei Baudenkmäler emporwachsen – der Tempel für die religiösen Zeremonien und das Tabernakel für öffentliche Versammlungen und das Singen.

Die Arbeiten an den Gebäuden wurden noch zurückgestellt, solange die Mormonen Häuser, Fabriken und Bewässerungskanäle bauten – Aufgaben, die sie für das Projekt vorbereiteten, das ihrem Präsidenten am meisten am Herzen lag. Arbeitskräfte dafür waren durch das System des Zehnten gesichert, das jedem Saint erlaubte, jeden zehnten Arbeitstag einem Gemeinschaftsunternehmen zu widmen, statt ein Zehntel seines Einkommens oder seiner Erzeugnisse an die Kirche abzuliefern. Als 1853 der Boden für den Tempel ausgeschachtet wurde, stand eine große Anzahl von Arbeitskräften zur Verfügung.

Young hatte den künftigen Mormonentempel in einer Vision erblickt und seine groben Umrisse einem Architekten mit dem passenden Namen Truman O. Angell – „Engel" – mitgeteilt. Die schweren Granitblöcke, die Angells Entwürfe in die Wirklichkeit umsetzen sollten, kamen aus einem Steinbruch im Wasatch-Gebirge, 32 Kilometer entfernt. Jeder einzelne wurde geprüft und numeriert, bevor er zur Stadt geschleppt wurde, da die Dimensionen jedes Blocks im Bauplan festlagen.

Als die Wände des Tempels noch kaum aus dem Erdreich herauswuchsen, begannen die unermüdlichen Saints schon mit der Arbeit an einem zweiten großen Bauwerk. Das Tabernakel, dessen riesige Kuppel wie eine umgekehrte Schale auf 44 Sandsteinsäulen ruhte, brauchte sieben Jahre zu seiner Vollendung. Aber eine Phase seines Entstehens war denkbar einfach: Nach Youngs Worten war der kühne Entwurf inspiriert vom „besten Resonanzboden der Welt . . . meinem Gaumen."

In dieser Nordansicht des großen Tempelplatzes von

Das Dach des Tabernakels – gewölbt, um eine optimale Akustik zu erreichen – kostete fast 2400 Ster Holz. Das Balkenlabyrinth wurde von langen Holzpflöcken und Rohlederverbindungen zusammengehalten, da sich die mächtigen Balken nicht mit Nägeln befestigen ließen.

1880 ist das fertige Tabernakel hinter dem noch im Bau befindlichen Tempel sichtbar. Das Tabernakel mit seinen 10 000 Plätzen war das Bauwunder seiner Zeit.

Etwa 40 000 Mormonen versammelten sich am 6. April 1892, um das Einsetzen des Schlußsteins mitzuerleben. Sie riefen „Hosianna!“ und verpflichteten sich, das

Innere des Tempels bis zum folgenden Frühjahr zu vollenden – ein Versprechen, das sie auch hielten.

Der Schlußstein des Tempels wird eingesetzt.

Der Bau des Tempels beschäftigte die Mormonen 40 Jahre lang, kostete fast vier Millionen Dollar und verschlang eine unschätzbare Menge an Arbeitskraft. An die 10 000 Arbeitstage waren allein nötig, um die Baugrube für das Fundament auszuheben. Noch mühsamer war der Transport der Granitblöcke von dem Steinbruch beim Little Cottonwood Canyon. In den ersten 20 Jahren des Projekts schleppten große Karren, von acht Ochsen gezogen, die Blöcke einzeln in die Stadt. Dies System verschlang so viel Zeit und Energie, daß die Saints versuchten, Kanäle zu graben, um den Granit in Kähnen zum Tempelplatz zu schiffen, aber in der porösen Erde versikkerte das Kanalwasser. Obwohl die Arbeit in den 1870er Jahren schneller vorankam, als man begann, den Granit mit der Eisenbahn zur Stadt zu transportieren, lebte Brigham Young nicht lange genug, um seine Vison verwirklicht zu sehen: Er starb 1877, sechzehn Jahre bevor der Tempel sich in vollendeter Pracht erhob.

Vor ihrem neuen Heim aus Grassoden mitten in der unendlichen Weite des westlichen Kansas präsentieren sich Pioniere im Sonntagsstaat.

6 Pioniere im Herzland

Tausende von Emigrantenwagen waren durch die Prärien und Plains gerollt, bevor Pioniere sich tatsächlich dort ansiedelten. Und wirklich bot das weite Gebiet, das sich vom Missouri zu den Rocky Mountains und von der kanadischen Grenze zum Texas Panhandle erstreckte, Gründe genug, weiterzufahren. Es war baumlos, im Osten mit dichter Grasnarbe bedeckt, weiter westlich trocken und unfruchtbar und überall von einem Klima beherrscht, in dem unmenschliche Hitze und Kälte miteinander wechselten. Aber nach dem Bürgerkrieg strömten Pioniere in diese öde Weite – und blieben. In zwei Jahrzehnten wurde mehr neues US-Gebiet kultiviert als in den vorhergehenden 250 Jahren.

Zum einen Teil wurde die Eroberung des Landes angespornt durch die wachsende Knappheit an Ackerland in anderen Gegenden des Landes, zum anderen Teil durch die intensive Propaganda. Neue Eisenbahnlinien, die genutzt werden wollten, warben Siedler in Reklamekampagnen. Mit derselben zielstrebigen Geschäftstaktik gingen transatlantische Dampfschiffgesellschaften vor, die damit ein großes Reservoir landhungriger Ausländer anzuzapfen hofften.

Für Neuankömmlinge aus dem Ausland boten die Plains die Chance, von Kleinbauern zu Großgrundbesitzern aufzusteigen, und das Land war sicherlich nicht schlechter als das, was sie hinter sich gelassen hatten in Rußland, Schweden, Irland oder Deutschland. Und doch weinte manche Frau aus dem amerikanischen Osten, wenn sie das erste Mal sah, was ihr Mann als neue Heimat für sie ausgesucht hatte. Da es weder Holz noch Steine gab, waren das einzige Material zum Hausbau von der Erde abgehobene Grassoden. Das einzige Brennmaterial war getrockneter Kuh- oder Bisonmist. Dürreperioden und Heuschrekkenplagen verwüsteten die Ernten. Aber wie schon die früheren Frontiersmen akzeptierten die meisten Pioniere die Herausforderung. So schrieb ein junger Siedler seiner Mutter im fernen Osten: „Mama, hier kannst du sehen, soweit das Auge reicht, und fast jeder Meter in Sicht wartet darauf, geflügt zu werden.“

LARGE DISCOUNTS FOR CASH.

PRODUCTS will PAY for LAND and IMPROVEMENTS.

BUY BEFORE JULY 1st, 1875, and Secure these Terms.

BETTER TERMS THAN EVER!

VALLEY OF THE BIG BLUE, SOUTH OF SEWARD, NEB.

THE BEST

PRAIRIE LANDS

IN

IOWA AND NEBRASKA

ARE FOR SALE BY THE

Burlington & Missouri River Railroad Co.

10 Years' Credit. | LOW PRICES | 6 Per Cent. Interest.

ONLY THE INTEREST PAYMENT DOWN.

PAYMENTS ON PRINCIPAL BEGIN THE FOURTH YEAR.

BUY LAND EXPLORING TICKETS,

And the Cost of Same will be Allowed on First Payment made on Land bought within 90 Days from Date of Ticket. HALF FARE to Families of Purchasers. LOW FREIGHTS on Household Goods and Farm Stock.

☞ Circulars with full information on every question, will be sent FREE to every applicant.

ADDRESS: LAND COMMISSIONER B. & M. R. R.,

LINCOLN, NEB., for Nebraska Lands.

BURLINGTON, IOWA, for Iowa Lands.

Large Sectional Maps of Iowa, 30 cents.

" " " Nebraska, 30 cents.

Acres, Blackmar & Co.'s Print, Burlington, Iowa.

PREMIUMS FOR IMPROVEMENTS.

Ein widerspenstiges Meer aus Gras

Auf den riesigen Prärien westlich des Missouri hebt und senkt sich das hohe Gras in schimmernden Wellen unter dem Wind. „Wie ein Ozean mit seiner riesigen Weite, seiner Monotonie und seiner Gefährlichkeit", schrieb 1850 jemand, der auf Antilopenjagd dort war – „wie ein Ozean mit all seinem Zauber." Kein Reisender, der von dem Anblick nicht beeindruckt war! Aber den Pionieren, die sich um die Mitte des 19. Jahrhunderts auf dem Oregon Trail nach Westen kämpften, erschien dieses Meer aus Gras alles andere als einladend. Es war öde, ohne Schutz oder Erholungsmöglichkeit, unendlich einsam und feindselig. Wer würde je da leben wollen?

Ja wer? Die Prärien und die Plains dahinter bedeuteten Herausforderungen und Entbehrungen, wie sie die Pioniere sonst nirgends antrafen. Denn Tausende von Quadratkilometern weit, etwa vom Missouri im Osten bis zu den Rocky Mountains im Westen und von Kanada im Norden bis zum Texas Panhandle im Süden, bot das Land nur zwei Ressourcen im Überfluß: Erde und Gras. Fast alle anderen lebenswichtigen Dinge fehlten nahezu, einschließlich Holz und manchmal auch Wasser. Obwohl die Prärien an ihren Osträndern noch relativ feucht sind, werden sie immer trockener, bis die jährliche Regenmenge im westlichen Kansas und Nebraska unter die 50 Zentimeter fällt, die man für den Anbau der meisten Getreide- und Gemüsesorten braucht. Der Bestand an Pappeln, Eschen und Eichen, den man in den östlichen Flußniederungen noch sieht, weicht verkrüppelten Weiden und Pflaumenbüschen, und dann gibt es gar keine Bäume mehr. Leute, die so tollkühn waren, sich hier niederzulassen, mußten lernen, Brunnen zu graben, so wie andere Männer anderswo im Westen nach Gold gruben. Sie mußten Häuser ohne Balken bauen, Feuer ohne Brennholz machen und Furchen in einen Boden reißen, der so verfilzt und zäh war, daß ein gewöhnlicher Pflug sich oft in der Grasnarbe festrannte oder über die Oberfläche schlitterte wie ein Stock über das Eis.

Alle Elemente schienen sich gegen menschliche Bewohner zu verschwören. Sommerliche Dürreperioden, in denen das Thermometer weit über 38° C stieg und dort wochenlang blieb, konnten die Maisernte eines Pioniers so zuverlässig versengen wie ein Lötkolben. Im Winter, wenn die Temperaturen bis 40° C unter Null fielen, brachen verheerende Schneestürme mit solcher Plötzlichkeit herein, daß ein Mann sich zwischen seinem Haus und seiner Scheune verirren und erfrieren konnte. Und dann war da der Wind. Er wehte ununterbrochen – winters wie sommers, tags und nachts –, ein dumpfes Stöhnen, das einen völlig benommen machte und viele Pioniere in den Wahnsinn trieb. Eine Frau meinte ironisch, daß in diesem Land ohne Bäume die Rocky Mountains den nächsten Windschutz böten.

Die Besiedlung des Graslandes begann erst ein Jahrzehnt vor dem Bürgerkrieg, und auch dann nur zögernd. Aber nach dem Krieg strömten Pioniere zu Zehntausenden in dieses Gebiet – Farmer aus dem immer stärker übervölkerten Mississippi-Tal, enttäuschte Goldsucher, die aus Kalifornien und den Rocky Mountains zurückkehrten, und dann die Emigranten aus Europa. Die ersten Neuankömmlinge bauten ihre Häuser in den fruchtbaren, schön bewaldeten Flußtälern der östlichen Regionen von Kansas, Nebraska und Minnesota. In den späten 1870er Jahren, als das beste Land in festen Händen war, breiteten sich die Siedler auch in die umgebende Prärie aus. Und schließlich zogen sie noch weiter nach Westen in die Halbwüsten der Hochebenen von Colorado, Wyoming und Dakota. Diese Pioniere sollten nicht nur überleben; sie sollten die öden Landstriche in eines der fruchtbarsten Anbaugebiete der Welt verwandeln.

Einer, der im Grasland Erfolg hatte, war ein junger Siedler namens Howard Ruede. An dem Sommertag 1877, als Howard sein neues Zuhause in der Prärie bezog – ein frisch gegrabenes Loch im Erdboden von Zentralkansas –, mußte er seinem Glücksgefühl Ausdruck verleihen: „Hurra!" freute er sich in einem Brief an die gespannt wartende Verwandtschaft, die er sechs Monate zuvor in

---

Die Anzeige einer Eisenbahngesellschaft bietet Siedlern billigen Kredit für den Kauf von Prärieland aus dem Besitz der Gesellschaft. Skrupellose Verkaufsmanager schreckten nicht davor zurück, die Gegend als Garten Eden anzupreisen.

Schweden, die dem „Amerikafieber" verfielen, wie die Lockungen des amerikanischen Westens bei ihnen zu Hause genannt wurden, posieren vor der Kamera, um ihre Ankunft auf der Prärie von Kansas festzuhalten. Nicht weniger als 17 000 Landsleute folgten ihnen bis Ende des Jahrhunderts dorthin.

Bethlehem in Pennsylvania zurückgelassen hatte. Zugegeben, die Atmosphäre in seinem unterirdischen Gehäuse war, wie er beim flackernden Licht einer Petroleumlampe schrieb, etwas schwül: „Mir läuft der Schweiß herunter, und einige Tropfen sind auf das Papier gefallen; wenn Ihr also die Stelle nicht lesen könnt, wißt Ihr wenigstens den Grund." Für Trinkwasser mußte er fast einen halben Kilometer weit zu einem Fluß laufen. Dennoch – alles in allem fand er, daß er eine wirklich schöne Erdwohnung gebaut hatte. Auf jeden Fall war sie viel gemütlicher als die Notunterkünfte einiger der ersten Siedler in Kansas, die in Zelten aus Baumrinde oder in Hütten aus Heuballen gehaust hatten.

Mit seinen 23 Jahren war Howard Ruede für das Leben auf der Prärie ideal geeignet: Er hatte die Spannkraft der Jugend, eine zuverlässige Konstituion und enorme Energie. Sein Haus unter der Grassode war schon das zweite, das er sich in diesem halben Jahr in Kansas gebaut hatte. Seine erste unterirdische Wohnung war einige Monate zuvor in einem Gewitter eingebrochen. Die neue Höhle – größer, solider und bequemer möbliert als ihre Vorgängerin – erfüllte ihn mit lebhaftem Besitzerstolz. „Heute morgen habe ich Inventur gemacht", schrieb er seiner Mutter und seinen Brüdern auf der Familienfarm zu Hause in Bethlehem, „und teile es Euch interessehalber mit: Herd, zinnerner Waschkessel, zwei Eisentöpfe, Teekessel, zwei Dreifüße [dreibeinige Pfannen], drei runde Backbleche, drei Brotformen, zwei Zinnteller, ein Schmortopf, Kaffeekanne, Petroleumkanne, Bratrost, vier Zinntassen, Waschschüssel, Pfefferdose und zwei Pfund Nägel." Weiterhin führte er die Einkäufe für das Haus auf, die er an diesem Tag in der 21 Kilometer entfernten Stadt getätigt hatte: Gabeln und Messer, eine Lampe, einen Eimer, Zucker, Reis, Salz und Kaffee.

Howard konnte alles unterbringen in der ordentlichen und soliden Höhle von 4,2 mal 4,8 Metern, und einige Tage später schickte er seiner Familie eine kleine Bleistiftzeichnung vom Grundriß. Die längliche Skizze war rundherum mit Ziffern markiert. Dem beiliegenden Schlüssel war zu entnehmen, daß (10) das Bett aus Heu war, (7) der Mehlsack, (1) die Eingangstür und (3) – Howards Stolz und ganze Freude – ein Berg Kartoffeln auf dem Erdboden in der Nordostecke. Diese Kartoffeln hatte er selbst gepflanzt, und er prahlte: „Keiner braucht mir jetzt noch zu erzählen, daß das Hochland nicht für Kartoffelanbau taugt, denn ich hatte einige, die über ein Pfund das Stück wogen und für eine Mahlzeit für zwei Personen gereicht hätten."

Sowohl beim Kartoffelanbau als auch bei allem anderen hatte der junge Howard Ruede eine glückliche Hand, weil er auf jede Herausforderung mit harter Arbeit antwortete. Als

Französische Einwanderer in Kansas zeigen stolz die Kaninchen, die sie für ihr Weihnachtsessen erlegt haben. In Unkenntnis der begrenzten Anbaumöglichkeiten des Graslands bildeten sie eine Kommune zur Seidenproduktion, sie erwies sich jedoch als Fehlschlag und löste sich im Jahre 1888 auf.

treues Mitglied der herrnhutischen Gemeinde von Bethlehem war er mit den Tugenden Fleiß und Sparsamkeit großgeworden. „Müde?" schrieb er, nachdem er drei drückend schwüle Augusttage lang im Feld eines Nachbarn Weizen gedroschen hatte, „das könnt Ihr wohl glauben!" Er beklagte sich nicht, sondern drückte nur seine Befriedigung über eine gut getane Arbeit aus. Er spottete, als ein bewundernder Brief von seiner Tante Clauder kam, die in den Ausläufern des Alleghenies wohnte. „Sie will mich partout zum Helden machen", schrieb er seiner Mutter. „Aber ich kann beim besten Willen nichts Heldenhaftes darin sehen, hierher zu kommen, um das Land zu bebauen." Großen Luxus gab es vielleicht nicht, aber er bedauerte nur eins: Er hatte das Maiskuchenrezept seiner Mutter vergessen und wäre ihr sehr dankbar, wenn sie es ihm bald mit der Post per Zug schicken könnte, zusammen mit ein paar Kürbissamen und vielleicht einer oder zwei Zigarren.

Nicht alle Siedler begegneten dem Leben in den Prärien und auf den Plains mit derselben munteren Ausgeglichenheit. Einigen erschienen die Bedingungen unerträglich hart, das Land hoffnungslos widerspenstig und der Zwang zur Schwerarbeit unaufhörlich. „Wir wollten in einem freien Staat leben", schrieb ein Farmer aus Missouri, der kurz vor dem Bürgerkrieg als Gegner der Sklaverei nach Kansas gekommen war, „aber ich glaube, die einzige Freiheit, die man hier hat, ist zu verdursten." Ein späterer Kansassiedler, dessen Ernte 1874 von gierigen Insekten gefressen wurde, verließ mit seiner Familie fluchtartig dieses Land, „in dem es Heuschrecken, Feuer und Zerstörung regnet".

Und doch kamen immer mehr Siedler. Dieselben vielfältigen Gründe trieben sie, die auch früher schon Pioniere zur Pazifikküste und zum Great Basin geführt hatten: Landhunger, der Drang, Armut oder Verfolgung zu Hause zu entkommen, Abenteuerdurst oder einfach der Wunsch, ein neues Leben zu beginnen. Aber für die Präriesiedler spielten zweifellos auch günstige neue Umstände eine Rolle. Der wichtigste war das zunehmend lebhafte Interesse der Regierung, das Gebiet westlich des Missouri zu bevölkern. 1854 hatte der Senator Stephen A. Douglas aus Illinois den Kongreß dazu überredet, den *Kansas-Nebraska Act* zu verabschieden (*S. 201*), der aus Indianergebieten zwei US-Territorien machte. Abkommen mit den Indianern öffneten dieses Land für weiße Besitzer, aber viele aus dem Norden, die gern dort ansässig geworden wären, wurden von einer Klausel des Gesetzes abgeschreckt, die Sklaverei in den Territorien zuließ, bis die Siedler selbst über dieses Problem abstimmen konnten. Im Kielwasser dieser widersprüchlichen Gesetzgebung verhinderten heftige Streitigkeiten zwischen

Ein amtliches Dokument bestätigt Daniel Freeman als Besitzer von 65 Hektar kostenlosen Landes. Er war der erste in Nebraska, der die Voraussetzung des *Homestead Act* erfüllte, daß ein Claim fünf Jahre lang bewohnt oder bebaut sein müsse.

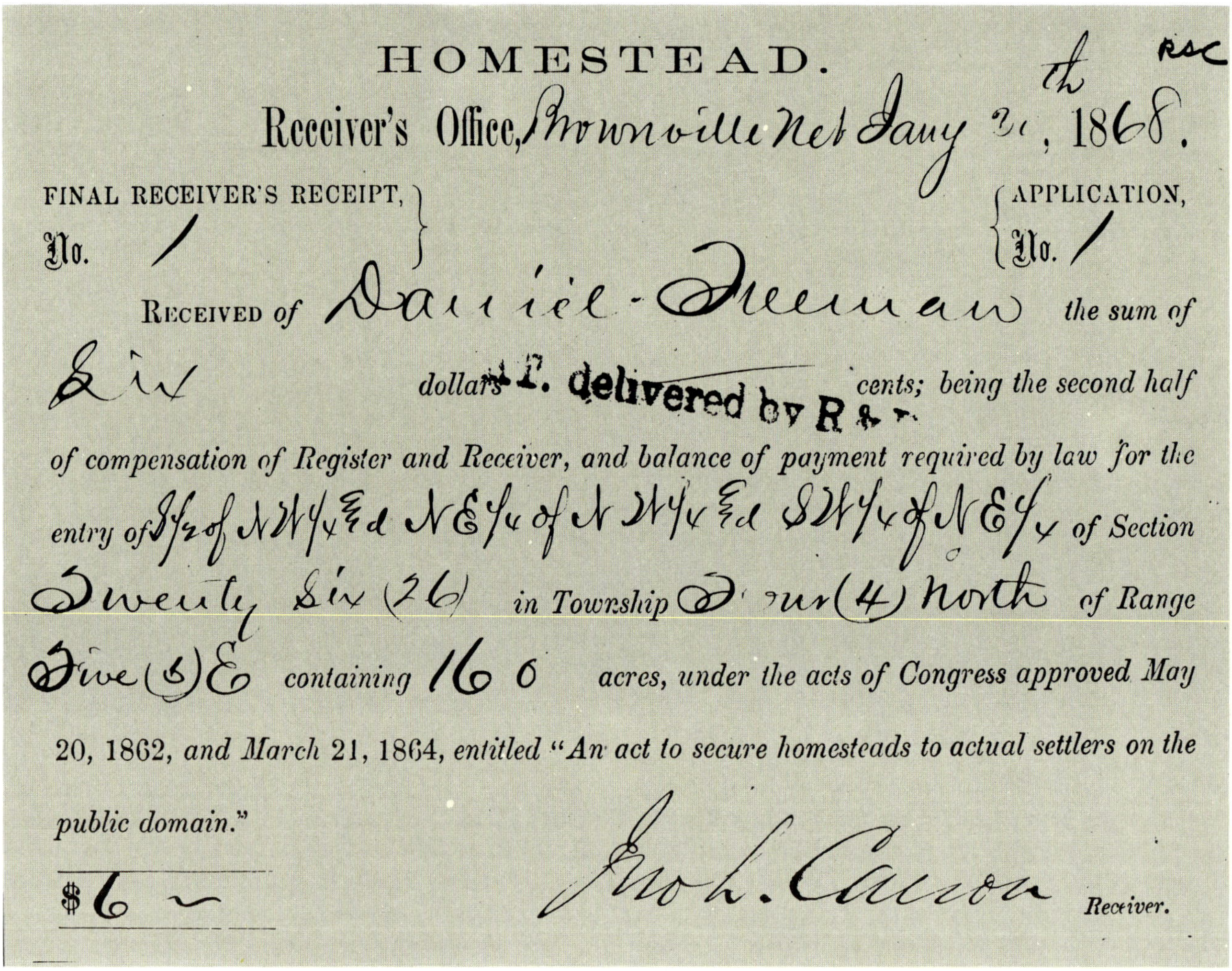

HOMESTEAD.

Receiver's Office, Brownville Neb Jany 20th, 1868.

FINAL RECEIVER'S RECEIPT, No. 1 — APPLICATION, No. 1

RECEIVED *of* Daniel Freeman *the sum of* Six *dollars* P. delivered by R *cents; being the second half of compensation of Register and Receiver, and balance of payment required by law for the entry of* S½ of NW¼ & NE¼ of NW¼ & SW¼ of NE¼ *of Section* Twenty Six (26) *in Township* Four (4) North *of Range* Five (5) E *containing* 160 *acres, under the acts of Congress approved May* 20, 1862, *and March* 21, 1864, *entitled "An act to secure homesteads to actual settlers on the public domain."*

$6 —

Jno. L. Carson *Receiver.*

Gegnern und Befürwortern der Sklaverei, die diese Gegend und dann bald die gesamte Nation in die Auseinandersetzung hineinzogen, jegliche nennenswerte Besiedlung des Graslandes. Doch noch während der Bürgerkrieg tobte, verabschiedete der Kongreß ein sinnvolleres Gesetz, das einen fast unwiderstehlichen Anreiz zur Besiedlung bot.

Nach den Bedingungen des *Homestead Act* von 1862 konnte ein Mann Anspruch auf ein Stück unbesetzten öffentlichen Landes erheben, indem er fünf Jahre darauf lebte und es bebaute; danach konnte er sich als Besitzer registrieren lassen. Indem der Kongreß ein Limit von 65 Hektar setzte, hoffte er, kleine, unabhängige Farmen zu fördern statt plantagenartige Besitzungen , die von Sklaven oder Pächtern bearbeitet wurden. Die Tatsache, daß 65 Hektar trockener und widerspenstiger Prärie kaum ausreichten, um eine einzige Familie zu ernähren, kümmerte niemanden. Innerhalb von sechs Monaten, nachdem das Gesetz verabschiedet war, wurden 898 Quadratkilometer in Kansas und Nebraska von Siedlern als Claims eingetragen.

Ein ähnlich starker Ansporn zur Besiedlung der Prärie war später im selben Jahrzehnt die neue transkontinentale Eisenbahnlinie, die durch den Westen führte. Da leere Güterwagen auf gewinnbringende Fracht warteten und zahllose Quadratkilometer entlang der Strecke unbesiedelt waren, begannen die Eisenbahnbarone, Farmland für 6,25 Dollar pro Hektar zu verkaufen. In einer großen Werbekampagne zum Anlocken von Siedlern erfanden die Maklerbüros der Eisenbahnen Propagandatexte, die die Prärien und Plains als wahres Paradies darstellten. Um den Übertreibungen einen Hauch von Autorität zu verleihen, zitierte man gern die Worte William Gilpins, eines Armee-Kundschafters, der schon 1843 die Prärien bereist hatte und auch später

Ein gewitzter Siedler bewundert seine „Hütte", mit der er das geltende Landgesetz zu umgehen versucht. Dieses Gesetz verpflichtete zum Bau eines Hauses von wenigsten 12 mal 12 auf dem Claim, ließ aber offen, ob Fuß oder Zoll gemeint seien.

häufig dort war. Gilpin widersprach der allgemein verbreiteten Vorstellung, daß diese Gegend an Trockenheit leide und streckenweise regelrechte Wüste sei; er verglich sie mit einem „weiten Amphitheater", das sich „zum Himmel öffnet, um zu empfangen und harmonisch in sich zu vereinen, was ihm von dort zuteil wird".

Also, schloß Gilpin großartig, „die PLAINS sind keine *Wüsten*, sondern das GEGENTEIL – und die wichtigste Grundlage des zukünftigen Reiches".

Der Ruf nach Siedlern erscholl im ganzen Osten und wurde über den Atlantik bis nach Nordeuropa getragen. Millionen Flugblätter und Plakate, in zahlreichen Sprachen gedruckt, zirkulierten in Schweden, Holland, Norwegen, Dänemark, Deutschland, England und Wales. Die Präriebewohner selbst unterstützten mit Eigenreklame die lautstarken Verkaufspraktiken der Eisenbahnbarone. „Land für die Landlosen! Eine Heimat für die Heimatlosen!" lautete das Motto der *Nebraska Immigration Association*, und das Territorium Dakota stellte einen Fonds von jährlich 3000 Dollar zur Finanzierung eines Einwandererbüros zur Verfügung, das Siedler aus dem Ausland ins Land holen sollte.

Das Echo war überwältigend. Schweden und Norweger strömten in den 1860er Jahren in solchen Mengen nach Minnesota, daß der Herausgeber des *Pioneer* von St. Paul meinte: „Es scheint, als entleerten sich die skandinavischen Königreiche in diesen Staat." So viele Deutsche kamen in den späten 1860er und frühen 1870er Jahren nach Kansas und Nebraska, daß ein Indianerstamm in Kansas als zweite Sprache Deutsch, nicht Englisch sprach.

Die Einwanderer selbst waren oft die eifrigsten Fürsprecher der Gegend und priesen die Vorzüge des Prärielebens in überschwenglichen Briefen nach Hause. „Ich rate jedermann in Norwegen, der unter unglücklichen und beengten Bedingungen lebt, nach Minnesota zu kommen", schrieb ein Mann, der 1866 gekommen war. Er fuhr fort, die Fruchtbarkeit des Bodens zu rühmen und seine Verwunderung über die Fähigkeit der amerikanischen Farmer auszudrücken, alles schnell und wirksam zu bewältigen. „Sie haben Maschinen zum Kartoffelsammeln", staunte er, „Maschinen zum Melken und Buttern, zum Waschen, Trocknen und Wringen der Kleidung." Ein anderer norwegischer Einwanderer, Paul Hjelm-Hansen, behauptete, daß eine Wanderung durch das Red-River-Tal von Dakota im Jahre 1869 ihn von seinem Rheumatismus befreit und seine Konstituion gekräftigt habe; er erinnerte sich an Kilometer um Kilometer fruchtbarer schwarzer Erde, wo „nicht einmal ein Stein oder Stumpen dem Pflug im Weg" war.

Einige Briefschreiber ließen ihren preisenden Worten aber auch harte praktische Ratschläge folgen: Percy Ebbutt, ein Engländer, der 1870 nach Kansas kam, warnte seine Landsleute in einem Pionierführer:

„Sie müssen entschlossen sein, es auf jeden Fall durchzustehen. Sie müssen sich darin üben, in jeder Lage zu schlafen, auf einem Brett und ohne Kopfkissen, drinnen wie draußen. Ich habe schon im Sattel geschlafen.

„Sie müssen imstande sein, sich selbst die Mahlzeiten zu kochen, die Socken zu stopfen, wenn Sie welche tragen wollen, und sich glücklich preisen, wenn Sie nicht in die Lage eines mir bekannten Mannes kommen, der im Bett lag, während seine Frau sein einziges Paar Hosen flickte. Lernen Sie so früh wie möglich reiten; ein Mann oder ein Junge, der nicht reiten kann, ist in einem neuen Land soviel wert wie in der Stadt ein Büroangestellter, der nicht schreiben kann."

Als in den 1860er und 1870er Jahren die Eisenbahnlinien begannen, sich über das Grasland auszudehnen, konnten die

Eine erst kürzlich nach Nebraska gekommene Familie zeigt sich vor ihrer in einen Präriehügel gegrabenen Erdwohnung.

In der Prärie von Nebraska werden Grassoden für den Hausbau mit einem Spezialpflug reihenweise abgehoben und in Blöcke geschnitten. Knapp einen halben Hektar Soden brauchte man für den Bau eines Hauses durchschnittlicher Größe.

meisten Präriesiedler, ob nun europäische Einwanderer oder gebürtige Amerikaner, ihre Bestimmungsorte in relativer Bequemlichkeit erreichen. Der Weg dorthin wurde weitaus einfacher, als er zur Zeit der Wagentrecks gewesen war, und so kamen nacheinander ganze Familien auf den Prärien an: Väter und ältere Söhne kamen zuerst, suchten sich Land und bauten ein Haus, bevor der Rest der Familie folgte.

So hatte es auch Howard Ruede gemacht, der seinen Eltern, seinen zwei jüngeren Brüdern und seiner Schwester vorausgefahren war, um in der Nähe des Dorfes Osborne in Kansas, wo sich schon andere Nachbarn aus Pennsylvania niedergelassen hatten, einen Bauplatz und Land zu suchen. Er verließ seine Heimatstadt Bethlehem im Jahre 1877, nachdem er sein Bankkonto von 75 Dollar aufgelöst und einen Teil davon – 23,05 Dollar – zum Kauf einer Bahnkarte in den Westen benutzt hatte. Mit einem Freund zusammen, Levin Brunner, reiste er fast die ganze Strecke mit der Bahn – erst nach Buffalo, New York, von dort nach Kansas City, Missouri, und dann stiegen sie für den letzten Abschnitt der Reise auf die Kansas-Pacific-Linie um.

Hinter Kansas City hielt der Zug am ersten Tag in Manhattan, wo Howard einen Eindruck von der leichtfertigen Verkaufspraxis der Landmakler auf der Prärie bekam. Manhattan war von Spekulanten gegründet worden, die einfach irgendwo in der Wildnis einige unbewohnte Quadratkilometer aufgekauft, einige Bauparzellen abgesteckt und die Geburt einer neuen Metropole verkündet hatten. Die Gründer, Yankees aus Massachusetts, nannten ihre Stadt ursprünglich Boston. Dann kam zufällig eine Gruppe von Möchtegern-Kolonisten auf ihrem Weg nach irgendwohin dort vorbei. Die Spekulanten überredeten sie, dort zu bleiben, und änderten bereitwillig den Namen der Stadt entsprechend den Wünschen ihrer ersten Bewohner.

Manhattan lag 200 Kilometer westlich des Missouri mitten im Flachland des östlichen Kansas. Es war so flach, schrieb Howard nach Hause, daß ein Reisegefährte schon am Tag seiner Ankunft beschloß, das Handtuch zu werfen. Er starrte eine Zeitlang in die monotone Gegend und erklärte dann, er habe genug gesehen, um sich zu überzeugen, daß dies ein hoffnungslos „gottverlassener Ort" sei und daß er wieder nach dem Osten zurückgehe. Manch anderer Durchreisender hatte dieselben Empfindungen – wie auch manche Siedler. Eines Tages sah eine Frau in Kansas zu, wie ihre Nachbarn aufbrachen, um nach Missouri zurückzukehren, und notierte in ihrem Tagebuch, daß sie „der Welt entgegenführen": Jede Meile brächte sie der Zivilisation näher.

Howard Ruede ließ sich nicht so leicht abschrecken, auch wenn der Präriewind ihm auf dem Rückweg vom Raucherabteil zwischen zwei Waggons seine gute Kammgarnmütze vom Kopf wehte und sie unwiederbringlich über das Meer von wogendem Gras wirbelte. „Das war eine teure Pfeife Tabak", schloß er traurig. In Brookville fand er seine gute Laune wieder beim Anblick einer Aufschrift auf einem Wassertank der Eisenbahn, die für „Dan'l F. Beattys Klaviere und Orgeln, hergest. in Washington, N.J." warb. Howard war erfreut und überrascht: „Ich hatte mir nicht vorgestellt, daß er mit seiner Reklame so weit nach Westen vordringen würde", bemerkte er in einem Brief an seine Familie. Schließlich stiegen er und Levin Brunner nach drei vollen Tagen und Nächten Bahnfahrt in Russell, Kansas, aus. Sie nahmen ein Zimmer im Russell House (Unterkunft ein Dollar) und schliefen tief und fest, „trotz des fehlenden Rüttelns, an das wir uns in den Waggons gewöhnt hatten". Am nächsten Tag ließen sie sich von einem Frachtwagen nach Osborne mitnehmen, wo sie eineinhalb Tage später ankamen. Howard zog vorübergehend zu einem alten Freund aus Bethlehem, Jacob Schweitzer, und begann sofort mit seiner Suche nach einem geeigneten Stück Farmland.

In den vorhergehenden zwei Jahrzehnten, als der größte Teil der Prärie von Kansas noch unbewohnt war, waren einige Stadtgemeinden von Bundesbeamten willkürlich in ein Schachbrettmuster von Parzellen zu je 2,5 Quadratkilometern eingeteilt worden. Jedes Quadrat enthielt 256 Hektar und wurde als Sektion bezeichnet. Die Sektionen wurden noch weiter in Viertel von je 65 Hektar unterteilt – das Maß, das schließlich durch den *Homestead Act* jedem Siedler gratis zugebilligt wurde. Howard Ruede entschloß sich für eine Viertelsektion außerhalb von Osborne und ließ sie von Squire Walrond, dem örtlichen Vertreter des US-Grundbuchamtes, registrieren. In einem Brief nach Hause teilte er mit, daß das Land „größtenteils von Büffelgras bedeckt" sei, was, wie er seiner Familie versicherte, als zuverlässiges Zeichen gelte, daß es gut sei. Er erklärte auch, daß er dieses Land fünf Jahre lang bebauen und wenigstens zeitweilig darauf wohnen müsse – „das heißt, wir müssen ab und zu dort schlafen und innerhalb von sechs Monaten dort einiges verändern, sonst verfällt der Anspruch".

Diese Klauseln des *Homestead Act* sollten Spekulanten davon abhalten, riesige Gebiete kostenlosen Landes zu vereinnahmen und es dann stückweise mit Profit zu verkaufen. Aber in den entlegenen Gebieten der Prärien war es fast unmöglich, Landgesetze durchzusetzen. Die Angestellten der Grundbuchämter waren für so riesige Distrikte verantwortlich, daß sie die Claims der Siedler nicht immer persönlich inspizieren konnten. Infolgedessen wurden die Gesetze oft ignoriert oder geschickt umgangen. Ein Bundeserlaß zum Beispiel verlangte, daß jeder Siedler auf seinem Claim ein Haus von mindestens 12 mal 12 mit Fenstern bauen müsse. Einige Leute in Kansas drückten sich um diesen Erlaß, indem sie Hütten auf Rädern bauten und sie von Claim zu Claim rollten. Eine andere List bestand darin, Miniatur-„Häuser" aufzustellen, die aus Stöckchen gebaut und genau einen Fuß hoch und einen Fuß breit waren, und eidesstattlich zu schwören, man habe entsprechend dem Gesetz ein Wohngebäude von „12 mal 12" errichtet.

Es gab auch andere, legitimere Wege, auf denen ein Siedler seinen Besitz vergrößern konnte. Durch ein „Vorkaufsrecht" genanntes Verfahren konnte er direkt von der Regierung bis zu einer zusätzlichen Viertelsektion zu 3,13 Dollar pro Hektar erwerben. Aber das Vorkaufsrecht hatte einen Nachteil, der für die meisten Siedler unüberwindlich war. Die kleinste Einheit, die sie kaufen konnten, armselige 16 Hektar, kostete 50 Dollar plus Registrierungsgebühren. Das war einfach zuviel Geld für die meisten Pioniere. Die Mehrzahl war so mittellos wie Charley Wooster, ein frischverheirateter Pionier aus Hillsdale County in Michigan, der vor seiner Braut Nellie nach Nebraska gekommen war, um ein Grundstück zu bekommen. Er mußte mit dem Bau seines Hauses aus Grassoden innehalten, während Nellie zu Hause versuchte, ihr schönstes Seidenkleid zu verkaufen, um das Geld für eine Tür und ein Fenster zu beschaffen.

Einige Pioniere verschafften sich Extraland, indem sie ein Holz-Claim eintragen ließen, wodurch sie eine weitere Viertelsektion gegen die Verpflichtung erhielten, vier Hektar mit Nutzholz zu bepflanzen. Howard Ruede zog die Möglichkeit in Erwägung, verwarf sie aber wieder. Zusätzliches Land war schön und gut, sagte er, aber es erschien sehr unwahrscheinlich, daß die Bäume auf der Prärie anwachsen würden. Howard fand, es sei besser, sich mit dem Land zu bescheiden, das er hatte, und es zu nutzen. „Der Fluch dieser Gemeinde ist die Gier nach Land", schrieb er. „Wenige sind mit einem Claim zufrieden; sie müssen ein Vorkaufsrecht haben, ihre 65-Hektar-Heimstätte und noch Nutzholzland, und mit den dreien haben sie so viel Arbeit, daß sie gar nicht wissen, wo sie anfangen sollen."

Als seine Grundparzelle ausgesucht und registriert war, machte sich Howard sogleich daran, ein Haus darauf zu bauen. Er bewunderte das Haus, das sein Freund Jacob Schweitzer für seine Familie gebaut hatte, der den Vorteil eines nahe gelegenen Steinbruchs mit weißem Kalksandstein genutzt hatte. „Jeder kann mit etwas Erfahrung ein Steinhaus bauen", meinte Howard großspurig. „Der Stein ist weich und läßt sich zu Quadern behauen und härtet an der Luft nach." Aber ein Haus aus Stein zu errichten, das wußte er, kostete Monate. Er würde das später tun, versprach er seiner Mutter; im Moment brauchte er etwas, was schneller und leichter ging. Und so begann er wie viele andere Pioniere auf der baumlosen Prärie mit einer Erdwohnung, die in den Boden gegraben wurde. Mit Hilfe seines Freundes Levin und mit einer Axt, einer Schaufel und einer geliehenen Spitzhacke bewaffnet, machte er sich an die Arbeit.

Am Hang einer kleinen Bodenerhebung, „wo ein Fleck wilder Sonnenblumen das Gras vertrieben hatte“, steckte Howard ein Rechteck ab und begann, ein 1,80 Meter tiefes Loch zu graben, mit einer kleinen Treppe zum Hinuntersteigen. Der Boden hatte kittartige Konsistenz, und „Levin meinte, daß wir, wenn wir in das Loch hineinstiegen und beim Herauskommen unsere Schuhe reinigten, die Erde sehr viel schneller herausholen könnten als nur mit der Schaufel“. Als das Loch groß genug war, errichteten die beiden jungen Männer Vorder- und Seitenwände aus Sodenstücken, die sie aus der Prärie ringsum geschnitten hatten. Howard zog diese Wände 75 Zentimeter über die Erdoberfläche hoch und bedachte das ganze Bauwerk dann mit Brettern, Stroh und weiteren Soden. Als das Haus Gestalt annahm, kamen benachbarte Siedler vorbei, um Howard mit Rat und Muskelkraft beizustehen. Unter seinen neuen Nachbarn waren zwei ehemalige Böttcher, ein früherer Ladenangestellter, ein Hersteller von Gaszählern und ein Pfandleiher.

Als die letzte Matte aus Erde und verfilztem Gras an ihrem Platz lag, säte Howard Maiskörner in die nackte Erde, von der er die Grassoden abgehoben hatte. Dann waren sein Haus und sein Garten fertig. Alles in allem hatte das Unternehmen nur 10,05 Dollar gekostet, berichtete er – 4,05 Dollar in bar für solche Dinge wie Nägel, Türangeln und ein Fenster, der Rest in Form von Arbeit, die er im Austausch gegen Brennholz und Holz für Möbel geleistet hatte. Aber leider war es eine Fehlinvestition. Dies war das Haus, das während eines Unwetters wenige Wochen später zusammenbrach. Unverdrossen grub sich Howard einfach ein anderes.

Das Leben unter der Erde war bestenfalls eine vorübergehende Lösung des Wohnproblems. Sobald wie möglich rückten die meisten Pioniere auf zur klassischen Präriearchitektur, dem Sodenhaus: Es war trockener, stabiler und ganz allgemein bequemer als die einfache Erdwohnung. Es bot so viele Vorteile, daß Siedler auch dann noch Sodenhäuser bauten, als schon lange importiertes Bauholz für die herkömmliche Art von Hausbau zur Verfügung stand.

Das Baumaterial für Sodenhäuser lag überall in unbeschränkter Menge herum, aber es war wahrhaftig widerspenstiges Material. Das Büffelgras der Prärien sproß aus dicht verfilzten Wurzeln, die die obersten sieben bis acht Zentimeter des Bodens wie die Wurzeln einer zu eng eingetopften Pflanze ausfüllten. Solchen Boden mit einem gußeisernen Pflug zu pflügen – der Typ, der in anderen Gegenden sehr gute Dienste tat – war ein zeitraubendes und manchmal unmögliches Unterfangen. In den 1860er Jahren aber hatte man Pflüge aus gehärtetem Eisen oder Stahl erfunden, die den Prärieboden richtig tief umgruben. Dieser Fortschritt der Metallurgie wurde dann auch genutzt, um einen Spezialpflug zu bauen, mit dem sich Grassoden für Bauzwecke abheben ließen. Das Gerät schnitt einen Streifen von 30 bis 45 Zentimeter Breite und 8 Zentimeter Dicke aus; dieses Sodenband wurde dann vorsichtig mit Hilfe von parallelen Eisenruten, die an dem Gerät befestigt wurden und wie Finger herausschauten, in einem ungebrochenen Streifen aufgerollt. Da die Ruten vage an Insektenflügel erinnerten, wurde der Pflug zum Sodenschneiden manchmal auch „Grashüpfer“ genannt. Howard Ruede lobte ihn mit der ihm eigenen Unverblümtheit als eine „Tip-top-Erfindung“ – ein Ausdruck, den er normalerweise für eine Portion Eiskrem an einem heißen Sommertag reservierte.

Wenn der Grashüpfer-Pflug die Erde aufriß, machte er ein Geräusch, sagten die Pioniere, als risse ein schweres Stück Stoff. Normalerweise benutzte man Ochsen zum Ziehen, weil sie, anders als die eigensinnigeren Maultiere oder Pferde, fast ebenso gerade wie langsam gingen und einen gleichmäßigen Sodenstreifen schnitten. Wenn die Streifen aufgerollt waren, teilte der Bauherr sie mit der Breitaxt oder einem scharfen Spaten in Stücke von 60 bis 90 Zentimetern Länge. Am leichtesten war ein Sodenstreifen dann abzuheben, wenn ein kräftiger Regen oder die Schneeschmelze die Erde aufgeweicht hatten. Die von Feuchtigkeit schweren Sodenblöcke wurden auf einen Wagen oder eine Schubkarre gehievt und zum Bauplatz geschafft – eine Arbeit, sagte Howard Ruede, die „bestimmt nicht leicht ist“.

Einige Leute steckten den rechteckigen Grundriß ihres Sodenhauses bei Mondlicht ab, wobei sie sich am Polarstern orientierten, um die gewünschte Richtung der Wände zu erhalten – gewöhnlich genau Nord-Süd- und Ost-West-Richtung. Wenn das festgelegt war, machten sie sich am nächsten Morgen ans Werk, und meist kamen die Nachbarn zu einem gemeinschaftlichen Arbeitseinsatz zusammen. Jeder Block wurde mit der Grasseite nach unten gelegt, und die Sodenschichten wurden wie Ziegel angeordnet. Normalerweise wurden zwei Reihen nebeneinandergelegt, so daß die fertigen Wände bis zu 90 Zentimeter dick waren. An den Ecken griffen die Schichten ineinander, und zum Schluß wurde eine Eisenstange oder eine aus einem Schößling geschnitzte Stange von oben hindurchgetrieben, um die Ecken zusammenzuhalten.

In den wachsenden Wänden ließ der Hausherr Öffnungen für die Fenster- und Türrahmen, die durch Pflöcke gehalten wurden, die man in die Sodenmasse trieb. Da die Wände so

Das „blutende" Kansas: ein schlechter Kompromiss und seine Folgen

Zwei Jahrzehnte bevor der Emigrantenstrom in die Prärien seinen Höhepunkt erreichte, brach dort ein mörderischer Kampf aus – mit bitteren Konsequenzen für die ganze Nation. Die Auseinandersetzungen begannen 1854, als Senator Stephen A. Douglas aus Illinois begann, sich für den Bau einer transkontinentalen Eisenbahn durch das Gebiet einzusetzen. Der erste Schritt in seinem Plan war, den Kongreß zur Einsetzung einer Territorialregierung zu bewegen, die Siedler anziehen würde. Um Wählerstimmen aus dem Süden für seinen Gesetzesantrag zu gewinnen, koppelte er ihn mit der potentiellen Ausweitung der Sklaverei auf das neue Territorium.

Durch den Missouri-Kompromiß von 1820 war die Sklaverei nördlich der Breite von 36°30′ verboten worden. Das vorgeschlagene neue Territorium lag deutlich nördlich dieser Grenze, aber Douglas meinte, daß man diese Einschränkung angesichts der leeren Prärien bequem ignorieren könne. Da er die Zornesausbrüche im Norden vorhersah, entwarf er eine entsprechende Formel: Nicht eins, sondern zwei Territorien, Kansas und Nebraska, würden geschaffen. Anfangs wäre Sklaverei in beiden erlaubt, später würden die Bewohner durch eine Wahl entscheiden – durch „Volkssouveränität", wie Douglas das nannte –, ob man die Sklaverei beibehalten oder abschaffen solle. Er war sicher, daß Kansas eine sich für die Sklaverei aussprechende Majorität aus dem benachbarten Missouri anziehen würde, Nebraska eine Majorität gegen die Sklaverei aus Staaten wie Ohio und Illinois.

Nachdem der *Kansas-Nebraska Act* am 25. Mai 1854 den Kongreß passiert hatte, lief in Nebraska alles wie erwartet – aber in Kansas entwickelte sich eine Katastrophe. Sowohl extremistische Anhänger wie Gegner der Sklaverei warben Pioniere für Kansas an, um die Wahllisten zu ihren Gunsten zu beeinflussen. Während die Aussicht auf Unruhen die meisten Siedler abschreckte, die sich gern dort niedergelassen hätten, stürmten 5000 bewaffnete Männer aus Missouri das Land bei den ersten Wahlen 1855, besetzten die Wahlorte und setzten eine Regierung ein, unter der sogar Gespräche über die Abschaffung der Sklaverei ein Verbrechen waren. Es kam schließlich zu blutigen Unruhen, die drei Monate andauerten und über 200 Menschenleben forderten; in der nationalen Presse wurde das Territorium als „Blutendes Kansas" gebrandmarkt.

In dieser Karikatur von 1858 streitet Senator Douglas für die Sache der „Volkssouveränität".

Entsetzt brach Douglas mit seinem Parteiführer, Präsident James Buchanan, als die Regierung eine sklavereifreundliche Verfassung für Kansas beibehalten wollte. Aber die Leidenschaft des Kampfes hatte mitgeholfen, den Boden für den Bürgerkrieg vorzubereiten; und erst als dieser Konflikt ausgetragen war, ging die Besiedlung von Kansas voran.

dick waren, wurden einige der Fensternischen nach außen abgeschrägt, um die Sonne in das düstere Hausinnere zu lassen. Und da die Wände sich in den ersten Jahren bis zu 20 Zentimeter setzten, mußte über den Fenstern und Türöffnungen ein mit Lumpen ausgestopfter Spielraum bleiben, um die Senkung auszugleichen und die horizontalen Sodenschichten gerade zu halten.

In dem optimistischen Bemühen, den Regen draußenzuhalten, bedeckten die Präriebewohner ihre Häuser mit einem Gitterwerk aus Weidenzweigen, Gebüsch, langem Gras, einer Tonschicht vom nächstgelegenen Flußufer und schließlich mit einer Sodenschicht – mit der Grasseite nach oben. Aber trotz alledem ließen die schweren Frühlingsregengüsse ein Dach vor Wasser triefen wie einen vollgesaugten Schwamm. „Manchmal tropfte mir beim Kochen das Wasser auf den Herd", erinnerte sich eine Präriebewohnerin, „und ich mußte schwere Deckel auf die Pfannen und Töpfe tun, damit kein Schmutz ins Essen fiel. Mit aufgesteckten Röcken und Gummigaloschen an den Füßen watete ich herum, bis die Wolken vorbeigezogen waren. Das Leben ist zu kurz, um es unter einem Sodendach zu verbringen."

Auch bei schönstem Wetter rieselten immer Bröckchen von der Decke herunter. Um dieses Ärgernis abzustellen, nagelten die Ehemänner auf der Prärie oft Mull an die Deckenbalken, um den Abrieb aufzufangen, und oft glättete man die Innenwände mit einer Mischung aus Kalk und Sand. („Es war eine scheckliche Versuchung, mit Bleistift auf diese Wände zu kritzeln", erinnerte sich später ein Mann aus Nebraska, der in einem Sodenhaus großgeworden war.)

Es gab noch mehr Gründe, ein Sodenhaus so gut wie irgend möglich zu isolieren. Eine dichte Bauweise hielt nicht nur den Schnee im Winter draußen, den Regen im Frühjahr und den staubigen Wind im Sommer; sie hielt auch Mäuse und Schlangen ab. Aber auch dann gruben die Feldmäuse noch ihre Tunnel durch die Wände, und die Schlangen folgten nach. Und nichts konnte *Cimex lectularius* abhalten, die allgegenwärtige Bettwanze. Mollie Sanford, eine Lehrerin aus Nebraska, die manchmal bei den Familien ihrer Schüler übernachtete, war nach einer Nacht in einem Sodenhaus fast bereit, ihren Beruf aufzugeben. „Bei diesen Leuten schlief ich auf dem Fußboden", schrieb sie in ihrem Tagebuch, „und gefräßige Bettwanzen hielten die ganze Nacht ein Festmahl auf meinem armen Körper." Anderes Getier gedieh ebenfalls prächtig. Man „brauchte keinen Hund zu halten", sagte Howard Ruede, „um viele Flöhe zu haben, denn auch sie sind Ureinwohner des Landes und tun ihr Möglichstes, die Eindringlinge wieder zu verjagen. Ein schmutziger Boden genügt, und man hat mit Sicherheit Flöhe. Sie scheinen aus dem Staub auf der Erde zu springen."

Trotz aller Unbequemlichkeiten liebten die meisten Leute ihre *soddies*, wie die Häuser bald genannt wurden. Töpfe mit Kräutern und Geranien in den tiefen, sonnigen Fensternischen waren ein Zeichen, daß die Frauen auf der Prärie versuchten, ihren schweren Alltag etwas aufzuheitern. Schließlich wurde das Sodenhaus zum gemütlichen Prärie-Heim. Von Nebraska aus versicherte Charley Wooster seiner Braut, die in Michigan wartete: „Wenn wir irgendwo Frieden und Glück auf dieser Erde finden, dann wohl zu 99 Prozent in unserem eigenen Zuhause."

Außerhalb des Hauses aber waren noch gewaltige Hindernisse zu überwinden. Der *sodbuster* mußte sich in einem Land nach einer Wasserquelle umsehen, das trotz reißender Frühjahrsregen oft knochentrocken unter der Sonne lag. Einige Siedler sammelten Regenwasser in Fässern und Zisternen; andere verließen sich auf das Wasser eines Flusses, wenn es in der Nähe einen gab. Aber die meisten Pioniere fanden nur Wasser, wenn sie tief genug gruben – oft in unglaublichen Tiefen unter der Prärieoberfläche. Ein Mann, der sein Wasser täglich aus einer ziemlichen Entfernung vom Brunnen eines Nachbarn in Fässern herbeikarrte, wurde gefragt, weshalb er sich nicht einen eigenen Brunnen grübe. Er antwortete, daß es doch gleich sei, in welcher Richtung er die Meile zurücklege. Seine Schätzung von einer Meile war nun sicher eine Übertreibung, aber einige Siedler mußten Schächte von 85 Metern und mehr graben, um an das Grundwasser zu kommen.

Die meisten dieser Brunnen wurden von Hand gegraben. Der *sodbuster* schaufelte die Erde heraus, eine Schaufel nach der anderen, und warf sie über seine Schulter, solange es ging. Wenn der Schacht zu tief wurde, stellte er eine Winde auf, um die Erde eimerweise hochzuholen, und stellte einen Hilfsmann an, der unten weitergrub. Manchmal riß ein Seil, und ein Eimer voll Erde sauste nieder auf den Mann unten im Schacht. Oder unterirdische Gase, oft mit tödlichem Kohlenmonoxyd vermischt, drangen in das Loch ein und vergifteten den Arbeiter.

Schließlich wurde das Brunnengraben mechanisiert, ein Job für professionelle Unternehmer, die dampfgetriebene Bohranlagen benutzten, die Derrickkränen ähnelten. Aber die Dienste dieser Männer waren teuer – über drei Dollar der Meter –, mehr als die meisten Pioniere zahlen konnten.

Eine mechanische Einrichtung gab es jedoch, die sich fast jeder *sodbuster* leisten konnte – das Windrad, das die verläßlichste und am leichtesten zugängliche Energiequelle der Prärie nutzbar machte, um das Wasser aus tiefen Brunnen zu pumpen. Sie ragte auf Stelzen gegen den weiten Himmel und wurde zum Symbol des Sieges der Siedler über die Beschwerlichkeiten des Prärielebens.

Ein zweistöckiges Haus aus Grassoden – eine Rarität in der Prärie – ist der Stolz einer Farm bei Broken Bow in Nebraska. Von einer belgischen Einwandererfamilie unter großzügiger Einbeziehung von Balken zum Stützen der Wände errichtet, kostete das Gelände die fürstliche Summe von 500 Dollar.

Das Prärie-Windrad entstand wie die Pflüge aus gehärtetem Stahl, mit denen man die Sodenstreifen ablöste, aus der Anpassung eines schon lange gebräuchlichen Gerätes an eine harte neue Umgebung. Ihr Erfinder war ein Mechaniker namens David Halladay. 1854 bastelte Halladay in einem Werkzeugladen in Connecticut ein Windrad zusammen, das sich mit dem Wind um eine Achse drehte und mit Hilfe der Zentrifugalkraft die Neigung der hölzernen Flügel ausglich, damit sie dem Druck der hoch wehenden Präriewinde Widerstand leisteten. (Ein gewöhnliches Windrad wäre ohne Halladays Regler bei starken Böen zerfetzt worden.) Eine Kurbelwelle verwandelte die kreisende Bewegung des Rades in die Auf-und-Ab-Bewegung der Wasserpumpe. An einem normalen Prärietag konnten auf diese Weise viele hundert Liter aus der Erde gepumpt werden. Die meisten Farmer brauchten soviel, um ihr Vieh zu tränken oder, wenn sie auf den trockenen Hochflächen des westlichen Nebraska oder Colorado lebten, um ihre Felder zu bewässern und ihre Pflanzungen am Leben zu erhalten.

Halladays Windräder schlugen unglaublich ein bei den Siedlern. Die Farmerzeitungen brachten nicht nur ausgiebige Reklame für die *Halladay Standard* („Das *einzige* Windrad mit ZWEI MEDAILLEN und DIPLOMEN"), sondern veröffentlichten auch Anweisungen für den bescheidenen Farmer, der sich selbst eines bauen wollte. Das konnte er, so hieß es in den Erklärungen, schon für 1,50 Dollar. Selbstgebastelte Windräder beeinträchtigten bald den Absatz der *United States Wind Engine and Pump Company* in Batavia, Illinois, Hersteller der *Halladay Standard*.

Aber ein Windrad war natürlich wertlos, wenn der Farmer nicht auf ein großes unterirdisches Wasserreservoir stieß. Diese elementare Frage war bald von derselben Aura aus Wissenschaft, Mythos und Instinkt umgeben wie die Suche nach Gold oder Öl. Der wissenschaftliche Weg

Das Maisfeld eines Farmerpaares in Nebraska bedeckt jeden pflügbaren Quadratzentimeter der Umgebung und reicht bis an die Schwelle des Hauses. Da das Verhältnis von 1 Scheffel Maisfutter zu 12 Pfund Schweinefleisch sehr günstig war, ließen die Nebraska-Bauern sich nicht zweimal auffordern, als ein Agronom im Jahre 1876 schrieb: „Wir können gar nicht genug Mais produzieren."

Mit Hilfe eines Windrades, das sich hoch über ein Haus in Nebraska erhebt, wird Wasser aus einem Brunnen gepumpt. Windräder machten die einzige Energiequelle nutzbar, die die Prärie im Überfluß bot, und waren um 1880 überall zu finden.

bestand in einer Testbohrung mit einem Hand-Brunnenbohrer, der mit Hilfe zusätzlicher Stangen verlängert werden konnte, wenn man tiefer kam. Das Ungünstige war dabei, daß das kleine Testloch, das der Bohrer machte, ein unterirdisches Becken um wenige Zentimeter verpassen konnte. Die Alternative war, einfach zu raten oder eine Wasserhexe zu befragen. Von diesen Personen, die auf den Plains sehr gefragt waren, hieß es, sie besäßen die Fähigkeit, unterirdisches Wasser durch mystische Vibrationen festzustellen. Sie führten ihre Fertigkeit auf Moses zurück, der Wasser aus einem Felsen in der Wüste fließen ließ, indem er mit einem Stab daranschlug. Die Wasserhexe, im übrigen meist eine ganz gewöhnliche Person, ging dann mit einer gegabelten, Y-förmigen Weidenrute, die sie in beiden Händen hielt, über das Gelände des Siedlers. Wenn das Bein des Y nach unten zu ziehen begann oder vibrierte, versicherte die Hexe, daß ein Wasservorrat direkt an dieser Stelle liege.

Howard Ruede glaubte nicht an diese Wünschelrutengänger. Als er sich einen Brunnen graben wollte, beschloß er, einen Bohrer zu benutzen und dabei dem eigenen Gespür zu folgen. Man schrieb jetzt November 1877, und Howard lebte seit sieben Monaten in Kansas. Er hatte seine zweite Erdwohnung gebaut, und sein Vater und ein jüngerer Bruder, Bub, waren zu ihm in den Westen gekommen. Das Wasser für den Haushalt der Ruedes kam von einem Teich auf einer Weide, an dem auch das Vieh trank, und bei jedem Schluck wünschten die Männer sich eine saubere, kühlere Quelle. So bohrte Howard mit einem geliehenen dreiteiligen Bohrer und der Hilfe von Bub ein Testloch von fünf Zentimeter Durchmesser und sieben Meter Tiefe. Dort stießen die Brüder auf Schiefer.

Nicht ein Tropfen Wasser zeigte sich in ihrem Loch, aber Howard war unverzagt. Er vertraute so auf sein Glück, daß er tatsächlich begann, den Brunnen mit einer Schaufel zu graben. „Es ist möglich," sagte er, „daß wir in einem Loch von 1,50 Meter Durchmesser eher auf eine Wasserader stoßen als in einem Loch von nur fünf Zentimeter Durchmesser." Aber als der Winter nahte, wurde Howard abgelenkt durch die Aussaat des Roggens und Winterweizens. Als er sich Anfang Dezember wieder ans Brunnengraben machte, war der Boden gefroren. Sein Pickel wurde so stumpf, daß er ihn schärfen lassen mußte – was, wie sich herausstellte, ein Fehler war. Am 12. Dezember traf Howard beim Graben mit der geschärften Spitze des Pickels seinen eigenen Kopf. Den Rest des Tages pausierte er.

Am nächsten Morgen grub er weiter. Aber in einer Tiefe von acht Metern traf er auf dieselbe Schieferplatte, die seinen Bohrer aufgehalten hatte. Doch Howard war nicht zu bremsen. „Es gibt Männer hier in der Nachbarschaft, die vier

S.

oder fünf Brunnen gegraben haben und noch immer kein Wasser haben", schrieb er.

Die beiden Brüder griffen wieder zum Bohrer und bohrten zwei weitere Löcher – beide trocken. Als nächstes verursachte Howards Vater einen kurzen Moment der Aufregung mit einem Loch, das er gegraben hatte, aber die Hoffnung zerrann schnell aus einem besonders frustrierenden Grund. „Ich ließ den Stiel einer Sonnenblume hinunter", berichtete Howard von diesem Ereignis. „Das Bohrloch war nur 1,20 Meter tief, und es standen etwa 15 Zentimeter Wasser darin. Das Traurige ist nur, daß das Loch nicht auf meinem Gelände liegt." Die Männer versuchten es noch an einer anderen Stelle – diesmal wieder auf eigenem Grund und Boden –, und am 24. März 1878 hatten sie, nur 2,40 Meter unter der Oberfläche, in einer Kiesschicht Erfolg. Schließlich sprudelte das Wasser – nach fünf Monaten Suche.

Die Ruedes gruben ihren neuen Brunnen 3,60 Meter tief, und Howard kleidete das Innere mit einer runden Mauer aus Kalksteinblöcken aus. Dann baute er darüber einen hölzernen Rahmen und befestigte eine Eisenrolle für 65 Cent daran, über die ein Tau mit zwei Wassereimern lief (das Stück zu 40 Cent). Wenn der eine Eimer voll Wasser hochkam, sank der andere als Gegengewicht hinunter. Der neue Brunnen war ein eindeutiger Triumph – mit einer Ausnahme. Er war viel zu weit von der Erdwohnung entfernt. Da die Ruedes nicht bereit waren, noch einen anderen Brunnen zu graben, beschlossen sie, ein neues Haus zu bauen und die Erdwohnung zu verlassen. Dieses Mal jedoch – denn die Mutter und die anderen Kinder wurden täglich erwartet – baute Howard ein richtiges Sodenhaus über der Erde. Er errichtet es genau hundert Schritte vom Brunnen entfernt und pflanzte neun Ahornbäume als Schattenspender.

Howard erwähnte nicht, wieviel das neue Haus kostete, obwohl er sich sonst sehr intensiv mit Dollars und Cents beschäftigte. Einmal schrieb er nach Hause, daß ein bestimmtes Abendessen, das er gegessen hatte, ihn fünf und dreiachtel Cent gekostet hatte – ungefähr ein halbes Pfund Schinken, fünf Cent, und dreißig Gramm Bohnen, mit dreiachtel Cent veranschlagt –, und seine Abrechnungsbücher halten gewissenhaft Einnahmen und Ausgaben bis auf den halben Cent fest. Solche Sparsamkeit war der Schlüssel zum Überleben; die Ruedes lebten wie viele ihrer Nachbarn beständig am Rand des finanziellen Ruins. Ein Grund dafür war, daß das Geld – zumindest dasjenige, das die die Banken in Form von Papiernoten, die ihre eigenen Namen trugen, selbst druckten – nicht immer dem aufgedruckten Wert entsprach. Einen Einblick in die Finanzpraktiken der Gegend vermittelte ein örtlicher Bankkaufmann, der beschrieb, wie er in dieses Geschäft eingestiegen war: „Ich hatte nichts weiter zu tun, und da mietete ich ein leerstehendes Ladenlokal und pinselte ‚Bank' auf die Fensterscheibe. Am ersten Tag, den ich geöffnet hatte, kam ein Mann herein und deponierte 100 Dollar. Am nächsten Tag brachte ein anderer 250 Dollar. Und so bekam ich gegen Ende des dritten Tages allmählich Vertrauen genug, selbst 100 einzuzahlen."

Wo man dem Geld trauen konnte, war es hart verdient. Howard Ruede, der in Pennsylvania als Druckerlehrling gearbeitet hatte, bekam sein meistes Bargeld durch einen Teilzeitjob in der Druckerei von Osborne. Aber er wickelte fast alle Geschäfte im Tauschverfahren ab – genau wie die Pioniere, die die Gebiete weiter im Westen besiedelt hatten. Als Bezahlung dafür zum Beispiel, daß er das Feld eines Nachbarn gepflügt hatte, bekam Howard so und so viele Pfund Weizen als Gegenleistung.

Wenn er tatsächlich seine Barschaft für eine größere Anschaffung anbrechen mußte, war das eine todernste Sache. An einem Februarmorgen machte er sich in einer solchen Angelegenheit auf den Weg, entschlossen, mit einem Paar Ochsen und einem Wagen zurückzukommen. Er hatte 60 Dollar für die Ochsen und weitere 30 für den Wagen. Um sechs Uhr morgens brach er zu Fuß auf und kam, seinem genauen Bericht von diesem Einkaufsabenteuer zufolge, „um 9.30 Uhr in Osborne an und ging zu Watson & Gillette, die einen Wagen zum Verkauf anboten. Er sollte 40 Dollar kosten. Das waren 10 Dollar mehr, als ich hatte. Dann zu Herzog, um zu sehen, was Charley für seinen Wagen haben wollte . . . Er wollte 50, das kam also nicht in Frage. Zurück zu W. & G., um zu sehen, ob sie heruntergehen würden. Sie wollten nicht. Dann versuchte ich es bei Ed Humphrey. Er wollte für 30 Dollar verkaufen. Ich sah mir den Wagen an. Die Deichsel war gebrochen sowie der hintere Achsschemel, und der Wagenkasten war auch nicht viel wert."

Howard sagte, er würde ihn nehmen, dachte aber bei sich, er würde die Augen offenhalten, um noch etwas Besseres zu finden. Dann ging er zu Jacob Schweitzer, der ihm versprochen hatte, ihm ein Paar Ochsen zu verkaufen. Howard bezahlte sie und blieb über Nacht bei den Schweitzers. Um sechs Uhr am nächsten Morgen war er schon wieder unterwegs, um in der Stadt nach einem besseren Wagen zu suchen. „Ich sah mir alle Wagen an, die irgend in Frage kamen, konnte aber zu keinem befriedigenden Preis kommen", erzählte er. Schließlich kam er zu C. G. Paris. Er hatte einen. Wie teuer? 35 Dollar. Sag 30 und ich nehm ihn. Er handelte etwa 10 Minuten mit mir und sagte, er würde 30 nehmen und mir die restlichen 5 stunden. Sagte ihm, solche Art Geschäfte würde ich nicht machen; daß ich

Begleitet von einem kleinen Nachbarmädchen, schiebt eine Frau aus Kansas eine voll mit Kuhfladen beladene Karre nach Hause. Die meisten Pionierherde wurden mit getrocknetem Mist geheizt, den die Siedler „Anthrazit der Plains" nannten.

nicht einmal 5 Dollar Schulden machen wolle. Konnte offensichtlich keinen Eindruck auf ihn machen, so brach ich ohne Wagen nach Hause auf. Ich war noch nicht aus der Stadt, als er mich zurückrief und sagte, er wäre mit 30 einverstanden." Ungefähr um 10 Uhr abends war Howard zu Hause, Ochsen und Wagen sicher im Hof angebunden.

Der Besitz von einem Paar Ochsen und einem Wagen gab einem Mann in einer Frontier-Kommune ein gewisses Ansehen, und bereits ein paar Tage später hatte Howard Ruede die erfreuliche Gelegenheit, seine Neuerwerbungen zu zeigen. Der Anlaß war ein Gemeindetreffen wegen des geplanten Baus eines Schulhauses. Fünfzehn Bewohner der Umgebung kamen zusammen, um die Standortfrage zu diskutieren. Das alles hätte in eineinhalb Stunden erledigt sein können, sagte Howard, wenn nebenher nicht so viel geredet worden wäre wie: „Wieviel Frühjahrsweizen habt Ihr gesät?" und andere Fragen von ähnlicher Wichtigkeit. Schließlich erklärte sich jemand bereit, einen knappen Hektar Land zur Verfügung zu stellen – „herrliche Lage", erklärte Howard –, und fast jeder Anwesende verpflichtete sich, sechs Arbeitstage für den Bau des Schulhauses zu leisten, das nebenbei sonntags auch als Kirche dienen sollte.

Während der 18 Monate, die Howard sein Kansas-Tagebuch führte, verlief sein Bericht vom Leben auf der Prärie in derselben lebhaften Art. Er besuchte zahlreiche Eiskrem-Parties und ging häufig zum Gottesdienst (Katholiken und „kompromißlose Baptisten" hielten gemeinsame Gottesdienste ab, bemerkte er lobend). Die übrige Familie kam nach und nach aus Pennsylvania und richtete sich bequem im Haus ein. Howard Ruede widerfuhr nur ein wirkliches Mißgeschick: Aus unbekanntem Grund verendete eines Tages seine Sau. Sie hatte fünf Dollar gekostet und schon „ich weiß nicht, wieviel Futter" gefressen. Der Vorfall machte Howard ganz verzweifelt, aber „bald ließ der Anfall nach".

Nicht jeder sah das Leben auf der Prärie so sonnig. Für einige Leute, besonders für die Frauen, erschien es als ziemlich bedrückende Existenz. Miriam Davis Colt – gut erzogen, 36 Jahre alt – bekam eine Vorahnung von der Härte des Lebens, das sie und ihre Familie erwartete, als sie, aus dem nördlichen New York kommend, 1856 die Ebene von Ost-Kansas erreichte. Als sie der ersten Bewohnerin dieser Gegend begegnete –„barfuß, einen weißen, zugedrehten Sack über den Rücken geworfen, in dem unten ein paar Pfund Maismehl baumelten" –, dachte Miriam: „Solltest du dafür hergekommen sein?" Allmählich merkte sie, daß es wirklich so war. Schließlich zog sie die Summe ihrer Enttäuschungen in einem Buch mit dem Titel *Went to Kansas. Being a Thrilling Account of an Ill-fated Expedition to That Fairy Land, and Its Sad Results* (Reise nach Kansas. Der spannende Bericht von einem glücklosen Aufbruch in jenes Märchenland und das traurige Ende).

Miriams Verzweiflung kann man am besten als „Waschtag-Blues" charakterisieren. Oft ging ihr die selbstgemachte Seife aus Lauge und Asche aus, und dann rubbelte sie ihre Sachen im Flußwasser, bis sie, wie sie sagte, „für braune sauber waren, aber für weiße entsetzlich schmutzig". Außerdem hatte sie ihre „unbedingt nötigen" Bügeleisen irgendwann verloren, und „einmal mit der Hand darüberstreichen" mußte jetzt Stärken und Bügeln ersetzen.

Selbst solche Routinearbeiten wie Essenkochen konnten für eine Hausfrau in der Prärie zur Geduldsprobe werden. Die meisten Siedler benutzten zum Kochen und Heizen einen gußeisernen Franklin-Herd, und ein Blechrohr leitete den Rauch zum Dach hinaus. In einem derart holzarmen Land waren die Herde so eingerichtet, daß sie Heu, trockene Maiskolben und Sonnenblumenstiele verbrennen konnten. Der am meisten benutzte Brennstoff jedoch waren Kuhfladen, die zivile Version des Bisonmists, der die Mahlzeiten der frühen Pioniere gewärmt hatte, als sie mit Planwagen über eben dieses rauhe Grasland rumpelten. Das Kochen mit Kuhfladen war jedoch nicht so einfach, besonders für Anfängerinnen, die gewöhnlich noch etwas zimperlich waren. Die Fladen verbrannten so schnell, daß erfahrene Köchinnen es praktisch fanden, sie handvollweise in den Herd zu werfen. Ein Junge in Nebraska, der seiner Mutter einmal beim Backen zusah, beschrieb das Verfahren folgendermaßen: „Feuer machen, den Mehlsack rausholen, den Herd nachlegen, die Hände waschen, den Keksteig machen, den Herd nachlegen, die Hände waschen, die Kekse mit dem Deckel der Backpulverdose ausstechen, den Herd nachlegen, die Hände waschen, das Blech mit den Keksen in den Herd schieben, immer wieder nachlegen, bis die Kekse fertig sind." Letzte Aufgabe der Köchin war natürlich, sich die Hände zu

Vieh ergreift die Flucht, und Farmer lassen Rauch aufsteigen, um die gefräßigen Wanderheuschrecken von ihren Feldern zu verscheuchen, die in solch großen Schwärmen aus den Rocky Mountains kommen, daß sie den Himmel verdunkeln. Diese Grashüpfer verwüsteten von 1874 bis 1877 die Farmen auf den Prärien und Plains, bevor sie auf geheimnisvolle Art abrupt verschwanden.

Ein Sandsturm rast auf eine Gruppe von Farmgebäuden zu und trägt Partikel des durch anhaltende Dürre völlig ausgetrockneten Bodens mit sich. Solche Stürme wirkten verheerend auf den Plains, weil, wie eine Redensart hieß, „zwischen Amarillo und dem Nordpol nur ein Stacheldraht den Wind aufhält".

waschen und das Abendessen zu servieren, auch wenn sie selbst zu erschöpft zum Essen war.

So ein mühevolles Verfahren hatte auf die Dauer keine Chancen. 1877 skizzierte der Herausgeber einer Zeitung in Meade County in Kansas den Verfall heikler Empfindlichkeit in Küchenfragen. „Es war komisch zu beobachten, wie zimperlich unsere Frauen diese Fladen zuerst anfaßten", schrieb er. „Anfangs hoben sie sie mit Hilfe von zwei Stöcken auf . . . Bald benutzten sie einen Lumpen, dann den Schürzenzipfel. Schließlich, schon abgehärtet, genügte ihnen ein Händewaschen nach dem Anfassen. Und jetzt? Jetzt heißt es aus dem Brotteig in die Fladen und zurück – kaum, daß man schnell die Hände abwischt."

Wenn die Hausfrau schließlich ihre Skrupel bezüglich der Kuhfladen überwunden hatte, mußte sie sich mit einem anderen Problem auseinandersetzen: dem Mangel an Mehl für Kekse oder Brot. In einigen Gegenden der Plains gedieh Weizen schlecht, und die *sodbusters* lernten, mit Mais auszukommen. Eine Zeitung in Nebraska veröffentlichte einen Artikel mit 33 Vorschlägen zur Verarbeitung von Mais. „Ich lebe ausschließlich von Maismehlnahrung", berichtete Miriam Colt: „Maisbrei mit Milch und Maiskuchen mit Milch – und versuche, auch die Kinder dazu zu bringen, damit sie das Weizenbrot für Großvater und Großmutter lassen. Heute beim Abendessen sagte ich zu Willie: Mama hat schönen Maiskuchen, und fragte, ob er welchen in seine Milch haben wolle. Er sagte, ‚Willie will lieber Weißbrot haben'; und der kleine Kerl genießt es mehr als verwöhnte Kinder im Osten ihre Süßigkeiten."

Die Lehrerin Mollie Sanford, die bei einer Familie aus dem Süden wohnte, fand die Kost nicht weniger monoton. „Ihre Lebensweise ist so anders als unsere", schrieb Mollie, „daß sie mich richtig anwidert. Zu Frühstück gab es Maisbrot, gepökeltes Schweinefleisch und schwarzen Kaffee. Zum

Mittagessen Gemüse – wildes auch noch –, gekochtes Schweinefleisch und kaltes Maisbrot, das man mit einem ‚Getränk' hinunterspülte. Das ‚Getränk' wurde in einem Holzeimer auf den Tisch gestellt und in Zinntassen ausgeschenkt. Als man mich fragte, ob ich etwas davon wolle, sagte ich ja, weil ich dachte, es sei vielleicht Apfelmost, merkte dann aber, daß es mit braunem Zucker und warmem Flußwasser vermischter Essig war."

Außer Kochen, Waschen und Saubermachen erwartete man von den Frauen, daß sie ihren Männern beim Pflügen halfen, Wasser und Brennstoff heranschafften und vielleicht noch einen Kräuter- und Gemüsegarten zogen. Und in einem Land mit so wenigen Ärzten war es ihre Sache, die Familie gesund zu erhalten. Aus dem, was an Material und Volksweisheit zur Verfügung stand, entwickelten sie alle möglichen Heilmittel: Petroleum gegen Schuppen; warmer Dung gegen Schlangenbiß; warmer Urin, ins Ohr gegossen, gegen Ohrenschmerzen (sollte auch gut gegen Sommersprossen und Sonnenbrand sein); Sassafras-Tee gegen Frühjahrsmüdigkeit; eine gebratene Maus verschluckt, sollte Masern kurieren; neun Kugeln aus einer Gewehrpatrone sollte man gegen Verbrennungen einnehmen; Butterblumentee gegen Asthma; eine Bohne, über die linke Schulter in den Brunnen geworfen, gegen Warzen; und eine Kartoffel, die man in der Tasche mit sich herumtrug, gegen Rheuma.

Trotz des zweifelhaften Wertes dieser Mittel lebten die Familien auf der Prärie in relativer Gesundheit. Aber gelegentlich brachen Katastrophen herein, gegen die es kein Heilmittel gab und die das Ende der Träume manch eines Siedlers bedeuteten. Die meisten Schrecknisse brachte das unberechenbare Prärieklima mit sich.

Eines davon war die furchtbare Dürreperiode, die Kansas und Nebraska heimsuchte, als gerade die erste Welle der Pioniere sich dort niederzulassen begann. 18 Monate lang –

Mittagspause während der Weizenernte in den nördlichen Plains: Die Erntearbeiter lagern neben der fahrbaren Dampfmaschine, die ihre Dreschmaschinen antreibt. Sie wurde in den 1870er Jahren eingeführt und leistete die Arbeit von einem Dutzend Pferden, obwohl sie einen zusätzlichen Wasserwagen *(links)* benötigte.

vom 19. Juni 1859 bis zum November 1860 – fiel nicht ein einziger kräftiger Regen. Die Erde bekam schreckliche Risse, das Präriegras welkte zu einem Walnußbraun, und es wuchs nichts mehr. Aus dem Südwesten wehten periodisch trockene, sengende Winde, die das Land noch weiter ausdörrten. Tausende von *sodbusters* blieben völlig verarmt zurück, und Marcus J. Parrott, der Vertreter von Kansas in Washington, berichtete, daß „viele Menschen von Eicheln lebten und sich in Rinde kleideten".

Hagelstürme mitten im Sommer, die die Ernten niederschlugen und oft auch die Pioniere selbst trafen, konnten fast ebenso verheerend wirken. Ein solcher Sturm überraschte in den 1870er Jahren Zedekiah Blake, als er mit einer hölzernen Bütte voll Gemüse nach Fort Riley in Kansas ritt. Zedekiah, von eigroßen Hagelkörnern bombardiert, rettete sein Leben, indem er kurzerhand seine Gemüsebütte ausleerte, sie umkehrte und darunterkroch.

Eines der gefährlichsten Ereignisse für Leib und Leben eines *sodbusters* war ein Präriebrand. Im Herbst, wenn das Gras trocken wie Zunder wurde, konnte es vom kleinsten Funken von der Glut eines unbewachten Lagerfeuers, von einem Blitz oder einem Gewehrschuß in Brand gesetzt werden. Die Folgen waren furchteinflößend. „Riesige Flammenpyramiden lodern zum Himmel empor", berichtete ein Mann, „oder er ist bedeckt von züngelnden, springenden, gespenstisch-roten Schlangen, oder er verwandelt sich plötzlich in einen riesigen, von einem flammenden Sonnenuntergang beleuchteten Ozean. Jetzt gleitet eine ganze Feuerlawine in die Prärie hinaus und verschlingt mit unersättlicher, tödlicher Gier das abgestorbene Gras."

Kleinere Feuer bekämpften die Siedler, indem sie sie mit feuchten Decken und Kleidung erstickten, Gegenfeuer anzündeten oder nach der Taktik der Viehzüchter die blutigen Kadaver geschlachteten Viehs über das brennende Gras schleiften. Wenn alles andere fehlschlug, zogen sich die Pioniere in ihre Erdwohnungen zurück und beteten. Die schweren Sodendächer retteten sie normalerweise, aber ihre Felder gingen in Flammen auf.

Auf den Prärien im Südwesten Minnesotas vernichteten Hagel und Feuer im Sommer 1871 die Ernten. Der Winter, der folgte, war ungewöhnlich hart, und viele Siedler hatten kein Geld für Nahrung und Kleidung. Ein verzweifelter Farmer schrieb dem Gouverneur einen Brief: „Ich bin seit Monaten krank, und meine Frau ist elend vor Kälte und Hunger, und ich glaube, es gibt keinen anderen Weg mehr, als Sie um Hilfe zu bitten. Wenn Sie mir 25 Dollar zukommen lassen könnten und etwas Kleidung für meine Frau und meine Tochter und mich selbst – wir haben nichts, unseren Kopf und Rücken zu bedecken."

Die schlimmste Geißel waren die Schwärme von Wanderheuschrecken, die die Prärien in den 1870er Jahren heimsuchten, alles, was wuchs, verschlingend – und vieles andere auch. „Sie kamen in ungezählten Millionen", schrieb der Herausgeber des *Eagle* von Wichita City 1874, „in Wolken auf Wolken – bis ihre flatternden Flügel aussahen wie ein am Himmel vorbeifegender Schneesturm, bis ihre dunklen Körper alles Grün auf der Erde auslöschten." Die Insekten bedeckten den Boden mit einer lebendigen, bis zu 15 Zentimeter dicken Decke, und unter ihrer Last brachen die Äste der Pappeln ab.

Nichts entging ihrem Appetit. Sie fraßen Feldfrüchte, Präriegras, Blätter und Baumrinde, Lederstiefel und Zaumzeugriemen, sogar Zaunpfähle, Türrahmen und die schweißgetränkten Holzgriffe von Äxten und Pflügen. Ein Verleger aus Topeka berichtete, daß die Eindringlinge sich in einem Jahr, nachdem sie die Maisernte bis auf das letzte Korn verschlungen hatten, „über unzählige Stapel Klafterholz hermachten und es in passende Scheite für den Herd zerlegten; dies wäre ein fairer Ausgleich gewesen, wenn die Untiere sich mit dem Spalten zufriedengegeben hätten". Offenbar wußte niemand, was die Heuschrecken zum Schwärmen veranlaßte oder was sie schließlich verschwinden ließ. Aber die Spuren der Zerstörung, die sie hinterließen, waren nur allzu deutlich zu erkennen.

Der Winter mit seinen wilden Schneestürmen und seinen arktischen Temperaturen brachte weiteren Kummer. Die vom Wind getriebenen Schneeflocken drangen durch die Ritzen auch des dichtesten Sodenhauses. In Lawrence in Kansas sanken im Winter 1855–56 die Temperaturen auf 30 bis 35° C unter Null; die Siedler hatten beim Frühstück gefrorenes Wasser in ihren Gläsern, und den Brotlaib mußte man erst auf dem Herd auftauen, bevor man Scheiben davon abschneiden konnte. Im selben Winter bewahrte ein Siedler in Fremont, Nebraska, seine Frau und sein Kind nur dadurch vor dem Erfrieren, daß er sie mit einem Zelt aus Wolldecken schützte, das er um den Herd herum aufgebaut hatte.

Prärie-Blizzards konnten mit furchtbarer Geschwindigkeit aus klarem blauem Himmel hereinbrechen. Einer der schlimmsten, allen als „Schulkinder-Blizzard" in Erinnerung, da er während der Unterrichtszeit ausbrach, heulte im Januar 1888 über die gesamte Breite der Plains und Prärien. Alle wurden von ihm überrascht. O. W. Coursey, damals ein Schuljunge im Territorium Dakota, beschrieb später den Ausbruch des Sturms. Der Morgen, erinnerte er sich, „war mild und warm. In der Vormittagspause spielten wir in Hemdsärmeln ohne Hüte oder Handschuhe draußen. Plötzlich blickten wir auf und sahen etwas mit großer Wut aus Nordwesten auf uns zurollen, das ein lautes Geräusch

Eine trauernde Familie in Nebraska besucht das Grab ihres Sohnes, der 1881 starb. Sogar gewöhnliche Krankheiten kosteten viele Todesopfer, weil der nächste Arzt 100 Kilometer entfernt sein konnte – bei gutem Wetter ein Tagesritt.

machte. Es sah aus wie ein langes Band großer Baumwollballen, jeder einzelne fest mit schweren Silberschnüren umwikkelt. Diese Baumwollballen schienen etwa acht Meter hoch zu sein; über ihnen war der Himmel ganz klar."

Die Kinder rannten zum hölzernen Schulhaus und erreichten es mit knapper Not. Der Blizzard schlug mit solcher Gewalt zu, daß er das Gebäude fast von seinem Feldsteinfundament hob. Die ganze Nacht drängten sich die Kinder darin zusammen. Am Morgen hatte der Sturm sich gelegt, und sie konnten sich durch Schneewehen hindurch auf den sicheren Heimweg machen.

Andere Siedler hatten weniger Glück. Hunderte von Menschen, die im Freien von der vollen Wucht des Sturms überrascht und vom wirbelnden Schnee geblendet wurden, verloren den Weg und erfroren. Ein Paar in Buffalo County in Dakota kam um, als beide nur eben außerhalb ihres Sodenhauses nach einander Ausschau hielten. Und eine Gruppe anderer Schulkinder in Dakota, die ohne Brennstoff in ihrem Schulhaus festsaßen, brach zum 125 Meter entfernten Haus eines Siedlers auf; sie verloren den Weg und fielen in eine kleine Schlucht. Halb erfroren und erschöpft fanden sie dort einen Strohhaufen und gruben sich für die Nacht hinein. Wie sich später zeigte, hatten sie das Haus des Siedlers nur um knappe zwei Meter verfehlt. Alle Kinder überlebten, nur ein Mädchen hatte so schlimme Erfrierungen an den Füßen erlitten, daß sie amputiert werden mußten.

So schrecklich die Blizzards und Dürreperioden und andere unvorhersehbare Angriffe der Natur auch sein konnten, es gab eine menschliche Bedrohung, die den *sodbusters* noch größere Furcht einflößte – die Indianer. Diese Gefahr war aber öfter eingebildet als real. Die meisten Prärieindianer waren in Reservationen gesteckt worden, bevor Pioniere in nennenswerter Zahl ins Land kamen; und selbst in den frühen Jahren endeten die meisten Begegnungen zwischen dem weißen Mann und den Indianern freundschaftlich. Gelegentlich bekam eine Hausfrau Angst, wenn ein

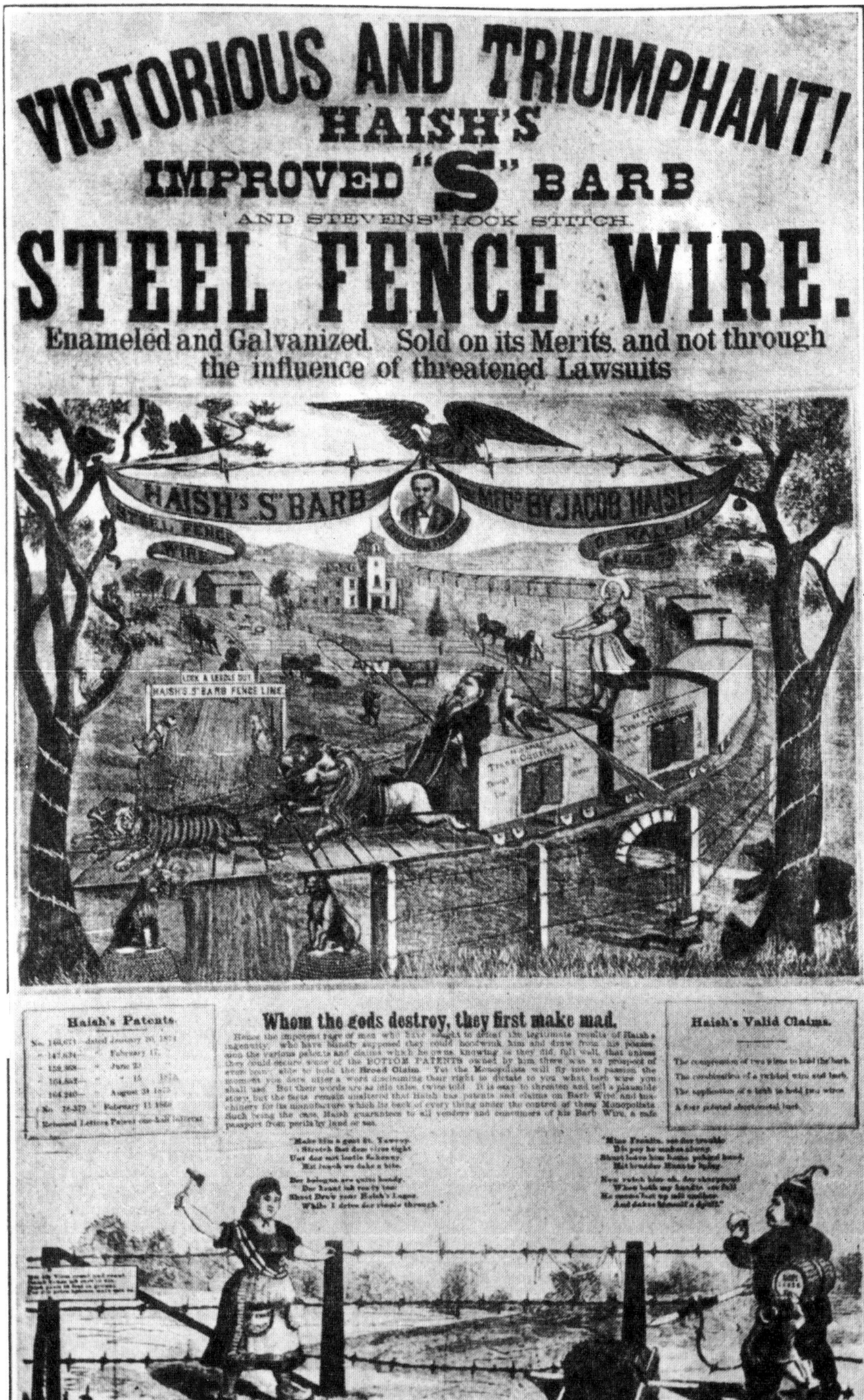
VICTORIOUS AND TRIUMPHANT!
HAISH'S
IMPROVED "S" BARB
AND STEVENS' LOCK STITCH
STEEL FENCE WIRE.
Enameled and Galvanized. Sold on its Merits, and not through the influence of threatened Lawsuits
HAISH'S S. BARB
STEEL FENCE WIRE
MFD BY JACOB HAISH
HAISH'S S. BARB FENCE LINE
Haish's Patents.
Whom the gods destroy, they first make mad.
Haish's Valid Claims.

Ein Stacheldrahtfabrikant – Stacheldrahtzäune wurden zunehmend von Siedlern verwandt, um ihr Hausvieh beisammen- und das frei weidende Vieh draußen zu halten – benutzt sein Reklameplakat, um Eigenwerbung mit einem Angriff auf die Konkurrenz in diesem blühenden Industriezweig zu verbinden.

fremder Indianer einfach in ihrer Küche auftauchte und etwas zu essen verlangte, aber sie mißdeutete dabei sicher die unverblümte und direkte Art der Indianer, auf Fremde zuzugehen und mit ihnen Freundschaft zu schließen.

So erschrak eines Tages im östlichen Nebraska Matilda Peterson, die in ihrer Küche beim Krapfenbacken war, fast zu Tode, als ein Indianer namens No-Flesh mit einigen Begleitern unangekündigt hereinspazierte und sich in der Nähe des Herdes niederhockte. Matilda versuchte, ihre Fassung zu bewahren, und fuhr fort, die Krapfen aus dem Fett zu holen, aber einer fiel ihr auf den Boden. Er rollte genau vor No-Flesh, der ihn sich in den Mund steckte. Aus der Art, wie er schmatzte und mit Gesten nach mehr verlangte, wurde deutlich, daß er noch nie etwas so Gutes gegessen hatte. Über eine Stunde lang stand Matilda über den Herd gebeugt und backte weitere Krapfen für ihre offensichtlich unersättlichen Gäste, bis John, ihr Mann, nach Hause kam und sie schließlich aus der Hütte jagte. Einige Tage später stattete No-Flesh, der offensichtlich noch immer Appetit auf Matildas Kochkünste verspürte, John Peterson einen offiziellen Besuch ab. Er wollte Frauen tauschen. Zum Spaß ging Peterson darauf ein, bis er merkte, daß No-Flesh es ernst meinte. Viele Kilo Pfannkuchen waren vonnöten, bis der verletzte Stolz des Indianers besänftigt war.

Nicht alle Angst vor Indianern war ganz ohne Grund. Wie vorauszusehen, empfanden einige Stämme immer stärker den Verrat und die Ungerechtigkeit, die ihnen angetan worden waren, und begaben sich auf den Kriegspfad. Ihr Groll hatte viele Wurzeln. Immer mehr Siedler zogen in ihre früheren Jagdgründe und wilderten sogar in ihren Reservationsgebieten; weiße Händler raubten sie aus. Für die Sioux in Minnesota machte im Jahre 1862 – nach einem Winter, der ihnen fast den Hungertod gebracht hatte – das Ausbleiben der von der Regierung zugesagten jährlichen Zahlung das Maß der Kränkungen voll. Im Herbst jenes Jahres brachen Sioux-Krieger aus ihrer Reservation aus, plünderten und brannten jede Heimstätte in Reichweite nieder und ermordeten die meisten Bewohner. „Wir legen uns nicht ohne Angst nieder", schrieb ein norwegischer Farmer in Dodge County, „und mein Gewehr ist immer geladen." Die Sioux töteten fast 450 Siedler, bevor es einer hastig zusammengetrommelten Miliz dort gelang, sie niederzuwerfen und dem Massaker von Minnesota, wie es später genannt wurde – einer der blutigsten Indianer-Episoden in der Geschichte des Westens –, ein Ende zu setzen. Zwei Jahre später begannen die Cheyenne in Colorado, Siedlungen zu plündern, Vieh zu stehlen und Menschen zu töten. Die US-Kavallerie kam schleunigst zu Hilfe, aber das ganze Jahrzehnt hindurch gab es immer wieder sporadische Indianerangriffe.

Noch im Jahre 1869 brach eine Gruppe von Cheyenne-Kriegern, die einem Scharmützel mit Lieutenant Colonel George A. Custers Siebter Kavallerie entkommen waren, ins westliche Kansas ein. Am 30. Mai überraschten sie am Spillman Creek einen dänischen Siedler namens Eskild Lauritzen, seine Frau und einen Nachbarn und töteten alle drei. Kurze Zeit später trafen sie auf ein deutsches Paar, die Weichels, die gerade ihren Gemüsegarten neben dem Flüßchen bepflanzt hatten. Sie erschossen Weichel und einen Begleiter und nahmen seine Frau gefangen.

Weiter flußaufwärts stießen sie auf Mrs. Timothy Kine, eine junge Mutter, die mit ihrem Neugeborenen bei einer Nachbarin, Susan Alderdice, und ihren vier Kindern zu Besuch war. Die beiden Frauen sahen die Indianer über die Prärie auf sich zukommen. Mrs. Kine tauchte an einer Stelle, wo vom Ufer herabhängendes Gebüsch sie verbarg, in den Fluß und hielt ihr Baby hoch, damit es nicht ertrank. Aber Mrs. Alderdice, gelähmt vor Angst, fiel in Ohnmacht, umringt von ihren vier schreienden Kindern. Die Cheyenne schossen auf die drei ältesten Jungen, von denen zwei starben. Dann galoppierten sie mit Mrs. Alderdice und ihrem jüngsten Kind davon. Das Baby schrie so maßlos, daß die Indianer wütend wurden, es erstickten und den Leichnam am Weg zurückließen. Die schwer verwundete Mutter starb später, aber die andere Gefangene, Mrs. Weichel, überlebte.

Schließlich ließ die Indianergefahr jedoch nach: Die US-Armee sorgte für eine *pax Americana* auf den Prärien und Plains, und Massen von Siedlern strömten ins Land. Sie überfluteten die Landbüros mit Anträgen auf Heimstätten und Vorkaufs-Claims: 1855 waren es 13 301 in Nebraska und 11 874 in Kansas. In den beiden Dakotas ließen Farmer in dem Jahrzehnt zwischen 1880 und 1889 insgesamt 16 528 588 Hektar Land registrieren.

Windräder schossen wie Pilze aus dem Grasland, und ein Netzwerk von Bewässerungsgräben zog sich kreuz und quer über die Plains von Colorado und Wyoming. Eine neue Weizensorte, 1874 von Mennoniten-Einwanderern von der russischen Krim eingeführt, erwies sich als widerstandsfähig genug, um den strengen klimatischen Bedingungen standzuhalten, und verdrängte das Präriegras. Riesige neue Maschinen – Pflüge und Mähmaschinen und Kombinen, von schweren Dampftraktoren gezogen – ermöglichten einem *sodbuster*, an einem Nachmittag dieselbe Fläche zu bebauen, die sonst Wochen schwerer körperlicher Arbeit gekostet hätte. Stacheldrähte schützten seinen Besitz gegen Eindringlinge. Wie die frühere Pioniergeneration, die den Far West besiedelt hatte, waren die Siedler auf den Plains und Prärien zum Bleiben entschlossen. Sie waren so zäh wie das verfilzte Gras unter ihren Füßen.

Ein Junggesellentreffen mit Wassermelonenessen, freundschaftlichem Kartenspiel und der Zurschaustellung schußbereiter Waffen.

Eine schöne neue Welt auf der Prärie

Im Frühjahr 1886 hatte ein 30jähriger *sodbuster*, der zu Hause im Osten kurze Zeit als Photograph gearbeitet hatte, die Idee, ein Photoalbum über die Siedler seiner Zeit zusammenzustellen. In den folgenden 15 Jahren, während die Pionierära sich ihrem Ende näherte, fuhr Solomon D. Butcher kreuz und quer durch Custer County in Nebraska, mit einem Wagen, der gleichzeitig als Photolabor diente.

Daß Butcher selbst Farmer war, erklärt sicher sein besonderes Verhältnis zu seinem Gegenstand. Aber sein eigentliches photographisches Genie zeigte sich darin, daß er allen erlaubte, nach eigenem Geschmack und vor dem Hintergrund ihrer Wahl zu posieren. Seine Porträts vermitteln ein Gefühl für die Würde von Pionieren, die sich einer großen Herausforderung gestellt haben, und bleiben das klassische Zeugnis eines entschlossenen Menschenschlages.

Ein solide gebautes Grassodenhaus, gesunde Kinder und ein Neugeborenes sind das Glück dieses Paares.

Zu den Schätzen einer Präriefamilie gehören Singvögel und ein Haufen Geweihe, die zu Dünger verarbeitet werden sollen.

Siedler posieren neben ihrem kostbaren Harmonium, das sie eigens für das Familienporträt aus dem Haus getragen haben.

Auf dieser Aufnahme eines Pionier-Clans wird den Puppen der Tochter der Status von Familienmitgliedern zuerkannt.

Ehemalige Sklaven – „überaus angesehene Bürger“, notierte der Photograph – lassen ihr neues Leben als Landbesitzer im Bild festhalten.

Abgehärtete Einwanderer aus Europa trotzen der Kälte des Präriewinters und lassen sich im Schnee photographieren.

ABOLITIONISMUS (von lat. „Abschaffung"): Bewegung gegen die Sklaverei. Seit 1774 gab es in den Vereinigten Staaten Vereinigungen gegen die Sklaverei. Die eigentliche Bewegung der Abolitionisten entstand, als William Lloyd Garrison im Jahre 1831 in Boston den *Liberator*, ihr Hauptorgan, herausgab und man sich 1833 in der National Anti-Slavery Society organisierte. Sie verlangte die sofortige und entschädigungslose Abschaffung der Sklaverei. Die Bewegung spaltete sich um 1840 auf, als der gemäßigte Flügel unter Birney die erfolglose Liberty Party gründete, während die militanten Abolitionisten wie John Brown auch vor Gewaltakten nicht zurückschreckten. Mit der Emanzipation der Sklaven 1863 war das Ziel der Anti-Slavery-Bewegung erreicht.

CLAIM: Das „Heimstättengesetz" – der Homestead Act von 1862 –, das Spekulantengeschäften mit öffentlichem Landbesitz vorbeugen sollte, gestand jedem US-Bürger oder Einwanderer aus dem Ausland gegen eine Registrierungsgebühr von nur 10 Dollar ein kostenloses regierungseigenes Stück Land von 160 Acres (etwa 65 Hektar) im Westen zu, wenn er darauf eine „Heimstätte" errichten wollte. Das Land ging aber erst dann in den Besitz des Siedlers über, wenn er darauf lebte, es mindestens fünf Jahre lang bebaut und innerhalb von 6 Monaten ein Haus von einer bestimmten Mindestgröße darauf gebaut hatte – sonst verfiel der Anspruch. Im Gegensatz zu den *homesteaders* gab es auch noch den *squatter* (Siedler ohne Rechtstitel) und den *settler* (Siedler mit privatem Landerwerb). Eine legitime Möglichkeit, seinen Landbesitz erheblich zu vergrößern, war für den Siedler der Kauf von mindestens 40, höchstens aber 160 weiteren Acres von der Regierung zu einem festen Vorzugspreis von 1.25 Dollar pro Acre, oder er konnte zusätzlich einen *timber claim* von 160 Acres beanspruchen, wenn er sich verpflichtete, 10 Acres mit Nutzholz zu kultivieren.

CORRAL (aus dem Spanischen): Einzäunung, mit der Herdentiere (Rinder, Pferde, Schafe usw.) an einem bestimmten Ort festgehalten oder andere Tiere (wilde und zahme) von einem bestimmten Platz ferngehalten wurden. Ein Corral konnte dauerhaft sein; in diesem Fall verwendete man verschiedene Materialien, zum Beispiel Pfosten und Stacheldraht (Stacheldraht-Corral), Pfosten und Latten (Latten-Corral), dicht aneinander stehende Pfosten (Staketen-Corral), Pfosten und Astgeflecht (Astgeflecht-Corral). Ein Corral konnte aber auch nur vorübergehend errichtet werden; in diesem Fall verwendete man leichtes, transportables Material, zum Beispiel Seile (Seil-Corral).

FORTS: In den Vereinigten Staaten Garnisonen, die für Kriegs- und Aufruhrzeiten mit Palisaden und Wachttürmen umgeben waren, mit dem Vordringen der Besiedlung aber meist aus weiträumig auseinanderliegenden Gebäuden ohne Wehrzäune bestanden.

FORTY-NINER: „Neunundvierziger" wurden die Goldsucher genannt, die 1849, zu Beginn des kalifornischen *gold rush*, über die Überlandrouten durch Utah und Nevada und weiter über die Sierra Nevada nach Kalifornien strömten. Tausende erreichten Kalifornien von Osten und Süden auf dem Wasserweg (über den Isthmus von Panama), Tausende über jetzt rein nationales Gebiet auf dem gefährlichen Landweg mit seinen feindlichen Indianern, der Großen Amerikanischen Wüste und den Gebirgsketten mit ihren Schneestürmen und wilden Tieren. Nach und nach wurden die ersten Goldsucher, die mit primitivsten Mitteln ohne jegliche technische Hilfe schürften, wohlhabend, erwarben Kapital und arbeiteten mit maschinellen Methoden: Aus dem Abenteurer wurde der Businessman, der die jeweils Nachströmenden ausbeutete. Viele aber verließen das Land enttäuscht.

FRONTIER, FRONTIERSMAN: Die wörtlichen Übersetzungen „Grenze" und „Grenzlandbewohner" werden den amerikanischen Begriffen nicht gerecht. Bis ins 19. Jahrhundert hinein bezeichnete „Frontier" in Nordamerika keine festliegende Grenze, sondern jene stetig weiter nach Westen vorrückende äußerste Besiedlungsgrenze, über die hinaus die Frontiersmen in unbesiedeltes Land vordrangen. Der Frontiersman bewegte sich in der Wildnis, die bislang allein den Indianern als Lebensraum gedient hatte.

GREAT BASIN: Ein etwa 600000 Quadratkilometer großes, in der westlichen Hochlandzone der Vereinigten Staaten (im heutigen Utah und Montana) gelegenes Gebiet, das großenteils wüstenhaft ist.

HUDSON'S BAY COMPANY: 1669 in London gegründete Handelsgesellschaft, die 1670 von Karl II. von England das Eigentum über Land und Bodenschätze sowie das Monopol über den Pelzhandel und andere Waren auf allen Gewässern der Hudson Bay und ihrer Region erhielt. 1821 wurde sie unter ihrem Namen mit der North West Company vereinigt. Die Privilegien der Hudson's Bay Company wurden 1821 und 1837 auf das ganze Nordwestgebiet ausgedehnt. Für eine Ablösesumme von 300000 Pfund wurden 1870 Rupert's Land und das North West Territory an das Dominion of Canada abgetreten. Die Gesellschaft behielt nur einige Landflächen um ihre Handelsniederlassungen.

KANSAS-NEBRASKA-ACT: Das Gebiet von Kansas, 1727 erstmalig besiedelt, bildete einen Teil von Louisiana, kam mit diesem 1763 an Spanien und 1803 an die USA (siehe LOUISIANA PURCHASE). Seit 1817 war es Indianergebiet; seit 1824 führte der wichtige Santa Fe Trail durch Kansas. Um die Erschließung der Westgebiete und den Bau einer transkontinentalen Eisenbahnlinie zum Pazifik vorzubereiten, erreichte Senator S. A. Douglas (Illinois) gegen starken Widerstand der Südstaaten die Teilung und Verwandlung dieses Indianergebietes in zwei Territorien durch das Kansas-Nebraska-Gesetz vom Mai 1854. Dieses setzte den Missouri-Kompromiß von 1820 außer Kraft und überließ die Entscheidung, ob in diesen Gebieten Sklaverei zugelassen werden solle oder nicht, den nun in diese Territorien strömenden neuen Einwohnern. Dadurch wurde das „blutende Kansas" zum Testfall für beide Parteien, und bürgerkriegsähnliche Auseinandersetzungen um das Problem der Sklaverei förderten den Radikalismus auf beiden Seiten. Kansas wurde schließlich mit der 1859 ratifizierten, die Sklaverei ausschließenden Verfassung von Wyandotte als 34. Staat in die Union aufgenommen.

LOUISIANA PURCHASE: Das gesamte Stromgebiet des Mississippi unter dem Namen Louisiana, bereits von den Spaniern Mitte des 16. Jahrhunderts entdeckt, wurde seit etwa 1680 von den Franzosen erforscht und beansprucht (1718 Gründung von New Orleans). Nach dem Siebenjährigen Krieg trat Frankreich 1762/63 das Gebiet westlich des Mississippi an Spanien ab, das östlich des Stroms an England, von wo es 1783 an die Vereinigten Staaten überging. Napoleon erwarb 1800 den spanischen Anteil zurück und verkaufte ihn 1803 für 15 Millionen Dollar an die Vereinigten Staaten (LOUISIANA PURCHASE), die damit ihr Gebiet mehr als verdoppelten (die Grenzen nach Westen blieben umstritten). Der Südteil wurde 1804 als Territorium organisiert und 1812 mit einem Teil West-Floridas als 18. Staat in die Union aufgenommen; in den übrigen Teilen entstanden erst allmählich Territorien und Staaten.

MISSOURI-KOMPROMISS: Durch den Missouri-Kompromiß von 1820 wurde die Sklaverei nördlich des Breitengrades von 36° 30′ verboten. Zu den sogenannten Sklavenstaaten, in denen vor der Verkündigung der allgemeinen Sklavenbefreiung (1863) die Negersklaverei durch die Verfassung gestattet war, gehörten: Virginia, North Carolina, South Carolina, Georgia, Florida, Alabama, Mississippi, Tennessee, Kentucky, Louisiana, Arkansas, Missouri, Texas.

MOUNTAIN MAN: So wurden diejenigen Männer in der Wildnis genannt, die auf der Jagd nach Pelztieren jenseits der Missouri-Mississippi-Linie durch die Rocky Mountains drangen und damit zur Erschließung des Westens beitrugen. In den Jahren der großen Pionierbewegung nach Westen verdingten sich verschiedentlich Mountain Men als Führer, die die Wagenkolonnen über die oft schon verschneiten Pässe der Rocky Mountains führten und dank ihrer genauen Ortskenntnis neue Trails markierten.

PLAINS, GREAT PLAINS: Die ausgedehnten, baumlosen und nur von wenigen großen Flüssen durchzogenen Grassteppen zwischen den Rocky Mountains im Westen und dem Missouri-Mississippi im Osten. Diese Grasflächen galten viele Jahrzehnte hindurch als Wüsten. Um 1850 jedoch entstanden dort die ersten Siedlungen, und bald entdeckte man, daß es kein günstigeres Weideland für Rinder und keinen besseren Boden für Mais- und Weizenanbau gab.

SAINTS: „Heilige" – so nannten sich die Mormonen nach der offiziellen Bezeichnung ihrer Kirche: The Church of Jesus Christ of Latter-day Saints (Kirche Jesu Christi der Heiligen der Letzten Tage), einer 1830 in Fayette (N. Y.) gegründeten Religionsgemeinschaft. Ihre Grundlagen sind die Bibel, das „Buch Mormons" – eine Art Fortsetzung der biblischen Geschichte auf amerikanischem Boden – und die in dem Buch „Lehre und Bündnisse" gesammelten Offenbarungen des Gründers der Mormonen, Joseph Smith (1803–44). Die heutige Mormonenkirche mit ihrem Zentrum Salt Lake City zählte 1970 etwa 2700000 Mitglieder. Ihre Lehre ist vom Fortschrittsgedanken geprägt: „Wie der Mensch ist, war Gott einst; wie Gott ist, kann der Mensch einst werden." Das vielstufige Priestertum ist die Brücke zwischen Gott und Mensch, spendet den Heiligen Geist und vermittelt im Tempel himmlische Segnungen. Die 1843 durch Offenbarung eingeführte Polygamie wurde im Jahre 1890 auf staatlichen Druck abgeschafft.

SODBUSTERS (von *sod:* Rasen, Grassoden): So nannte man die Siedler, die in den 50er Jahren des 19. Jahrhunderts begannen, die Prärien und Plains östlich der Rocky Mountains zu bebauen, die bis dahin als hoffnungslos öde und unfruchtbar gegolten hatten. Mangels jeglichen Baumaterials – es gab weder Holz noch Steine – gruben sie ihre ersten primitiven Unterkünfte als Erdwohnungen direkt in den Boden hinein und bedeckten sie mit einem Dach aus dicht verfilzten Grassodenstücken. Später ging man zu oberirdischer Bauweise über, wobei mit dem Pflug und der Axt abgehobene und -gestochene Sodenstreifen ziegelartig aufeinandergeschichtet wurden, mit Aussparungen für Fenster und Türen; auch das Dach bedeckte eine dicke oberste Schicht aus Grassoden. Das Sodenhaus, liebevoll *soddy* genannt, wurde in diesen unwirtlichen Gegenden schließlich so beliebt, daß man noch bei dieser Bauweise blieb, als schon längst importiertes Bauholz erhältlich war.

TERRITORIUM: Wenn die Besiedlung in einer Wildnisregion eine bestimmte Größenordnung erreicht hatte, wurde dieses Gebiet von der US-Administration offiziell als Territorium anerkannt. Dies war die Vorstufe zur Integration als selbständiger Bundesstaat. Ein Territorium unterstand in Verwaltung und Gesetzgebung vollständig den Weisungen der Bundesbehörden, während ein Bundestaat seine eigene Verfassung, Verwaltung und ein Parlament besaß.

TRAILS: Die großen Überlandrouten, die seit dem frühen 19. Jahrhundert quer durch den amerikanischen Kontinent führten und durch bekannte *landmarks* und andere Orientierungszeichen markiert waren. Die Landkarte auf den Seiten 22 und 23 zeigt die von den Pionieren benutzten Hauptrouten: den großen Oregon Trail mit seinem Abzweiger, dem California Trail, und den alten Santa Fe Trail, die Hauptarterie nach Südwesten für den Handel mit Mexiko und dem Pazifikgebiet; der Santa Fe Trail gabelte sich in den Gila River Trail und den Old Spanish Trail, die beide ins südliche Kalifornien führten. Es gab unzählige Nebenstrecken und Abkürzungen, die teilweise sehr risikoreich waren.

YANKEE: In den Vereinigten Staaten seit 1863 belegter, wahrscheinlich schon aus dem 17. Jahrhundert stammender Spitzname ungewisser Herkunft (wahrscheinlich aus dem Holländischen) für die Bewohner Neuenglands, im weiteren Sinn der Nordstaaten (besonders seit dem Sezessionskrieg); später dann im Ausland Spitzname für die Bewohner der Vereinigten Staaten insgesamt. Im nationalen Selbstverständnis verbindet sich der Name besonders mit Vorstellungen von einer hageren Gestalt, Zähigkeit, praktischer Veranlagung, Einfallsreichtum und Geschäftssinn. Sinnverwandte Varianten sind Bruder Jonathan und Uncle Sam.

QUELLENNACHWEIS DES TEXTES

Kapitel 1: Besonders nützliche Quellen für Informationen und Zitate waren: Billington, Ray A.: *Far Western Frontier: 1830–1860.* Harper & Row, 1956; Mattes, M. J.: *The Great Platte River Road.* Nebraska State Historical Society, 1969; Thwaites, R. G.: „Palmer's Journal of Travels . . .", *Early Western Travels 1748–1846,* Bd. 30, Arthur H. Clark Company, 1906; Minto, John: „Reminiscences of Experiences on the Oregon Trail 1844", *The Quarterly of Oregon Historical Society,* Bd. 2, März–Dez. 1901, S. 119–167, 209–254; Dick, Everett: *The Sod House Frontier, 1854–1890.* Johnsen Publishing Co., 1954; 24 – Clyman, zitiert nach De Voto, B.: *The Year of Decision 1846.* Little, Brown & Co., 1954, S. 55–56; 33 – Seewegbeschreibung, Auszug aus Lewis, O.: *Sea Routes to the Gold Fields.* Alfred A. Knopf, 1949, S. 49; 37 – Frost, zitiert nach Woodward, Mary Dodge: *The Checkered Years.* Hrsg. von Mary Boynton Cowdrey, The Caxton Printers 1937, S. 59; Mollie Sanford, zitiert nach Sanford, Mollie D.: *Mollie: Journal of Mollie Dorsey Sanford in Nebraska & Colorado Territories, 1857–1866.* Univ. of Nebraska Press, 1959, S. 13 und 112; verlassene Hütten und Heuschrecken, zitiert nach Fite, G. C.: *The Farmers' Frontier.* Holt, Rinehart and Winston, 1966, S. 200 und 61. Kapitel 2: Besonders nützliche Quellen: Drury, Clifford M.: *First White Women over the Rockies,* Bd. 2, Arthur H. Clark Co., 1963; Powell, Fred Wilbur: *Hall J. Kelley on Oregon.* Princeton Univ. Press, 1932; Brosnan, Cornelius: *Jason Lee, Prophet of the Oregon.* The Macmillan Company, 1932; Lyman, G. D.: *John Marsh, Pioneer.* Charles Scribner's Sons, 1930; Drury, C. M.: *Marcus and Narcissa Whitman and the Opening of the Oregon,* Bd. 1 und 2, Arthur H. Clark Co., 1973; 43 – Floyd und John Adams, zitiert nach Ambler, C. H.: *Life and Diary of John Floyd.* Richmond Press, 1918, S. 61; 64 – Auszüge aus den Marsh-Briefen, S. 315; 68 – Williams, zitiert nach Williams, J.: *Narrative of a Tour from the State of Indiana to the Oregon Territory.* Cadmus Book Shop, 1921, S. 25 und 34; 69 – Bidwell, zitiert nach Bidwell, John: *A Journey to California.* Friends of the Bancroft Library, 1964, S. 25 und 34, mit Genehmigung des Direktors der Bancroft Library, University of California, Berkeley. Kapitel 3: Besonders nützliche Quellen: Stewart, George R.: *The California Trail.* Mc Graw-Hill Book Co., Inc., 1962; Mattes, Merill J.: *The Great Platte River Road.* Nebraska State Historical Society, 1969; Stewart, George R.: *Ordeal By Hunger.* Henry Holt and Company, 1936; Morgan, Dale L.: *Overland in 1846: Diaries and Letters of the California-Oregon Trail.* The Talisman Press, 1963; 85 – Suppenmißgeschick, Auszug aus Cummins, Sarah J.: *Autobiography and Reminiscence: . . . 1845.* Le-Grande Printing Co., 1914, S. 19; 85, 86 – Knight, Auszüge aus Knight, Amelia, „Diary". *Transactions.* Ore. Pioneer Assoc., 1928, S. 38–53; 88 – Ochsen, zitiert nach Stewart, George R.: „The Prairie Schooner Got Them There." *American Heritage,* Bd. XIII, No. 2, Feb. 1962 (S. 4–17, 98–102), S. 99; 88, 89, 92 – Delano, Auszüge aus Delano, Alonzo: *Life on the Plains and Among the Diggings.* Miller, Orton & Mulligan, 1854, S. 27–28, 85, 146; 90, 91 – Applegate-Reise, Auszüge aus Applegate, Jesse: *A Day with the Cow Column in 1843.* Hrsg. von Joseph Schafer, gedruckt für den Caxton Club, Chicago, 1934, S. 3–22; 92 – Parkman, Auszüge aus Parkman, Francis: *The Oregon Trail.* Heritage Press, 1943, S. 8; 92, 93 – Bisons, Auszüge aus Minto, S. 132; 93 – Alcove Springs, Auszug aus Bryant, Edwin: *What I Saw In California.* Ross & Haines, 1967, S. 62; Bisons, Auszüge aus Applegate, Jesse A.: *Recollections of My Boyhood.* Hrsg. von Joseph Schafer, gedruckt für den Caxton Club, Chicago 1934, S. 42; Kochkunst, Auszüge aus Paden, Irene D.: *The Wake of the Prairie Schooner.* The Macmillan Company, Copyright 1943, 1971 neubearbeitet von Irene Paden, S. 45; 96 – Long Texas, paraphrasiert nach Dick, Everett: *Tales of the Frontier.* Univ. of Nebraska Press, 1963, S. 260–262; 98 – Ash Hollow, Auszug aus Kelly, Wm.: *An Excursion to California.* Chapman & Hall, 1851, S. 147; 99 – Cummins, Auszug aus Cummins, S. 35–36; 104 – 4. Juli, Auszug aus Judson, Phoebe Goodell: *A Pioneer's Search for an Ideal Home.* Union

Printing, Binding & Stationery Co., 1925, S. 6; 107–110 – Applegate-Geschichte, Auszüge und Paraphrasen aus Applegate, *Recollections*, S. 25–122; 111 – Young, zitiert nach Kelly, Charles: *Salt Desert Trails.* Western Printing Co., 1930, S. 75–77. Kapitel 4: Besonders nützliche Quellen: Corning, Howard McKinley (Hrsg.): *Dictionary of Oregon History.* Binsford & Mort, 1956; Warren, Sidney: *Farthest Frontier.* The Macmillan Company, 1949; Drury, Clifford M.: *First White Women over the Rockies*, Bd. 1 und 2, The Arthur H. Clark Co., 1963; Drury, Clifford M.: *Marcus and Narcissa Whitman and the Opening of Old Oregon*, Bd. 1 und 2, The Arthur H. Clark Co., 1973; Conant, Roger: *Mercer's Belles: The Journal of a Reporter.* Univ. of Washington Press, 1960; Rucker, Maude A.: *The Oregon Trail.* Walter Neale, 1930; Burnett, Peter H.: „Recollections and Opinions of an Old Pioneer", *The Quarterly of the Oregon Historical Society*, Bd. 5, No. 1, März 1904, S. 64–99; Thwaites, R. G.: „Palmer's Journal of Travels . . .", *Early Western Travels 1748–1846*, Bd. 30, Arthur H. Clark Company, 1906; 123 – Hines, zitiert nach Hines, G.: *Life on the Plains of the Pacific.* George H. Derby, 1851, S. 151; Willamette-Tal, Auszug aus Davenport, T. W.: „An Object Lesson in Paternalism", *The Quarterly of the Oregon Historical Society*, Bd. 4, No. 1, März 1903, S. 38; 127 – Cartwright, zitiert nach Cartwright, Mrs. C. M.: „Early Days in Oregon", *The Quarterly of the Oregon Historical Society*, Bd. 4, No. 1, März 1903, S. 56–57; 133 – Cayuse, Auszug aus Ross, Nancy Wilson: „Murder at the Place of Rye Grass", *American Heritage*, Bd. 10, No. 5, August 1959, S. 86; 143–145 – kleines Mädchen, Auszug aus Bromberg, Erik: „Frontier Humor: Plain and Fancy", *Oregon Historical Quarterly*, Bd. 61, No. 3, Sept. 1960, S. 307; 145 – Howard, zitiert und paraphrasiert nach Bromberg, S. 308; Frauen, Auszug aus Bagley, Clarence B.: „The Mercer Immigration: Two Cargoes of Maidens for the Sound Country", *The Quarterly of the Oregon Historical Society*, Bd. 5, No. 1, März 1904, S. 16. Kapitel 5: Besonders nützliche Quellen: Mulder, William und A. Russell Mortensen: *Among the Mormons.* Alfred A. Knopf, 1958; Werner, M. R.: *Brigham Young.* Harcourt, Brace & Co., 1925; Stegner, Wallace: *The Gathering of Zion.* Mc Graw-Hill Book Co., Inc., 1964; Arrington, L. J.: *Great Basin Kingdom.* Harvard Univ. Press, 1958; Bancroft, Hubert H.: *History of Utah.* Bookcraft Inc., 1964; Neff, Andrew L.: *History of Utah 1847–69.* Deseret News Press, 1940; Brooks, Juanita: *The Mountain Meadows Massacre.* Univ. of Oklahoma Press, 1950; Linn, W. A.: *The Story of the Mormons.* Russell & Russell, 1963; 160 – Larson, zitiert nach Larson, Gustive O.: *The „Americanisation" of Utah for Statehood.* The Huntington Library, 1971, S. 2; Baden, zitiert nach Morgan, Dale L.: *The Great Salt Lake.* Bobbs-Merrill, 1947, S. 200; Morgan, zitiert nach Morgan, S. 20; 167 – Smith, zitiert nach Selby, Mary Jane Smith (Mrs. Paul): „Recollections", *Illinois State Historical Journal*, Bd. 16, S. 168; 173 – Morgenfröste, zitiert nach Morgan, S. 214; 174 – Biber, zitiert nach Ricks, Joel E. und Everett L. Cooley (Hrsg.): *The History of a Valley.* Deseret News Publishing Co., 1956, S. 64; 178 – Brigham Young, zitiert nach West, Ray B.: *Kingdom of the Saints.* Viking Press, 1957, S. 254; Tyler-Brief aus Auchampaugh, Philip Gerard: *Robert Tyler.* H. Stein, 1934, S. 180–181; 181 – Lincoln, zitiert nach Hirshon, Stanley P.: *The Lion of the Lord.* Alfred A. Knopf, 1969, S. 263. Kapitel 6: Besonders nützliche Quellen: Tite, G. C.: *The Farmers' Frontier.* Holt, Rinehart & Wiston, 1966; Webb, Walter Prescott: *The Great Plains.* Ginn & Company, 1959; H. Ruede: *Sod-House Day.* Cooper Square Pbs., 1966; Dick, Everett: *The Sod House Frontier, 1854–1890.* Johnson Publishing Co., 1954; 194 – Gilpin, zitiert nach Emmons, David M.: *Garden in the Grasslands.* Univ. of Nebraska Press, 1971, S. 10–11; 195 – Ratschläge an Norweger, zitiert nach Blegen, Theodore: *Land of Their Choice, The Immigrants Write Home.* Univ. of Minnesota Press, 1955, S. 433; Ebbutts Ratschläge, Auszüge aus Ebbutt, Percy: *Emigrant Life in Kansas.* Swan-Sonnerschein, 1882, S. 229–232; 202 – Pfanne, zitiert nach Welsch, Roger I.: „The Nebraska Soddy", *Nebraska History*, Bd. 48, Nebraska State Historical Society, 1967, S. 339; barfuß, zitiert nach Colt, Miriam Davis: *Went to Kansas.* Univ. Microfilms, Inc., 1966, S. 42; Herd, zitiert nach O'Kieffe, C.: *Western Story.* Univ. of Nebraska Press, Lincoln, 1960, S. 26; 210, 212 – Kuhfladen, zitiert nach Miller, N., E. Langsdorf und R. Richmond: *Kansas – A Pictorial History.* Kansas State Historical Society, 1961, S. 156; Mais, zitiert nach Colt, S. 83; 212–213 – Sanford, zitiert nach Sanford, S. 87; 216 – Klafterholz, zitiert nach Miller u. a., S. 91; 216, 217 – Schneesturm, Auszug aus O'Gara, Wm.H.: *In All Its Fury: A History of the Blizzard of January 12, 1888.* Blizzard Club, 1947, S. 38; 217, 219 – Indianerangriffe, Auszüge aus Bernhardt, Christian: *Indian Raids in Lincoln City, Kansas.* Lincoln Sentinel Print, 1910, Chicago, 1934, S. 25–32.

QUELLENNACHWEIS DER ABBILDUNGEN

Die folgenden Quellenangaben für die Illustrationen dieses Buches werden bei nebeneinanderstehenden Bildern durch Semikolon, bei untereinanderstehenden durch Gedankenstriche getrennt.

Einband – *Advice on the Prairie*, William Ranney, Kopie von Paulus Leeser, m. frdl. Gen. J. Maxwell Moran Collection. 2 – m. frdl. Gen. Utah State Historical Society. 6, 7 – *Covered Wagons Crossing Medicine Bow Creek*, Samuel Colman, Kopie von Paulus Leeser, m. frdl. Gen. einer Privatsammlung, 8, 9 – *The Emigrant Train Bedding Down for the Night*, Benjamin Franklin Reinhart, Kopie von Paulus Leeser, aus der Sammlung der Corcoran Gallery of Art, Geschenk von Mr. und Mrs. Lansdell K. Christie. 10, 11 – *The Prairie Fire*, William Ranney, Kopie von Paulus Leeser, m. frdl. Gen. J. Maxwell Moran Collection. 12, 13 – *The Attack on an Emigrant Train*, Charles Wimar, Kopie von Paulus Leeser, m. frdl. Gen. The University of Michigan Museum of Art, aus dem Nachlaß von Henry C. Lewis. 14, 15 – *The Pioneers*, William Ranney, Sammlung Claude J. Ranney, Malvern, Pennsylvania, m. frdl. Gen. American Heritage Publishing Co. 16 – m. frdl. Gen. Bancroft Library. 18, 19 – m. frdl. Gen. New-York Historical Society. 21 – Pierre Boulat, m. frdl. Gen. Bibliothèque Nationale, Paris. 22, 23 – Karte von Rafael Palacios. 25 – m. frdl. Gen. Oregon Historical Society. 27 – m. frdl. Gen. Gemäldesammlung der Branch Libraries, The New York Public Library. 28, 29 – Missouri Historical Society, m. frdl. Gen. American Heritage Publishing Co. 31 – m. frdl. Gen. California Historical Society. 32, 33 – m. frdl. Gen. California State Library. 35 – m. frdl. Gen. Rare Book Division, The New York Public Library, Astor, Lenox and Tilden Foundations. 36 – aus The Medorem Crawford Papers, Special Collections, University of Oregon, Eugene. 37 – m. frdl. Gen. Oregon Historical Society. 38, 39 – m. frdl. Gen. National Collection of Fine Arts, Smithsonian Institution. 40 – aus *John Marsh, Pioneer*, George Lyman, m. frdl. Gen. General Research and Humanities Division, The New York Public Library, Astor, Lenox and Tilden Foundations; m. frdl. Gen. Oregon Historical Society. 41 – m. frdl. Gen.. Oregon Historical Society, mit Ausnahme oben links, m. frdl. Gen. Washington State Historical Society, Tacoma. 42 – m. frdl. Gen. James K. Polk Ancestral Home, Columbia, Tennessee. 44, 45 – m. frdl. Gen. Missouri Historical Society. 46 – m. frdl. Gen. Culver Pictures. 47 – m. frdl. Gen. American History Division, The New York Public Library, Astor, Lenox and Tilden Foundations. 50 – m. frdl. Gen. National Archives. 51 – m. frdl. Gen. Library of Congress. 53 – m. frdl. Gen. Royal Ontario Museum, Toronto. 55 – Reproduktion mit Genehmigung des Direktors der Bancroft Library. 56, 57 – m. frdl. Gen. Denver Public Library, Western History Department. 59 – m. frdl. Gen. Whitman College, mit besonderer Genehmigung der Inhaber des Copyrights. 60 – J. R. Eyerman, m. frdl. Gen. Oregon Historical Society. 62, 63 – J. R. Eyerman, m. frdl. Gen. Carl Schaefer Dentzel Collection. 65 – m. frdl. Gen. State Historical Society of Missouri. 66, 67 – m. frdl. Gen. California Historical Society. 70, 71 – aus *Wilderness Kingdom: The Journals and Paintings of Nicholas Point, S. J.* Copyright ∅ 1967 by Loyola University Press, Chicago. Reproduktion mit Genehmigung von Holt, Rinehart and Winston, Inc. 72 – m. frdl. Gen. Library of Congress – m. frdl. Gen. Rare Book Division, The New York Public Library, Astor, Lenox and Tilden Foundations. 73 – aus *Wilderness Kingdom: The Journals and Paintings of Nicholas Point, S. J.* Copyright ∅ 1967 by Loyola University Press, Chicago. Reproduktion mit Genehmigung von Holt,

Rinehart and Winston, Inc. – m. frdl. Gen. Rare Book Division, The New York Public Library, Astor, Lenox and Tilden Foundations. 74, 75 – Herb Orth, Time-Life Bildagentur ∅ 1972, Time Incorporated, aus *Wilderness Kingdom: The Journals and Paintings of Nicholas Point, S. J.* Copyright ∅ 1967 by Loyola University Press, Chicago. Reproduktion mit Genehmigung von Holt, Rinehart and Winston, Inc. 76, 77 – m. frdl. Gen. Kansas State Historical Society, Topeka. 78, 79 – m. frdl. Gen. Denver Public Library, Western History Department. 80, 81 – m. frdl. Gen. Nebraska State Historical Society. 82, 83 – m. frdl. Gen. Western History Research Center, University of Wyoming. 84 – m. frdl. Gen. Denver Public Library, Western History Department. 86 – m. frdl. Gen. California Historical Society. 87 – Clyde Arbuckle Collection, San Jose, Kalifornien, m. frdl. Gen. American Heritage Publishing Co. 89 – m. frdl. Gen. New-York Historical Society. 90, 91 – m. frdl. Gen. Bancroft Library. 94, 95 – m. frdl. Gen. Denver Public Library, Western History Department. 96 – m. frdl. Gen. Sy Seidman. 97 – m. frdl. Gen. Denver Public Library, Western History Department. 100 – Harald Sund, m. frdl. Gen. Oregon Historical Society. 101 – Zeichnungen von Nicholas Fasciano. 102, 103 – Harald Sund, m. frdl. Gen. Oregon Historical Society. 105 – m. frdl. Gen. Bancroft Library. 106 – m. frdl. Gen. Culver Pictures. 108, 109 – m. frdl. Gen. Denver Public Library, Western History Department. 110 – m. frdl. Gen. Oregon Historical Society. 112 – m. frdl. Gen. Sy Seidman. 114 – m. frdl. Gen. California Department of Parks and Recreation. 115 – m. frdl. Gen. California State Library. 116, 118, 119 – m. frdl. Gen. The Bancroft Library. 120, 121 – Lithographie von Currier & Ives, m. frdl. Gen. Harry T. Peters Collection, Museum of the City of New York. 122 – m. frdl. Gen. Gemäldesammlung der Branch Libraries, The New York Public Library. 124, 125 – m. frdl. Gen. Idaho Historical Society. 126, 128 – m. frdl. Gen. Gemäldesammlung der Branch Libraries, The New York Public Library. 130, 131 – m. frdl. Gen. Oregon Historical Society. 132, 133 – m. frdl. Gen. Sy Seidman. 134, 135 – m. frdl. Gen. Oregon Historical Society. 136 – aus *Marcus Whitman, M. D.*, Clifford Drury, herausgegeben von Caxton Printers Ltd., Caldwell, Idaho. Mit besonderer Genehmigung der Inhaber des Copyright. 137 – m. frdl. Gen. Royal Ontario Museum, Toronto. 138, 139 – Lorenzo Lorain, m. frdl. Gen. Oregon Historical Society. 140, 141 – m. frdl. Gen. Bettmann Archives. 142 – m. frdl. Gen. General Research and Humanities Division, The New York Public Library, Astor, Lenox and Tilden Foundations. 143 – m. frdl. Gen. Seattle Historical Society. 144, 145 – m. frdl. Gen. Special Collections, University of Oregon Library, Eugene. 147 – m. frdl. Gen. Oregon Historical Society. 148 bis 157 – m. frdl. Gen. Church of Jesus Christ of Latter-day Saints. 158 – m. frdl. Gen. Utah State Historical Society. 160 – m. frdl. Gen. Church of Jesus Christ of Latter-day Saints. 161 – m. frdl. Gen. Huntington Library, San Marino. 162 – m. frdl. Gen. Denver Public Library, Western History Department. 164, 165 – m. frdl. Gen. Nelson Wadsworth. 166 – Sammlung Mr. und Mrs. C. Lincoln Avery, m. frdl. Gen. Utah State Historical Society. 167 – A. J. Russell, m. frdl. Gen. Union Pacific Railroad Museum Collection. 168, 169 – m. frdl. Gen. Denver Public Library, Western History Department. 171 – m. frdl. Gen. Church of Jesus Christ of Latter-day Saints. 172 – m. frdl. Gen. Utah State Historical Society. 174, 175 – m. frdl. Gen. Church of Jesus Christ Latter-day Saints. 177 – m. frdl. Gen. Denver Public Library, Western History Department. 179 – m. frdl. Gen. Utah State Historical Society – m. frdl. Gen. Denver Public Library, Western History Department. 180 – m. frdl. Gen. General Research and Humanities Division, The New York Public Library, Astor, Lenox and Tilden Foundations. 182, 183 – A. J. Russell, m. frdl. Gen. Oakland Museum. 184, 185 – oben links und oben rechts m. frdl. Gen. Denver Public Library, Western History Department – m. frdl. Gen. Huntington Library, San Marino. 186, 187 – m. frdl. Gen. Utah State Historical Society. 188, 189 – m. frdl. Gen. A. A. Forbes Collection, Western History Collection, University of Oklahoma Library. 190 – m. frdl. Gen. Baker Library, Harvard Business School. 192, 193 – m. frdl. Gen. Kansas State Historical Society, Topeka, 194 – m. frdl. Gen. Kansas State Historical Society, Topeka. 194 – m. frdl. Gen. Nebraska State Historical Society. 195 – aus *Beyond the Mississippi*, Albert D. Richardson. 196, 197 – m. frdl. Gen. Solomon D. Butcher Collection, Nebraska State Historical Society. 198 – m. frdl. Gen. Nebraska State Historical Society. 201 – m. frdl. Gen. Prints Division, The New York Public Library, Astor, Lenox and Tilden Foundations. 203 bis 207 – m. frdl. Gen. Solomon D. Butcher Collection, Nebraska State Historical Society. 209 – m. frdl. Gen. Kansas State Historical Society, Topeka. 210, 211 – m. frdl. Gen. General Research and Humanities Division, The New York Public Library, Astor, Lenox and Tilden Foundations. 212, 213 – Weather Bureau Photo Nr. 27-S-2, m. frdl. Gen. National Archives. 214, 215 – m. frdl. Gen. Minnesota Historical Society. 217 – m. frdl. Gen. Solomon D. Butcher Collection, Nebraska State Historical Society. 218 – m. frdl. Gen. Kansas State Historical Society. 220 bis 233 – m. frdl. Gen. Solomon D. Butcher Collection, Nebraska State Historical Society.

DANKSAGUNGEN

Die Herausgeber möchten besonders folgenden Personen danken, die Teile des Buches durchlasen und kommentierten: Dr. Clifford M. Drury, Pasadena; Nick Eggenhofer, Cody, Wyoming; Paul W. Gates, Ithaca, New York; Dr. Rodman W. Paul, The Edward S. Harkness Professor of History, California Institute of Technology, Pasadena.

Weiterhin danken die Herausgeber folgenden Personen für ihre Hilfe: Dale Archibald, Chief Curator, Oregon Historical Society Museum, Portland; Ray A. Billington, Western History Research Dir., Henry E. Huntington Library, San Marino, Kalifornien; Brenda Boswell, Information Section, State of California Dept. of Parks and Recreation, Sacramento; Susan Burns, Assoc. Researcher, The Oakland Museum, Oakland, Kalifornien; Lee L. Burtis, Librarian, Photographs and Genealogy, Catherine Hoover, Asst. Curator, Maude K. Swingle, Ref. Librarian, Jay Williar, Ref. Librarian, Calif. Historical Society, San Francisco; Cynthia Carey, Librarian, Pasadena Public Library, Pasadena; William B. Carpenter, Church of Jesus Christ of Latter-day Saints, Graphics Dept., Salt Lake City; Maud Cole, Rare Book Room, The New York Public Library, New York City; James H. Davis, Picture Librarian, Western History Dept., Denver Public Library, Denver; Eugene Decker, Archivist, Kansas State Historical Society, Topeka; Carl S. Dentzel, Dir., Southwest Museum, Los Angeles; Lawrence L. Dodd, Curator of Manuscripts and Special Collections, Penrose Memorial Library, Whitman College, Walla Walla, Washington; Richard H. Engeman, Photographs & Maps Librarian, Susan Sudduth, Oregon Historical Society, Portland; Pauline Fowler, Archivist, Jackson County Historical Society, Independence, Missouri; Kathleen Grasing, Dir., Library Services Div., Oregon State Library, Salem, Oregon; Frank Green, Librarian, Washington State Historical Society, Tacoma; Joan Hoffmann, Beinecke Rare Book and Manuscript Library, Yale Univ., New Haven; Opal Jacobsen, Photo Librarian, Nebraska State Historical Society, Lincoln; Jerry Kearns, Prints & Photographs Div., Library of Congress, Washington, D. C.; Margaret D. Lester, Curator of Photographie Collections, Utah Historical Society, Salt Lake City; Leona Morris, Research Asst., State Historical Society of Missouri, Columbia; Arthur Olivas, Photographic Archivist, Museum of New Mexico, Santa Fe; Kenneth I. Pettitt, Head Librarian, Wesley Catlin, Librarian, Calif. Section, Calif. State Library, Sacramento; Marsha Rodney, Photo Editor, Royal Ontario Museum, Tonto; Elizabeth Roth, Prints Div., The New York Public Library, New York City; Katharine Schwartz, Special Collections, Univ. of Oregon Library, Eugene; Bertha Stratford, Museum of History and Industry, Seattle; Dr. John Barr Thompkins, Curator of Pictorial Collections, Suzanne Gallup, Ref. Librarian, The Bancroft Library, Univ. of Calif., Berkeley; James Thorpe, Dir., Carey S. Bliss, Curator, Rare Book Dept., Mary Isabel Fry, Readers Service Librarian, Gary Kurutz, Rare Books, Jean F. Preston, Curator of Manuscripts, Henry E. Huntington Library, San Marino; Nelson Wadsworth, Provo, Utah; Dr. David Williams, Assoc. Prof. of History, Calif. State Univ., Long Beach.

REGISTER *Kursiv gesetzte Seitenangaben weisen auf eine Abbildung hin.*

T

U

V

W

Y

Reprosatz: Alfred Utesch GmbH, Hamburg
Druck und Einband: Gráficas Estella, S.A., Estella (Navarra), Spanien

XXX D.L.: NA-645-1.979